TINDERGARTEN

3. Auflage September 2020
Copyright © 2018, 2020 by Anna B.
Titelbild   Die Beste
Satz   iideenreich GmbH, Berlin
Herstellung & Verlag   Books on Demand GmbH,
                        Norderstedt
Printed in Germany
ISBN 978-3-7460257-7-3

TINDERGARTEN

ERLEBNISSE AUS DREI JAHREN ONLINE-DATING

Die Beschreibungen aller Erlebnisse, Personen und Orte beruhen auf wahren Begebenheiten. Jede Übereinstimmung mit real existierenden Personen ist nicht beabsichtigt und wäre rein zufällig.

Für meine Schwester, meine Beste, meine Tassen und
Frau Lieblingsschlampe. Danke für alles.
Für alle Nutzerinnen von Dating-Apps, die sich beim Lesen
an ähnliche Erlebnisse erinnern.

INHALT

Why are you single?
A lot of guys are trying to date you!

A lot of guys are trying to fuck me,
there's a difference.

HERUNTERLADEN

Hello, nice to match you! Na, wie geht's dir? Was machst du so? Woher kommst du? Was genau suchst du hier?

Kommt dir diese Art von schriftlicher Begrüßung bekannt vor? Dann gehörst du wohl zu den knapp neun Millionen Menschen in Deutschland, die Dating-Apps benutzen oder sie zumindest schon einmal ausprobiert haben.

Die Frage, inwieweit diese Art des virtuellen Kontakteknüpfens und/oder Kennenlernens unsere Gesellschaft beeinflusst, vor allem im Hinblick auf Schnelllebigkeit, Anonymität im Netz, Bindungsunfähigkeit und Möglichkeitenvielfalt, werde ich mir im Folgenden anhand meiner eigenen, ehrlich wiedergegebenen Erfahrungen immer wieder stellen und versuchen, sie zu beantworten.

Du darfst und solltest sie dir jedoch auch selbst stellen, natürlich unabhängig davon, ob du die obige Frage mit ja beantwortet hast.

In erster Linie geht es mir aber darum, dich mitzunehmen; auf die Reise durch meine Erlebnisse der vergangenen Jahre und darum, dich an meiner persönlichen durch sie geprägten Entwicklung teilhaben zu lassen.

Obwohl diese unbestritten notwendig war, dass an sie so viele schmerzvolle Erfahrungen geknüpft sein würden, dass ihr Weg einmal ein ganzes Buch füllen würde, hätte ich zu Beginn nie für möglich gehalten.

Genauso wenig, dass ich mich auf diesem Weg, ohne es zu merken, zeitweise derart verlaufen, in einem Meer aus Oberflächlichkeit versinken und den Blick für das Wesentliche verlieren würde.

Umso wichtiger deshalb, dass man sich, so lang und beschwerlich ein Weg auch ist, die Fähigkeit zur Selbstreflektion erhält und dass man, so vielen falschen Menschen man auf ihm auch begegnet, von den richtigen begleitet und unterstützt wird; egal, wie wenig nachvollziehbar er für Außenstehende auch sein mag.

Ich nehme dich also mit in eine Welt, in der die Zukunft noch ganz weit weg scheint. In eine Welt der Unbeschwertheit, schier grenzenlosen Vielzahl an Möglichkeiten, des Spielens und (Aus-)Tobens, in der alles neu und spannend ist, in der Spaß zu haben und Erfahrungen zu sammeln im Vordergrund stehen und in der niemand Gesagtes so richtig ernst nimmt. Woran erinnert dich das? Genau, an den Tindergarten.

I DAS PROFIL

An das Ende einer Beziehung sollte sich idealerweise eine Phase der Selbstfindung anschließen. Ein Zeitraum, der zum Trauern, Austoben und Nachholen genutzt wird. Diese Aufzählung erhebt weder Anspruch auf Vollständigkeit noch gibt sie eine Reihenfolge vor. Ein Dreier mit zwei Männern, verheulte Prosecco-Orgien während eines Nicholas-Sparks-Films oder ein Urlaub auf Malle mit den Kumpels. Alles, was guttut und über den Trennungsschmerz hinweghilft, ist erlaubt, solange danach dann wirklich ein neuer Lebensabschnitt beginnen kann, weil man sich darüber klar wurde, wer man ist, was man möchte oder eben was man auf gar keinen Fall (mehr) möchte.

Man hat die Vergangenheit verarbeitet, sich seine Gedanken darüber gemacht, welche Wünsche man für den nächsten Lebensabschnitt hegt und schmiedet Zukunftspläne.

Dass sich auf Online-Dating-Portalen, deren eigentlicher Sinn es sein soll, den passenden Partner für eben genau diese Zukunftspläne zu finden, Menschen herumtreiben, die entweder noch mitten in dieser Selbstfindungsphase stecken oder sie noch gar nicht begonnen haben, ist ein offenes Geheimnis.

Dabei spielt es im Endeffekt keine Rolle, ob dieser Schritt deshalb aussteht, weil die letzte Beziehung (noch) gar nicht beendet ist oder deshalb weil die Trennung noch zu frisch ist. Denn eines ist in jedem Fall sicher: Diese Menschen sind *nicht* die potenziellen Partner, auf die man dort zu treffen hofft, wenn man als mustergültiges Beispiel eines Nutzers die oben beschriebene Phase tatsächlich erfolgreich abgeschlossen hat und nun voll viel zu hoher Erwartungen das erste Mal die sagenumwobene App mit der Flamme öffnet.

Ich war es nämlich tatsächlich, so ein mustergültiges Beispiel. Meine letzte Beziehung war anderthalb Jahre her. Die Prosecco-Orgien hatte ich ebenso hinter mir wie den obligatorischen Mallorcaurlaub; ich hatte mich viel mit mir selbst beschäftigt, hatte es genossen, mir an Weihnachten keine Gedanken über ein Geschenk für die Schwiegermutter in spe machen zu müssen, hatte nur getan, worauf ich Lust hatte. Meine Freitagabende hatte ich nicht mehr gezwungenermaßen auf US-Car-Treffen, sondern mit meinen Mädels verbracht und es war eine Erleichterung gewesen, einmal ungestört ganze Tage lang fürs Examen lernen zu können, ohne mich dafür rechtfertigen zu müssen, dass ich im Zeitalter des Internets noch auf Gesetzestexte in Buchform zurückgriff.

Ich hatte getrauert, dabei sogar erheblich abgenommen, und sämtliche sexuellen Fantasien ausgelebt, die sich in der letzten Partnerschaft nicht hatten verwirklichen lassen, wobei ich zugeben musste, dass sich im Nachhinein nicht mehr zweifelsfrei feststellen ließ, ob meine Gewichtsabnahme auf das viele Heulen oder den vielen Sex zurückzuführen war. Wenn mich jemand darauf ansprach und als Antwort „Ich habe eine Trennung hinter mir" zu hören bekam, stimmte das jedenfalls.

Doch wie das bei einem mustergültigen Trennungsphasenverarbeitungsbeispiel so ist, irgendwann kam er, der Tag, an dem ich sonntagmorgens nicht mehr gerne alleine aufstand, an dem die Vorstellung von Schwiegermuttergeschenken ihren Schrecken verloren hatte und an dem ich anfing, die Vergangenheit ein Stück weit zu verklären.

Vergessen waren die überall verstreuten Sportsocken, das nächtliche Schnarchen und der unvermeidbare Kaffeetausch bei Starbucks, weil der, den ich für mich bestellt hatte – oh Wunder – natürlich viel besser schmeckte. Was übrigblieb, waren die Zärtlichkeiten, die Vertrautheit und die von Sacre Cœur aus beobachteten Sonnenuntergänge.

Ich fing an, mich wieder nach einem Partner an meiner Seite zu sehnen. Nach jemandem, der sich kümmerte, wenn es mir schlecht ging, dessen Interesse das an meinen Körperöffnungen überstieg und der nicht nur samstagnachts betrunken anrief. Ein mir bekannter, seine Freundin offenkundig betrügender DJ gab einmal zu, dass er vor allem dann eine Freundin brauche, wenn es Winter sei und der erste Schnee falle. Außerdem habe er gerne jemanden, der sich um ihn kümmere, wenn er krank sei. Zur Wiesn und in der fünften Jahreszeit, da sei er lieber Single.

Tja. Das Oktoberfest war eine Weile vorbei, ein langer, kalter Winter inklusive Grippewelle stand bevor und ein Karnevalsjeck war ich trotz rheinländischer Wurzeln väterlicherseits noch nie gewesen. Die Zweifelhaftigkeit seiner Aussage einmal dahingestellt, ein Fünkchen Wahrheit steckte vielleicht auch für mich darin.

Ich war jung, – wie man mir oft sagte – attraktiv und sehr gepflegt, da ich alles, was mein Äußeres betraf, auch beziehungsunabhängig für mich selbst tat. Ich hatte mein Diplom seit kurzem in der Tasche, einen Job in einer neuen Stadt angetreten, war fürs Erste übergangsweise in eine zentrumsnahe WG gezogen und voller Energie. Ich war stolz auf meine Familie, die bedingungslos hinter mir stand, und meinen Freundeskreis, der im Wesentlichen sogar noch derselbe wie in der fünften Klasse war. Ich hatte Yoga für mich entdeckt, unternahm Wochenendreisen, hatte ein Faible für Kosmetik und war modebegeistert.

Was mein Glück jetzt perfekt machen sollte, war wieder ein Mann an meiner Seite. Ich gehörte also nicht einmal zu den Singles, die sich jemanden wünschen, der sie glücklich macht, sondern zu denen, die gelernt hatten, dass ein Partner sie nur glücklicher machen sollte.

Kurzum: Man hätte meinen sollen, dass meine Auswahl groß genug war. Dass ein Fingerschnipsen mir einen neuen Freund hätte bescheren können.

Leichter gesagt als getan, wenn man in einer Studentenstadt lebte, gleichaltrig mit den dauerfeiernden Studenten jedoch einen Vollzeitjob mit den unumgänglichen Arbeitszeiten des öffentlichen Dienstes hatte. Wenn die Kollegen alle gefühlt hundertjährig oder verheiratet waren. Wenn die Geschichte von der Supermarktkasse oder Käsetheke sich als fieses Märchen herausstellte. Wenn die meisten der Freunde vergeben waren und man am Wochenende daher öfter übrigblieb. Wenn einem beim Überqueren der Straße Autos hinterherhupten, sich aber nie jemand traute, einen ernsthaft anzusprechen.

Kein Grund zum Verzagen aber in einem Zeitalter, in dem Smartphones unsere treuen Begleiter voll elektronischer Hilfsmittel geworden sind. Neben Apps fürs Eierkochen und fürs Routenplanen gab es ja zum Glück auch welche, die dem Nutzer mit roter Flamme oder buntem Herzchen bebildert versprachen, mit ihnen den Partner fürs Leben finden zu können.

Ich beschloss, es zuerst mit der roten Flamme zu versuchen.

Man gab das Geschlecht, das Wunschalter und einen Kilometerradius vor, innerhalb dem gesucht werden sollte, und legte sich ein Profil mit sorgsam ausgewähltem Fotorepertoire an.

Da ich es mir angewöhnt hatte, öfter Fotos von meinen Outfits zu machen und auch sonst bestrebt war, mein Gesicht und mein Leben so oft wie möglich fotografisch festzuhalten, war es für mich nicht weiter schwierig, passende Profilbilder zu finden. Zwei vom Gesicht, zwei vom Körper (bewusst die Post-Trennungs-Figur betonend), eines, aus dem man schließen konnte, dass ich ein Familienmensch war, eines, aus dem man schließen konnte, dass ich Freunde hatte, und eines, auf dem ich mich einfach besonders gut getroffen fand.

Dazu schrieb man optional noch ein paar Zeilen über sich selbst. Etwa die Körpergröße, was man sich im Besonderen wünschte oder eine gewollt tiefsinnige Lebensweisheit.

Ich beließ es bei der Option.

Die Erkenntnis, dass sich nicht jeder Nutzer bei der Fotoauswahl so große Mühe gab und ich dort viel zu oft Größenangaben unter 180 cm, Wünsche wie „Unrasiert brauchst du gar nicht erst zum DVD-Abend kommen" oder Weisheiten à la „Nach mir die Ginflut" lesen würde, stand mir noch bevor.

Denn eine Dating-App das erste Mal zu öffnen, glich im Prinzip dem Betreten einer Primark-Filiale: Man hatte das Gefühl, dass theoretisch alles möglich war, man alles haben konnte. Man hegte die stille Hoffnung, *das* Teil in spitzenmäßiger Qualität zu einem unschlagbaren Preis zu finden, mit einem nur unterschwellig vorhandenen schlechten Gewissen wegen der Herkunft des guten Stücks und der leisen Befürchtung, dass es womöglich doch keine Anschaffung fürs Leben sein könnte.

Was dann folgte, war stundenlanges Wischen über das Smartphone-Display.

Das Profil eines potenziellen Traumprinzen wurde angezeigt. Er gefiel: Wisch nach rechts. Er gefiel nicht: Wisch nach links. Hatte ich nach rechts gewischt und der Glückliche, dem mein Profil im Gegenzug angezeigt wurde, auch, bekamen wir beide mit einem Glückwunsch angezeigt, dass wir ein „Match" hatten und nun über das Privileg verfügten, uns Nachrichten schreiben zu dürfen. Yay!

Was musste aber auf dem Profil eines Mannes zu sehen sein, damit es bei einer dreiundzwanzigjährigen Akademikerin ohne Tattoos aus einem Bilderbuchvorort mit einer Bilderbuchkindheit, die sich zu jung für die „Singles mit Niveau" fühlte, zu einem Wischen nach rechts führte?

Der springende Punkt dieses und vergleichbarer Portale ist ja, dass allein der erste Eindruck zählt. Subjektiv-oberflächlich wird anhand einiger fotografischer Eindrücke und/oder Wörter geurteilt. Hop oder Top. Top oder Flop. Hot or not. Das Aussehen und die Selbstinszenierung sind die Schlüssel zum Weg nach rechts und im besten Fall zu einem Match.

Natürlich, makellos ist niemand von uns. Jeder hat seine Macken, das kann mitunter ja auch sehr charmant sein. Eine zwischenmenschliche Beziehung ist immer auch ein Kompromiss. Dabei geht es aber weniger um objektive Attraktivität; Aussehen ist immer Geschmackssache. Deshalb sollte der Abstrich hier nicht allzu groß sein. Man selbst muss seinen Außerwählten hundertprozentig attraktiv und anziehend finden, sich mit ihm zeigen wollen. Wie ihn der Rest der Menschheit findet, ist zunächst zweitrangig. Allerdings wächst die Attraktivität in vielen Fällen auch erst mit dem Kennenlernen, ins Unermessliche spätestens dann, wenn Gefühle ins Spiel kommen. Mimik, Gestik, Dialekt, Geruch, all das sind Faktoren, die einen ersten Online-Eindruck revidieren könnten, ins Positive und auch ins Negative. Damit es dazu aber kommen kann, muss das Profil diesem überhaupt standgehalten haben. Ein Teufelskreis. Ich möchte gar nicht darüber nachdenken, wie viele passende Männer ich durch eine einzige Fingerbewegung habe an mir vorbeiziehen lassen. Womöglich war *er* dabei? Diese Frage musste ich allerdings ebenso ausblenden, wie den Ärger, wenn ich eine Millisekunde nicht aufgepasst und versehentlich in die falsche Richtung gewischt hatte. In diesem Fall blieb allein die Hoffnung, dass das Profil durch einen Systemfehler oder einen anderen glücklichen Zufall ein zweites Mal angezeigt werden würde.

Auf der anderen Seite darf man aber auch nicht unterschätzen, wie bequem es ist, allein durch besagte Fingerbewegungen eine Vorauswahl treffen zu können. Natürlich kommt man an den Punkt, an dem man großzügiger wird, über anfängliche Kleinig- und Kleinlichkeiten hinwegsieht. An diesem Punkt aber war ich noch nicht. Ich sollte und durfte wählerisch sein. Ich wurde richtiggehend dazu verführt, wenn nicht gezwungen. Das kostete ich in vollen Zügen aus.

Ohne mir anfangs darüber klar gewesen zu sein, hatte ich ein knallhartes Schema.

Ich bin und war nicht festgelegt, was Augen- oder Haarfarbe angeht und die Optik betreffend waren meine Ansprüche nicht übertrieben hoch. Außergewöhnlich gutaussehende Männer sind sich ihrer Attraktivität meist sehr bewusst, was sich selten positiv auf ihr Verhalten gegenüber Frauen auswirkt. Sie wissen, dass sie die Wahl haben. Warum sich dann mit einer Frau begnügen und die anderen Chancen ungenutzt verstreichen lassen? Die richtig hübschen Männer hat frau nie für sich alleine. Zu perfekt wirkende Modeltypen wurden also nach links geschoben.

Andererseits war ich selbstbewusst genug, um zu wissen, was ich zu bieten hatte. Nicht mehr und nicht weniger erwartete ich auch von einem Mann. Ich wollte nie an den Punkt kommen, an dem ich mich unter meinem Wert verkaufen, nur aus purer Verzweiflung und Torschlusspanik den nehmen würde, den ich haben konnte, obwohl mir sein Aussehen nicht gefiel, weil er eine Stirnglatze hatte, schielte und einen Kopf kleiner war als ich.

Denn die Größe war natürlich auch so ein Thema. Viele sagen, sie sei nicht wichtig, auf den Größenunterschied komme es nicht an. Stimmt wahrscheinlich auch, wenn man das große Ganze betrachtet (man beachte aber, es heißt das *große* Ganze). Dass der Mann unbedingt groß und sehr viel größer als ich sein musste, war mein persönlicher Spleen. Wahrscheinlich weil ich sehr gerne hohe Schuhe trage, mit eins siebzig an sich schon keine kleine Frau bin und einfach darauf stehe, wenn ein Kerl auch optisch einer ist. Zudem hatte ich die Erfahrung gemacht, dass kleine Männer sehr oft unter Komplexen leiden, die sie an anderer Stelle durch Macht- oder Führungspositionen zu kompensieren versuchen. Ich hatte es wirklich probiert, aber ich konnte kleine Männer nicht so ernst nehmen, wie ich gerne gewollt hätte. Mein Pech, würden viele sagen, denn das führte schon zu einem vermehrten Wischen nach links, vor allem weil die Körpergröße bei vielen Profilen gar nicht angegeben war und ich anhand der Bilder mutmaßen musste. Dann ließ ich es im Zweifel lieber nicht darauf ankommen, bevor ich am Ende vielleicht enttäuscht worden wäre. Ähnlich ging es mir mit extremen Tätowierungen oder im Gesicht sichtbaren Piercings. Es kam immer auf den Einzelfall an, entspricht aber eigentlich beides nicht meinem Geschmack. Genau wie Männer, die zu exotisch wirkten. Wenn ein unaussprechlicher Vorname das Profil zierte, war der Weg für meinen Daumen nach links vorprogrammiert.

Als sehr gefährlich empfand ich persönlich auch Mützen und Sonnenbrillen. Beides für sich alleine genommen war schon schwierig, aber in Kombination waren diese Teile sozusagen das Make-Up eines Mannes. Mit Mützen ließen sich Geheimratsecken, lichtes Haar und seltsame Gesichtsformen tadellos kaschieren und es gab – geschlechterunabhängig – wohl kaum jemanden, dem eine Sonnenbrille nicht schmeichelte. Sonnenbrillen verdeckten zudem das für mich persönlich Wichtigste an einem Gesicht: die Augen. Mit schönen Augen ließ sich einiges ausbügeln und wettmachen. Schöne Augen gewannen bei mir. Gab es also auf einem Profil nur Bilder mit Sonnenbrille, am besten noch mit Mütze kombiniert, ging es schnurstracks nach links. Denn man bekam ja auch automatisch das Gefühl, derjenige hatte etwas zu verbergen, wenn er seine Augen so vehement versteckte. Der Anzahl an Sonnenbrillenfotos nach hätten dann allerdings sehr viele Nutzer sehr viel zu verbergen. Hatten sie vielleicht sogar tatsächlich.

Unabhängig von Aussehen, Körpergröße und Kopfbedeckung fielen bei mir auch Männer durch, deren Fotos sie ausschließlich auf Reisen zeigten. Besonders schlimm fand ich dabei das Posieren mit Affen auf der Schulter, vor der Golden-Gate-Bridge oder inmitten einer Gruppe grinsender afrikanischer Kleinkinder. Warum wollte mir ein Mann, noch bevor ich ihn kennengelernt hatte, demonstrieren, wie weit gereist, sozial engagiert und weltoffen er doch war? Zumal gerade diese Reisefotos in neunundneunzig Prozent der Fälle mit einer Profilbeschreibung à la #traveller, #traveltheworld oder „Who wants to travel with me?" gepaart waren, was sicher aus der Masse herausstechen sollte, aber leider nur in der Masse anderer Reisender unterging.

Bilder, die bei mir ebenfalls grundsätzlich zu einem Dislike führten, waren solche, auf denen Monsieur im Saufurlaub mit seinen Kumpels zu sehen war, womöglich stilecht mit Sangria-Eimer am Strand – was in diesem Urlaub sonst noch gelaufen war, wollte ich gar nicht wissen. Ebenso solche, auf denen er seine Katze streichelte – ich war schon immer ein Hundemensch gewesen – und solche, auf denen neben ihm nur ganz knapp eine ganz eindeutig weibliche Person abgeschnitten worden war. Wäre es die Schwester oder die Cousine, hätte das Foto ja bedenkenlos unbeschnitten belassen werden können, oder? Wer dagegen provokativ Bilder mit Frau einstellte, der hatte entweder nichts zu verbergen oder versuchte es wohl gar nicht erst. Bilder von nackten Ober- und/oder Unterkörpern, ohne Gesicht selbstverständlich, sprachen dieselbe Sprache.

Wenn ein Profil nur ein einziges Foto aufwies, auf dem zwei oder mehrere Männer abgebildet waren, lehrte mich meine Erfahrung schnell, dass ich hier gar nicht zu pokern brauchte: Das Profil gehörte *nie* dem attraktiveren von beiden beziehungsweise dem attraktivsten.

Mich wunderte es immens, wie viele Nutzer sich dessen gar nicht bewusst zu sein schienen, dass die Profilfotos das wichtigste Urteilskriterium waren und wie viel sich aus ihnen schließen ließ.

Aber auch Profilbeschreibungen waren ein heikles Thema. Hierbei galt: Gar keine wirkte auf mich besser als eine abstoßende. Manche waren ehrlich und verkündeten, dass sie nur auf der Suche nach One-Night-Stands waren. Andere, dass sie auf keinen Fall welche wollten. Sie machten einem die Wisch-Entscheidung, davon abhängig, was man gerade suchte, ziemlich einfach.

Lustige Sprüche oder Zitate wie „Er war Jurist und auch sonst von mäßigem Verstand" (Schade, dass Ludwig Thoma nicht selbst gewischt hat...) trafen bei mir natürlich voll ins Schwarze und schafften es teilweise, eine mittelprächtige Bildergalerie erheblich aufzuwerten. Das Gegenteil war aber genauso gut möglich. Pauschale Nullachtfünfzehn-Weisheiten, zum Beispiel „Träume nicht dein Leben, sondern lebe deine Träume", ließen mich auch beim größten, schnuckeligsten Mann meine Wischgeste genau überdenken.

Gleiches galt für Rechtschreibfehler und mangelnde Zeichensetzung. Ja, dahingehend war ich ein Korinthenkacker!

Wie schon erwähnt, durfte man(n) bei mir auch gerne männlich sein. So leid es mir für die süßen Kälbchen und Schweinchen tat, Fleischessen gehörte für mich irgendwie dazu. Jedes Mal über mich selbst bestürzt, darüber, wie antiquiert und intolerant meine Denkweise war, wurde jeder schnell weggewischt, aus dessen Beschreibung hervorging, vegetarische oder gar vegane Ernährung zu bevorzugen. Raucher übrigens auch.

Dinge, die mich bei meinen Freunden niemals gestört hätten, die mir nicht einmal negativ aufgefallen oder von mir bewertet worden wären, stellten eine unüberwindbare Hürde auf dem Weg zum Match dar, schienen auf einmal wichtig. Der Grund dafür ist mir bis heute schleierhaft.

Die Profilbeschreibungen einiger Nutzer hingegen bestanden aus einer Aufzählung von Voraussetzungen, die eine Frau ihrer Meinung nach mitzubringen hatte oder sie anderenfalls gar nicht erst nach rechts wischen sollte. Sie wählten die offensive Variante und legten ihre Kriterien offen. An sich stellte das eine Erleichterung dar, etwa wenn man nur als Nichtraucherin oder Vegetarierin in Frage kam. Manchmal gab es allerdings zu viel Auslegungs- und Interpretationsspielraum. So proklamierte ein Mann beispielsweise ganz offen, eine schlanke Frau zu suchen und schloss seine Profilbeschreibung mit den Worten „Bitte nur sportlich aktive Frauen mit schmalen Hüften". Ich verstand, worauf es ihm ganz offensichtlich ankam und worauf er Wert legte, aber wo genau zog er die Grenze? Bedeutete schlank bei ihm dünn oder vollschlank? War frau aktiv genug, wenn sie ohne Atemnot die Treppen ins dritte Obergeschoss steigen konnte oder musste sie für den Triathlon trainieren? Und wie schmal sollten die Hüften sein? Bestimmt wischten viele Nutzerinnen diesen Mann lieber nach links, aus der Befürchtung, ihren Umfang womöglich fälschlicherweise als schmal einzustufen.

Ich persönlich wollte weder meine eigene Profilbeschreibung so gestalten, dass sie vielleicht die Ausnahmen abschreckte, die meine Regeln bestätigt hätten, noch das Risiko wagen, mich zu unrecht in den Forderungskatalog eines Mannes einzuordnen.

Waren alle eben beschriebenen Ausschlusskriterien auf den ersten Blick nicht ersichtlich, entschieden letztendlich Geschmack, Bauchgefühl und Daumen darüber, ob Aussehen, Outfits und Gesamteindruck Gnade vor meinen Augen fanden.

Ob da überhaupt noch Männer zum Nach-rechts-Wischen übrigblieben? Ich als unverbesserliche Optimistin hoffte es.

II DAS SCHREIBEN

Tatsächlich, öfter als ich gedacht hätte, fand mein Daumen seinen Weg nach rechts und in den allermeisten Fällen wurde mir nur einen Wimpernschlag später die frohe Botschaft angezeigt, ein Match zu haben. Trotzdem wählte ich immer ohne zu überlegen die Option „Weitersuchen" statt „Nachricht senden".

So emanzipiert und fortschrittlich ich in vielerlei Hinsicht auch dachte, für mich war klar: Der Mann schreibt die Frau an.

Es funktionierte. Dabei merkte ich aber, dass ich komischerweise die Männer interessanter fand, bei denen es nicht *sofort* funktionierte. Offensichtlich galt auch in der virtuellen Welt das Prinzip „Mach dich rar, sei ein Star". Was unweigerlich zur Folge hatte, dass dann auch ich bis zu meiner Antwort etwas Zeit verstreichen ließ.

Ich sollte noch lernen, dass diese Methode für mich nur genau so lange funktioniert, wie mir ein Mann gleichgültig ist.

Warum diese Spielchen? Warum hinterfragt man offensichtliches, ehrliches Interesse argwöhnisch und unterstellt, dass der andere es todsicher nötig hat und so verzweifelt ist, dass er sofort schreibt? Wünschen wir Frauen uns nicht immer, dass der Mann so fasziniert und angetan von unserem bloßen Anblick ist, dass er uns von Sekunde eins an zu Füßen liegt und uns das auch sehr deutlich zeigt? Wir behaupten das zwar, sollten es aber besser wissen. Der Mann soll absolut hingerissen und gleichzeitig cool genug sein, seine Begeisterung spielend verbergen zu wissen. Das wiederum verunsichert uns so sehr, dass wir glauben, uns umso mehr ins Zeug legen zu müssen, um bei ihm landen zu können. Wir dürfen uns unserer Sache nie hundertprozentig sicher sein, wollen ihn erobern und von unseren Vorzügen überzeugen müssen. Das macht die ganze Sache ungemein spannend, den Typen ungemein interessant („Worauf bildet der sich so viel ein, dass er meint, nicht mehr zurückschreiben zu müssen?!?").

Wer leicht zu haben ist, ist langweilig, wer die „hard-to-get"-Schiene fährt, ist abgehoben. Demnach ist klar, was wir Frauen uns insgeheim wünschen: die perfekte Mischung aus Hündchen und Arschloch.

Ein paar Begrüßungsfloskeln später sah die Sache dann schon anders aus. War das Gespräch erst einmal im Fluss, durfte auch sofort zurückgeschrieben werden. Sofern sich die Unterhaltung überhaupt über ein „Wie geht's?" hinaus entwickelte. So paradox es auch klingt, manchmal merkte man schon der Frage nach dem Befinden an, ob die schriftliche Chemie stimmte.

Womöglich scheiterten manche Gespräche aber auch an der schlichten Unwissenheit darüber, wie es nach dem „Danke gut. Und dir?" weitergehen sollte. Dann wurde mir einfach gar nicht mehr zurückgeschrieben.

Oft war es allerdings auch so, dass *ich* diejenige war, die nicht mehr antwortete. Was sollte ich auf „Ich würd dich so unfassbar geil lecken, das glaubst du gar nicht!" anstelle einer Begrüßung auch schreiben?

In diesen Momenten fragte ich mich dann, wo hier eigentlich meine Präferenzen lagen. Wie wollte ich überhaupt angeschrieben werden? War ein schlichtes „Hey" okay? Ich kam zu dem Schluss, dass es das auf jeden Fall war; trat die seltene Situation ein, in der ich offline angesprochen wurde, fuhr der Mann damit ja wohl auch besser als mit der Frage danach, ob meine Eltern Terroristen seien, weil ich ja angeblich so scharf wie eine Bombe sei.

Nicht gerade ausgefallen und einfallsreich also, aber „Hey" war in Ordnung, genauso wie „Hi", „Hallo", „Guten Morgen" (sofern die Nachricht auch *wirklich* am Morgen und nicht erst nachmittags verfasst wurde) und „Guten Abend". Wurde hinter die jeweilige Begrüßung noch mein Name gesetzt, hatte der Verfasser schon halb gewonnen. Natürlich schadete es auch nicht, wenn noch ein Kompliment hinterherkam.

Selbst die flachsten schmeichelten mir insgeheim, auch wenn „Deine Augen sind der Hammer!" natürlich leider mit jedem Mal ein bisschen mehr an Wirkung verlor.

Hört man Komplimente zu oft, läuft man erstens leicht Gefahr, sich etwas auf sie einzubilden, und zweitens hat man es irgendwann satt, auf Äußerlichkeiten reduziert zu werden. Als Nutzer eines Systems, das oberflächlicher nicht sein könnte, geht man dieses Risiko zwar mehr oder weniger bewusst ein, ich für meinen Teil wünschte mir aber vielmehr Komplimente meine Persönlichkeit betreffend. Ein „Geiler Arsch, Süße" beseitigte schließlich nicht die Leere auf der Betthälfte neben mir. Oder allerhöchstens sehr vorübergehend.

Ich tröstete mich damit, dass das bestimmt noch kommen würde und ich dafür eben erst einmal die Oberflächlichkeit in Kauf nehmen musste. Nach einer gewissen Zeit regte ich mich über Rückschlüsse von gut ausgewählten Fotos auf eine ohne Zweifel ausgeübte Modeltätigkeit auch nur noch wenig bis gar nicht mehr auf.

Es waren dann auch eher die Rückschlüsse von meinem Aussehen auf Arroganz und/oder mangelnde Intelligenz, die mich ärgerten. Als blonde Frau hatte ich es da zwar generell schwer, aber mir fiel öfter auf, dass viele Menschen Achtsamkeit in Bezug auf das äußere Erscheinungsbild mit Überheblichkeit gleichsetzten und dass auf eine von mir gewählt formulierte Nachricht oder auf die von mir mitgeteilte Information, bereits erfolgreich ein Studium absolviert zu haben, keine weitere meines Gesprächspartners mehr folgte.

Ob es an der Überforderung, den Sinn des Geschriebenen zu verstehen, oder an der Angst, nicht mithalten zu können, lag, würde ich nie herausfinden. Viel zu oft hatte ich mich nämlich schon gefragt, ob mein Mangel an Männerbekanntschaften im „wahren" Leben auf eine ähnliche Angst zurückzuführen war. Auf die vor einem Korb.

Die Jungs in meinem Freundeskreis jedenfalls hatten angedeutet, dass sie bei gutaussehenden Frauen immer davon ausgingen, dass sie sowieso vergeben seien oder wenn nicht, zwangsläufig irgendetwas mit ihrem Charakter nicht stimmen könne. Zum Beispiel, dass ihreAnsprüche astronomisch hoch seien und sie die dann ja sowieso nicht erfüllen könnten. Na toll.

Ich würde es nie nachvollziehen können, dass man den Weg des geringsten Widerstandes ging und die Herausforderung scheute, sich lieber mit weniger zufrieden gab, als nach dem Maximum zu streben. Und dass meine Ansprüche übertrieben hoch waren, konnte ich auch nicht behaupten.

Ich wünschte mir schlichtweg einen Mann, der mich mit seinem Gesamtpaket überzeugte: Der mitten im Leben stand, wusste, was er wollte, mich zum Lachen bringen konnte und mich nahm, wie ich war. Der gepflegt und modebewusst war. Der selbstständig genug war, mich nicht nur als Köchin und Putzfrau zu brauchen. Der wusste, in welchen Situationen er ein Gentleman und in welchen genau das Gegenteil sein sollte.

Der zwar einfühlsam war und seine Gefühle nicht versteckte, aber trotzdem Manns genug war, mir auch einmal eine Ansage zu machen; bei dem ich trotz meiner vor allem beruflich geforderten Stärke auch einmal die Schwache sein konnte. Er durfte auch gern entscheidungsfreudig sein, da ich es überhaupt nicht bin. Auch Unternehmungslust war vorteilhaft. Ich wollte keinen Nerd, der unentwegt Zahlenkolonnen vor sich hin brabbelte, aber doch gerne jemanden mit einem dem meinen ähnlichen Bildungsniveau. Es ist schließlich wissenschaftlich erwiesen, dass Partnerschaften, in denen bei beiden ein vergleichbarer Bildungsstand herrscht, glücklicher und langlebiger sind. Außerdem wollte ich mich in dieser Hinsicht dem Mann auf gar keinen Fall überlegen fühlen. Ich fand es eher schön, wenn ich zu ihm aufschauen konnte. Mit Niveauflexibilität konnte man(n) bei mir aber auch punkten; überragend, wenn man gemeinsam „Bauer sucht Frau" und anschließend die Tagesthemen anschauen konnte. Er sollte zudem offen, ehrlich und ein Familienmensch sein. War das insgesamt zu viel verlangt? Waren das wirklich übertrieben hohe Ansprüche? In manchen Punkten war ich schließlich auch durchaus kompromissbereit.

Und dennoch waren die Aussagen meiner Kumpels leider ehrliche

Worte, die wenig rosige Aussichten versprachen, aber – wie ich hoffte – nur für die Welt außerhalb der App Geltung besaßen. Schließlich empfand man einen virtuellen Korb als weniger schlimm, schon alleine, weil das nächste Match ja zum Greifen bzw. Wischen nah war.

Andererseits merkte ich leider, dass mir oftmals trotzdem Misstrauen entgegengebracht wurde: „Was suchst du hier, das hast du doch gar nicht nötig?", „Wo ist der Haken bei dir?", „Dein Profil ist todsicher ein Fake, du siehst viel zu gut aus."

Schlimm genug, dass mir gutes Aussehen negativ ausgelegt und quasi zum Verhängnis wurde, noch weniger konnte ich es aber eben leiden, wenn die Männer im gleichen Zuge gar nicht erst die Herausforderung annahmen, sondern mir ihre Zweifel offenbarten: „Einen wie mich willst du dann bestimmt nicht." Zwar wollten sie in diesem Moment ganz sicher das Gegenteil hören, aber sie hatten Recht; das war für mich das K.O. Kriterium. Einbildung konnte ich genauso wenig leiden, aber sobald ein Mann sich vor mir kleinmachte, war ich raus.

Diese Erfahrungen und Reaktionen glichen die Komplimente jedenfalls aus und verhinderten, dass ich mir etwas auf sie einbildete. Ich lernte, dass Attraktivität also auch beim Online-Dating in vielen Fällen wohl eher eine Erschwernis als eine Erleichterung darstellte.

Anstelle von Komplimenten gab es aber auch kreativere Versuche: „Ich halte fünf Geiseln in einer Bank fest. Ich verlange eine Million Euro in bar, einen Helikopter und ein Abendessen mit dir." Hier verhielt es sich ähnlich wie mit dem sofortigen An- beziehungsweise Zurückschreiben. Ausgefallen sollte eigentlich besser von mir bewertet werden als einfallslos, aber ein ungutes Gefühl hinterließen solche Nachrichten dennoch auf eine Weise. Als hießen sie automatisch, der Mann wollte damit von einer gravierenden Schwäche ablenken. Als wüsste er selbst, dass bei ihm ein „Hi" nicht reichen würde, um mich zu überzeugen. Dann erwischte ich mich dabei, unbewusst und unwillkürlich an *ihm* den Haken zu suchen. Es handelte sich schließlich um *Online*-Dating, bei den Männern musste also irgendetwas faul sein, sonst hätten sie das ja wohl nicht nötig. Obwohl ich ja eben auf gar keinen Fall wollte, dass die Männer umgekehrt so über *mich* dachten und im Bewusstsein, absolut ungerechterweise mit zweierlei Maß zu messen, konnte ich es nicht abstellen. Ich redete mir ein, dass ich mit dieser Einstellung wenigstens nicht blauäugig an die Sache heranging und nicht enttäuscht werden würde.

Schlussendlich stellte ich dann fest, dass es nahezu egal war, wie mich der dazugehörige Mann anschrieb, wenn mir sein Profil gefiel. Dann machte die Freude über die Nachricht deren Einzelheiten unwichtig, ausgenommen die Rechtschreibung, wo ich über gravierende Fehler, die nicht auf flüchtiges Vertippen oder falsche Autokorrektur zurückzuführen waren, einfach nicht hinwegsehen konnte. Es war ja wohl auch nicht zu viel verlangt, dass eine Nachricht vor dem Abschicken eventuell noch einmal durchgelesen wurde, schließlich wollte der Verfasser mich doch von sich überzeugen? Da konnte es dann schon passieren, dass ein Match von mir kurzerhand wieder aufgelöst wurde. Glücklicherweise stellte die App auch diese Funktion als Option zur Verfügung.

Ein anderer Grund, aus dem Unterhaltungen einschliefen, war zweifelsohne, dass ein anderes Match dazwischenfunkte. Ich merkte ja selbst, dass ich nur eine gewisse Zeit den Überblick behielt. Mich mehreren Männern gleichzeitig zu widmen, war extrem anstrengend. Ich wusste irgendwann nicht mehr, wem ich welche Information mitgeteilt hatte und wer hinter welchem Profil steckte. Irgendwann war die Überforderung oder die Langeweile da. Das ging schon damit los, dass am Anfang eines jeden Chats immer die gleichen Fragen standen. Allen voran die nach dem Job. Mein Wirken in der Justiz betont witzig umschreibend bekam jeder Mann darauf von mir „Ich sperre böse Jungs ein" gefolgt von einem Zwinker-Smiley zur Antwort. Dass meinem Gesprächspartner dann wahrscheinlich ganz von alleine ein Bild in den Sinn kam, in dem er, ich und Handschellen eine nicht unwesentliche Rolle spielten, dafür konnte ich nichts. Es war ja schließlich irgendwie die Wahrheit und diente primär dazu, das Bild einer spießigen und prüden Beamtin im Keim zu ersticken. Hatte ich eine solche Antwort aber einige Male innerhalb kurzer Zeit gegeben, fing ich schon an, mich selbst zu langweilen. Und dieses Gefühl wuchs mit jeder mehrfach gegebenen Antwort und doppelt behandelten Thematik. Gerade bei Fragen, die sich nur schwer in zwei Sätzen beantworten ließen, waren die Möglichkeiten „Copy" und „Paste" da sehr verführerisch. Ich fühlte mich schäbig dabei, befand aber, dass es sich hierbei um eine Grauzone an Legitimität handelte. Schließlich merkte der andere das ja nicht und ich war überzeugt, dass er es im Zweifel nicht anders mit mir machte. Trotzdem fand ich es auf eine Art unfair, immerhin konnte sich hinter jedem meiner Matches theoretisch mein zukünftiger Traummann verbergen und so sollte auch die virtuelle erste Begegnung etwas Besonderes sein. Er hatte es dann auch verdient, dass ich ihm meine volle Aufmerksamkeit schenkte, mir Mühe gab und nicht das Feuer mit den anderen Eisen darin weiter schürte, nur um des Erhalts der Auswahl willen. Das wünschte ich mir ja auch umgekehrt.

So versöhnte ich mein Gewissen damit, dass im Anschluss an die ersten paar (für mich persönlich notwendigen) Selektionsfragen nach Wohnort, Größe und Beruf zwingend die Entscheidung für einen Spitzenkandidaten anstand. Es gab schließlich immer einen Mann, der vorne lag, den ich besonders gut fand. Das Ranking konnte sich dann im allerersten Gesprächsverlauf durchaus noch verändern, aber einer stach immer hervor. Mit dem befasste ich mich dann auch gerne intensiv weiter und empfand hinsichtlich der abgehängten Bewerber nur leises Bedauern. Denn es bestand die sehr beruhigende Möglichkeit, an sie später nochmals anknüpfen zu können, falls sich der Auserwählte als Flop entpuppen sollte. Dadurch, dass ich meine Wahl praktischerweise nicht verkünden musste, sondern mit den übrigen Matches (vorerst) einfach nicht mehr weiterschrieb, war diese Methode auch durchaus praktikabel. Oft genug merkte ich, dass es umgekehrt von den Männern genauso gehandhabt wurde und ich nach einigen Tagen Funkstille plötzlich wieder von ihnen hörte.

Hatte ich für mich diese Entscheidung getroffen, stand ich jedoch direkt vor der nächsten: Wie lange schrieb man vor dem ersten Date?

Es gab natürlich Nutzer, die die App allein zum Wischen miss-
brauchten (Profilbeschreibung: „Füße hoch, ich wische hier nur kurz
durch!") oder denen es ausreichte, immer jemanden zum Schreiben
zu haben; die sich davor fürchteten, auf ihr Smartphone zu schauen
und keine neue Nachricht vorzufinden, die aber zumindest angeblich
mit ihrem Single-Dasein ganz zufrieden waren. Diese schwarzen Schäf-
chen hatte ich im besten Fall aber schon entlarvt und aussortiert. Denn
das eigentliche Ziel eines Matches sollte ja ein persönliches Treffen
und Kennenlernen sein. Die App stellte den Kontakt her, schaffte, was
heutzutage leider nur noch selten auf der Straße passiert. Es wurden
feierlich die Telefonnummern getauscht und per WhatsApp oder SMS
weitere Kommunikationsbemühungen unternommen. Tagelang? Wo-
chenlang?

Der Vorteil, sich länger nur auf schriftlichen Kontakt zu beschränken, lag eindeutig darin, dass man sehr viel über den anderen herausfinden, gezielt K.O.-Kriterien ausschließen und Gemeinsamkeiten ab-
klopfen konnte, bevor man sich im Endeffekt vielleicht umsonst die
„Mühe" eines Treffens machte.

Legte man Wert auf die Stimme und war mutig genug, konnte man
auch telefonieren oder Sprachnachrichten verschicken.

Man hatte so die Möglichkeit, frühzeitig Dinge über sich selbst zu erzählen, die den anderen vielleicht hätten abschrecken können. Wollte
er sich dann dennoch treffen, erlebte er auch keine böse Überraschung
mehr.

Gerne greife ich an diesem Punkt auf ein Telefonat vor, nach dem
ein Treffen für mich ganz klar ausgeschlossen war. In breitestem Dialekt schilderte mir ein Mann, der sich zuvor in WhatsApp sehr eloquent
und bedacht auszudrücken gewusst hatte, die Folgen seines kürzlich
operierten Leistenbruchs: „Seitdem spür ä do unne gar nix mehr. Figge
kannsch voll vergesse!" Hier wurde deutlich, wo die Grenze für zu viel
Information lag. *Alles* musste man ja nicht direkt erzählen.

Durch längeres Chatten ging allerdings auch ein Stück weit der Zauber des Kennenlernens und manchmal auch sehr viel Gesprächsstoff

verloren.

In Glücksfällen konnte man beim Date noch stundenlang ohne Unterbrechung quatschen, obwohl oder gerade weil man sich schon die komplette Lebensgeschichte geschrieben hatte. Aber man verlor den Blick für das Wesentliche: für die Bedeutung von Gefühlen. Nur weil es in der Theorie perfekt gepasst hatte, stellten sich nicht automatisch auch in der Praxis welche ein. Dass es sich beim Schreiben richtig anfühlte, musste nichts heißen und war keine Garantie. Bilder konnten verfälscht oder geschönt sein, die Realität ganz anders aussehen. Man musste sich wortwörtlich riechen können. Das fand man erst beim Date heraus. Ein Kribbeln stellte sich nicht allein dadurch ein, dass man im Vorfeld möglichst viele Gemeinsamkeiten festgestellt hatte. Schön, wenn beide gern italienisch aßen, verliebte Blicke über den Tellerrand hinweg musste das in der Zukunft trotzdem nicht bedeuten. Viel schöner war es doch, wenn der eine vor einem Nudelteller, der andere vor einer Sushi-Platte saß, aber beide dabei Herzchen in den Augen hatten. Gewisse Gegensätze zogen sich ja auch sprichwörtlich an und konnten durchaus reizvoll sein; sie waren nicht unbedingt ein Hindernis für ein Funken. Das weiß ich *heute*.

Demnach war ein reales Treffen wohl spätestens dann sinnvoll, wenn ich mir sicher war, meinen Chatpartner ernsthaft kennenlernen zu wollen. Wenn ich das Gefühl hatte, dass es gut werden könnte, ich schlichtweg zu neugierig auf den Menschen hinter dem Profil war, als es weiter beim Schreiben belassen zu können. Sonst würde womöglich die Enttäuschung am Ende auch umso größer ausfallen, wenn ich den positiven Eindruck virtuell weiter verstärkte, mich an den permanenten Kontakt und Austausch gewöhnte und am Ende vielleicht leider doch würde feststellen müssen, dass die Wirklichkeit ganz anders aussah.

Was für mich der richtige Weg war, sollte die Zeit zeigen.

III   ERSTES DATE

Bei Sebastian hatte ich vor dem ersten Treffen nicht lange gefackelt. Unser Match war an einem Sonntagabend zustande gekommen, den ich wischenderweise in meine Bettdecke gekuschelt verbracht hatte. Schon am darauffolgenden Mittwoch sollte das Date sein. Ich wusste bereits, dass er drei Jahre älter und zwölf Zentimeter größer als ich war, dass er in der Nähe wohnte und in der Nachbarstadt studierte. Irgendetwas mit Wirtschaft. Die wenigen Nachrichten, die wir uns geschrieben hatten, hatten außerdem schon gezeigt, dass wohl zumindest eine wichtige Sache stimmte: der Humor. Mir persönlich reichte das zunächst, um seinem Vorschlag, gemeinsam essen zu gehen, zuzustimmen.

Als das Treffen immer näher rückte, kam dann langsam aber sicher trotzdem die Nervosität. Ich befand mich ja noch nicht lange wieder ernsthaft auf der Suche und überlegte, wann ich überhaupt mein letztes „richtiges" Date gehabt hatte. Mit Schrecken fiel mir dann ein, dass das letzte zugleich das schlimmste meines bisherigen Lebens gewesen war.

Tobias hatte ich im vergangenen Sommer auf einer Afterwork-Veranstaltung in meiner Heimatstadt kennengelernt und ich frage mich bis heute, warum weder meine beste Freundin noch ich etwas gemerkt hatten beziehungsweise wie viel wir getrunken haben mussten, als er und ich unsere Nummern ausgetauscht hatten. In meiner Erinnerung am nächsten Tag hatte er gut ausgesehen und war charmant gewesen, ohne zu aufdringlich zu sein. Es hatte also keinen Grund gegeben, seine Einladung zu einem Cocktail in einer angesagten Bar abzulehnen. Schon bei der Begrüßung aber hatte er komplett verändert gewirkt und ich bereits Schreckliches geahnt, als er, kurz nachdem wir uns gesetzt hatten, angefangen hatte, hektisch mit dem Teelichthalter zu spielen, woraufhin das darin befindliche Teelicht erloschen war. Ein Kellner hatte es im Vorbeigehen wieder entzündet, Tobias einen tadelnden, mir einen mitleidigen Blick zugeworfen und es anschließend demonstrativ auf der anderen Tischhälfte platziert. Peinlich.

Das sollte aber erst der Anfang gewesen sein. Ich hatte mich nur noch sehr schlecht auf seine Erzählungen konzentrieren können, als mir aufgefallen war, dass er die Angewohnheit hatte, Dinge, denen er offensichtlich sehr viel Bedeutung beimaß, immer zweimal zu wiederholen.

Sein Arbeitspensum während einer kürzlich absolvierten Fortbildung beispielsweise hatte er wohl besonders empörend gefunden: „Da hatte ich ne 60-Stunden-Woche. Ne 60-Stunden-Woche. Ich hatte ne 60-Stunden-Woche." Er hatte den Satz immer etwas anders betont, aber ich hätte auch beim ersten Mal verstanden, dass es viel Arbeit gewesen war. Ich hatte überlegt, ob es sich dabei vielleicht auch einfach um ein lyrisches Stilmittel handelte, war aber nicht darauf gekommen. Die Chemie zwischen uns hatte einfach überhaupt nicht gestimmt, es allerdings den Anschein gehabt, als wäre das nur mir alleine aufgefallen. Betont lässig und wie nebenbei hatte er über den Tisch hinweg meine Hand ergriffen und ich hatte so meine Probleme gehabt, sie ihm mit einer vergleichbaren Lässigkeit wieder zu entziehen, indem ich einen Schluck aus meinem Glas genommen hatte. Es war nur noch schlimmer gekommen. Tobias hatte meine Gedankenblase zerplatzen lassen, dass es wohl durchaus im Rahmen des Höflichen gelegen hätte, mich nach dem zweiten Cocktail unter Vortäuschung von Müdigkeit zu verabschieden (Ich hatte immerhin eine 41-Stunden-Woche, ja eine 41-Stunden-Woche): „Ich habe eine Überraschung für dich, mit der der Abend hier nicht endet. Du musst sie dir allerdings erst verdienen!" Ich hatte gezwungen gegrinst und gedacht: „Wenn er mich jetzt auffordert, ihm unauffällig auf die Toilette zu folgen, habe ich immerhin einen legitimen Grund, zu verschwinden."

„Du musst ein Rätsel lösen. Ich gebe dir drei Tipps und du hast drei Versuche, zu erraten, wo ich zuletzt meinen Urlaub verbracht habe. Bin gespannt, ob du drauf kommst. Bin echt gespannt, ich bin gespannt!" Puuh. Vielleicht hatte ich Glück und es handelte sich um das hinterletzte Kaff in Afrika, das kein Mensch kannte, und der Abend würde so doch noch früher ein Ende finden als befürchtet, war meine Überlegung gewesen. „Also, es liegt nördlich von Deutschland. Es gibt dort sehr viele blonde Menschen und der Himmel wird dort im Sommer oft vanillefarben." Ich war mir sicher gewesen, jedes mittelintelligente Schaf hätte, könnte es sprechen, spätestens beim zweiten Tipp „Schweden" herausgeblökt. So hatte dann nach gespielt kurzem Nachdenken auch meine Antwort gelautet. Ich hatte Tobias fragend angesehen. Er war erstarrt und hatte den Kopf geschüttelt. Tja, dann war es wohl doch ein falscher Tipp gewesen. Vielleicht eine Fangfrage? Oder war er am Ende ähnlich verwirrt wie einer meiner Cousins, der von Familienurlaub in der Toskana träumte („denn ich liebe Spanien")? Egal, ab nach Hause! „Meine Lieblingssängerin kommt aus Dänemark und hat mal über ‚Swedish sky' gesungen, da dachte ich…", hatte ich versucht, meine Antwort halbherzig zu rechtfertigen, aber er hatte mich unterbrochen: „Ich glaub es nicht! Ich kann's nicht glauben, ich glaub es einfach nicht! Du siehst nicht nur gut aus, du bist auch total intelligent, ich kann's nicht glauben, dass du das wirklich erraten hast und so schnell! Schweden war richtig!" Zu früh gefreut also. Nach seiner Erklärung, dass ich mich jetzt für die Überraschung qualifiziert habe und wir dazu an sein Auto müssten, hatten bei mir erneut die Alarmglocken geschrillt. Statt auf der Toilette im Auto, oder wie? Ohne mich! Während ich überlegt hatte, wie ich im Ernstfall am schnellsten abhauen konnte, hatte Tobias zwei Gläser, eine Sektflasche und eine herzförmige Pralinenschachtel aus dem Kofferraum hervorgezaubert. Über den Arm hatte er sich eine Decke gelegt. „Picknick im Schlosspark!", hatte er meinen Hauptgewinn verkündet und die Hände theatralisch nach oben gerissen. Womit hatte ich das nur verdient? Ach ja, richtig. Mit den Geografiekenntnissen aus der Grundschule. Immerhin hatte ich es dann im weiteren Verlauf des Abends verhindern können, dass wir die Decke im abgelegenen, dunklen Teil des Parks ausgebreitet, dass er mich, wie zweifellos von ihm geplant, bis zur Besinnungslosigkeit abgefüllt und dass er mich mit all dem Alkohol im Blut nach Hause gefahren hatte. Nachdem er nämlich gefährlich nahe an mich herangerutscht war und mir „Dein Parfum riecht so gut, das duftet nach mehr. Und ich meine nicht das Meer mit zwei ‚e'" ins Ohr gelallt hatte, war ich aufgesprungen, hatte vorgegeben, dass meine Freundinnen in der Stadt auf mich warteten, und war in meinen Highheels durch die nachtfeuchte Wiese davongestolpert. Als er mir noch „Küss mich wenigstens zum Abschied!" hinterhergebrüllt hatte, war ich schon um die nächste Ecke verschwunden gewesen. Zum Glück war er mir nicht nachgelaufen.

Auf weitere Dates hatte ich dann aus unerfindlichen Gründen erst einmal keine Lust mehr gehabt.

In Erinnerung an dieses abschreckende Erlebnis war ich ganz kurz versucht, das bevorstehende Treffen mit Sebastian doch noch weiter hinauszuschieben, kam dann aber zu dem Schluss, dass es viel schlimmer ja gar nicht werden konnte. Außerdem war ich inzwischen selbstsicher genug, dass ich mir durchaus zutraute, ein Date fair und ehrlich zu beenden, sollte ich sofort merken, dass es für mich nicht passte. Aber ich ließ Sebastian gegenüber nicht locker, bis er mir den Namen des Restaurants verriet, in das er mich auszuführen plante, damit ich sicherheitshalber meinen Freundinnen Bescheid geben konnte und sie im Notfall wussten, wo ich war. Man konnte ja nie wissen; im Netz lauerten schließlich genügend kranke Psychopathen, das las man immer wieder. Auch wenn sich ein Abendessen erst einmal sehr vernünftig und harmlos anhörte.

Überhaupt fand ich es super, dass er den Vorschlag gemacht und sich die Einzelheiten überlegt hatte. Ich war den standardmäßigen Wir-gehen-was-trinken-Dates zwar nicht abgeneigt, da das oftmals die einfachste und am nächsten liegende Möglichkeit fürs erste Kennenlernen war, aber umso schöner doch, wenn sich jemand von Anfang an mehr

Mühe gab. Ich war auch immer schlecht im Entscheiden und deshalb froh, wenn ich eine Idee nur noch abnicken musste, sofern sie mir gefiel. Diese Eigenschaft hatte mir von meiner besten Freundin Lena den Titel „Unkomplizierteste Frau der Welt" eingebracht. Wahrscheinlich aus purer Freude darüber, dass sie immer die Vorschläge machen und ihren Willen durchsetzen durfte.

Da ich mir natürlich auch Gedanken über mein Outfit machte, war es ebenfalls von Vorteil, dass ich mir die Location im Internet schon einmal anschauen und abschätzen konnte, welcher Aufzug angemessen war. Es schien sich um einen durchschnittlichen Italiener zu handeln, weder besonders schick noch mit Schnellimbissatmosphäre. Das machte die Auswahl nicht unbedingt einfacher, aber nachdem ich gleich mehreren Freundinnen Fotos geschickt und mich rückversichert hatte, entschied ich mich für eine weinrote Hose in Lederoptik, ein schwarzes Top und einen flauschigen cremefarbenen Cardigan, den ich in der Taille mit einem Gürtelchen zusammenhielt. Die Wahl der Schuhe war dann schon schwieriger. Ich musste schließlich einkalkulieren, dass er mit seiner Größe möglicherweise ein bisschen geschummelt hatte und ich wollte weder wie ein Riese noch wie eine aufgedonnerte Tussi wirken. Also zog ich schwarze flache Chelsea-Boots an und war mit meinem Aussehen zufrieden.

Ich bin der festen Überzeugung, dass ein erstes Date für die meisten Frauen einen sehr viel größeren Stressfaktor darstellt als für Männer. Von Nervosität und Anspannung einmal abgesehen – worauf man achten und woran man denken muss, wenn man den Anspruch hat, sich optimal zu präsentieren und vorbereitet zu sein!

Ich hatte mehrfach gehört und glaube daran, dass man unterbewusst auch Dinge ausstrahlt und sichtbar macht, die der andere gar nicht zu sehen bekommt; deshalb sollten unrasierte Beine, raue Hautstellen, nicht zusammenpassende Unterwäsche oder unlackierte Zehennägel keine Option sein.

Also standen neben Make-Up, Haarwäsche und Outfitwahl auch Peelen, Rasieren, Einkremen und Lackieren auf dem Pre-Date-Programm. Zudem das Sicherstellen eines frischen Atems, von ausreichendem Schlaf in der Nacht vor dem Treffen und von genügend Vorbereitungszeit. Das konnte so weit führen, dass man sich einen neuen, überteuerten Fummel leistete, da das Richtige sowieso nie im Kleiderschrank vorhanden war, erst einmal neue Rasierklingen besorgen musste, den Kollegen fürs Döneressen in der Mittagspause absagte und morgens zeitiger aufstand oder früher von der Arbeit nach Hause ging.

Lief ein Date also richtig mies oder wurde gar in letzter Minute abgesagt, gründete sich die Frustration nicht allein auf die Enttäuschung über den abgeschriebenen Mann. Auch wenn frau es im Endeffekt für sich selbst getan hatte, schade, wenn der Aufwand und Stress so völlig umsonst gewesen war.

Wie immer war ich trotzdem viel zu früh fertig. Er würde mich erst in zwanzig Minuten abholen. Zuerst war ich unsicher gewesen, schließlich lernt man schon im Kindergartenalter, dass man nicht zu fremden Männern ins Auto steigen darf. Generell würde ich auch immer genau abwägen, aber da in diesem Fall ja bereits meine Mädels alarmiert und mit seinem Namen plus Profilfoto informiert waren, machte ich mir wenig Sorgen. Ich hatte ihm auch deutlich zu verstehen gegeben, dass ich sehr wohl auf der Hut war: „Eigentlich hat mir meine Mama verboten, zu Fremden ins Auto zu steigen, aber dein Vorstrafenregister sieht ganz okay aus." Dass das ein Bluff war, musste er ja nicht wissen.

Auf die Minute pünktlich klingelte er mich schließlich an, was das vereinbarte Zeichen war, nach unten zu kommen. Ziemlich aufgeregt, aber mit einer Sicherheit, die mich selbst überraschte, öffnete ich die Autotür, schwang mich auf den Beifahrersitz und begrüßte Sebastian mit zwei Küsschen.

Es handelte sich um ein ziemlich schickes Auto und er selbst sah auch in Wirklichkeit noch sehr gut aus. Er trug ein hellblaues Hemd, das hervorragend mit seiner gebräunten Haut, den dunklen Haaren und Augen kontrastierte und roch frisch, aber unaufdringlich. Genau mein Geschmack.

Ich war erleichtert. Meine komplette Nervosität war mit einem Mal verflogen und auf der etwa zehnminütigen Fahrt erfuhr ich, dass das Auto seinem Vater gehörte, er nicht besonders gut kochen konnte, aber so ziemlich alles aß. Ich erzählte ihm von meinen kulinarischen Vorlieben, die sich im Wesentlichen darauf beschränken, dass ich Bananen absolut nicht leiden kann. (Erst viele Dates später erbarmte sich einmal ein Mann und war ehrlich genug, mir zu verraten, dass das eine Information ist, die man besser nicht sofort mitteilt, da sie falsche Rückschlüsse auf die Abneigung gegen die Form und nicht gegen die Frucht zulässt. Einleuchtend!)

Vom Restaurant war ich schon auf den ersten Blick positiv überrascht. Es sah wie ein riesiges Gewächshaus aus, komplett verglast und mit Bäumen und Blumen als Dekoration der sonst sehr schlicht gehaltenen Einrichtung. Ich war beeindruckt. Was mich dann weniger beziehungsweise eher negativ beeindruckte, war, dass Sebastian vom Kellner mit Handschlag und Augenzwinkern nach Seitenblick auf mich begrüßt wurde. Offensichtlich verkehrte Monsieur hier also öfter. Womöglich jedes Mal mit wechselnder weiblicher Begleitung an seiner Seite? Als wir uns gesetzt und bestellt hatten, beschloss ich, ganz offensiv damit umzugehen. Er sollte ruhig wissen, dass ich Dinge anspreche, wenn sie mir auffallen: „Hier schleppst du immer deine Tinder-Dates hin, oder? So gut wie der Kellner dich kennt?" Ich schaffte es, den Satz um einiges scherzhafter klingen zu lassen, als ich ihn meinte. Er grinste. „Ach Quatsch, den kenne ich privat", tat er meine Frage ab und wechselte das Thema. In dubio pro reo. Im Zweifel für den Angeklagten. Ich betrat die Brücke, die er mir baute und das Gespräch floss nur so dahin. Es bestätigte sich, dass unser Humor absolut kompatibel war und ich kam vor lauter Lachen kaum zum Essen. Noch einige Zeit nachdem abgeräumt war, blieben wir sitzen. Er war charmant, lustig, höflich, stellte die richtigen Fragen. Was hatten immer nur alle mit diesem schlechten Ruf von Online-Dating? Ganz offensichtlich konnte man dort auch attraktive Menschen fernab einer Lebenskrise treffen, die einen ins Restaurant und nicht zum „Filmschauen" einluden. Denn ganz selbstverständlich bezahlte er und wir fuhren schließlich wieder Richtung Stadt. „Hättest du Lust, ins Kino zu gehen? Ich könnte schauen, was jetzt noch läuft", fragte Sebastian mich trotz der schon fortgeschrittenen Uhrzeit. Ich fühlte mich wohl in seiner Gesellschaft und wertete es als gutes Zeichen, dass er den Abend noch nicht enden lassen wollte. Damit entschied er sich schließlich gegen die legitime Option, mich schnellstmöglich loszuwerden. „Gerne, ich liebe Kino!", antwortete ich also wahrheitsgemäß enthusiastisch.

Dass „Sex Tape" mit Cameron Diaz der einzige Film war, der zu besagter Uhrzeit an diesem Abend noch gezeigt wurde, war nicht zu ändern. Suboptimal womöglich, einen derartigen Film in Begleitung einer Person anzuschauen, mit der sich der bisherige Körperkontakt auf den gleichzeitigen Griff nach dem Salzstreuer beschränkte. Andererseits könnte es aber auch eine prickelnde Erfahrung sein, überlegte ich mir. Eine Art Ausblick darauf, was es in der Zukunft potenziell noch gemeinsam zu entdecken gäbe... Und auch ein guter Test, ob er peinlich berührt oder gar verklemmt auf die Situation reagieren oder ganz cool bleiben würde. Sexualität und der offene, lockere Umgang damit waren schließlich keine unwichtigen Aspekte beim Kennenlernen. Dennoch hoffte ich inständig, dass wir trotz später Stunde nicht die einzigen Menschen im Kinosaal sein würden. Nicht dass das keine schon langgehegte Fantasie von mir gewesen wäre, aber zu leicht wollte ich es ihm beim ersten Treffen dann doch nicht machen.

Noch so eine schwierige Dating-Gratwanderung: Geht frau auf Abstand und meidet anstößige Themen, läuft sie Gefahr, als prüde oder verklemmt zu gelten; verhält sie sich dagegen offen und redet locker über alles, gibt sich womöglich sogar hin, ist sie die versaute Schlampe und zu leicht zu haben, wird uninteressant. Natürlich kommt es dabei immer auf den Mann an. Manche schätzen Offenherzigkeit, andere suchen nach der Emilia Galotti des 21. Jahrhunderts. Darf man allerdings Usher und Ludacris in „Yeah!" glauben, wünschen sich alle eine „lady in the street and a freak in the bed". „Sonst noch Wünsche?", mag man unwillkürlich denken, aber es steckt sicher ein Fünkchen Wahrheit darin, weshalb anfängliche Zurückhaltung wahrscheinlich nicht verkehrt ist.

Sebastian hatte noch nicht durchblicken lassen, in welche Richtung seine Präferenzen gingen, und sich bisher korrekt und unaufdringlich verhalten, aber das konnte sich situationsbedingt eventuell sehr schnell ändern. Es blieb spannend.

An der Kinokasse bot sich mir immerhin die Möglichkeit, ihm zu zeigen, dass ich eine unabhängige Frau bin, die in einer Partnerschaft auch finanziell das Gleichgewicht schätzt und nicht zu denen gehöre, die tödlich beleidigt sind, wenn der Mann nicht für den kompletten Abend aufkommt, wenngleich ich mich natürlich grundsätzlich über Einladungen freue. Ich bezahlte die Karten. Er wiederum punktete bei mir damit, dass er es zuließ. Leider versuchen viele Kerle ja, sich zu profilieren, indem sie sich gerne spendabel zeigen und den Frauen gleichzeitig die devote Nehmerrolle zuweisen. Glücklicherweise zählte Sebastian wohl nicht dazu. Der bereits dargestellte Vorbereitungsaufwand eines Dates für uns Frauen wäre zwar ein gutes Argument, diesen Ausgleich anzunehmen, gerade um bei einmaligen Dates keine Einbußen zu haben, mir wäre es aber schlichtweg unangenehm gewesen. Ich wollte nicht, dass man von mir dachte, es ginge für mich darum, mich aushalten zu lassen. Und in seiner Schuld stehen, wenn ich vielleicht gar nicht das Bedürfnis haben sollte, ihn wiederzusehen, wollte ich erst recht nicht. Der Mann musste sich doch anderenfalls berechtigterweise ausgenutzt vorkommen!

Mit Tickets, die Plätze in der letzten Reihe auswiesen (als hätte der Typ an der Kasse meine Befürchtungen geahnt und sich einen Spaß daraus gemacht), schlenderten wir in den Kinosaal, bis Sebastian plötzlich stehen blieb. „Wir brauchen noch Popcorn!", rief er, als handelte es sich um eine überlebensnotwendige Maßnahme. Ich erklärte ihm, dass ich nach dem üppigen Abendessen eigentlich zu satt sei. Vollkommen verständnislos sah er mich an. „Aber... Kino ohne Poppi geht nicht!?" Er sagte es genau so und er meinte es ebenso ernst. Bis heute geht mir, jedes Mal wenn ich ein Kino betrete, dieser Satz durch den Kopf. Schlussendlich landeten wir aber, mit Poppi, auf unseren Plätzen und waren wider Erwarten nicht die Einzigen. Der Film war lustig und machte es uns leicht, eine peinlich berührte Spannung gar nicht erst aufkommen zu lassen, sondern wegzulachen. Alles in allem ein sehr positiver Verlauf des Abends, dachte ich selbstzufrieden, als das Popcorn aufgegessen war (ich hatte, hier typisch Frau, natürlich doch zugegriffen) und er meine Hand nahm. Zwischendurch drückte er mir einen Kuss darauf, aber das blieb der einzige Annäherungsversuch. Da ich nur ein paar Meter entfernt vom Kino wohnte, bot mir Sebastian nach dem Film an, mich nach Hause zu begleiten. Die Kurz-vor-dem-Verabschieden-Spannung lag in der Luft. Während wir die Straße entlangspazierten, kam mir die Folge von „Sex and the City" in den Sinn, in der Carrie darüber philosophiert, dass der Grund dafür, dass sich tausende New Yorker Frauen täglich auf das Wagnis eines ersten Dates einlassen, der Zauber des potenziellen Gutenachtkusses ist. Und dann, vor meiner Haustür angekommen, bekam ich unvermittelt genau diesen Zauber zu spüren.

Wir grinsten uns an, als wir uns wieder voneinander lösten. „Gute Nacht, schlaf schön", sagte Sebastian mit einem Augenzwinkern. Ohne Anstalten zu machen, mit nach oben kommen zu wollen, ließ er mich alleine. Die Treppen nach oben hüpfte ich mehr, als dass ich sie lief. Trotz Müdigkeit fühlte ich mich aufgekratzt. Ich spürte noch ganz deutlich den Kuss auf meinen Lippen. Es war ein rundum gelungenes erstes Date gewesen. Den Kellner kannte er bestimmt wirklich von früher und eine zur Schau gestellte Vorliebe für aufgepoppten gezuckerten Mais konnte ich ja selbst einem erwachsenen Mann schwerlich ankreiden. Während ich mich umzog und für die Nacht zurechtmachte, ließ ich mein Handy nicht aus den Augen, nahm es sogar mit ins Badezimmer. Die obligatorischen „Es geht mir gut, es war schön, alles Weitere Morgen"-Nachrichten an meine Freundinnen waren zwar schon verschickt, allerdings war ich mir ganz sicher, dass Sebastian mir noch schreiben würde, sobald er zu Hause war. Was er nicht tat. Was er auch bis zum nächsten Mittag immer noch nicht getan hatte. Kein gutes Zeichen, wenn man tagelang ununterbrochen hin und her gechattet hatte, aber direkt nach dem Treffen damit aufhörte. Diese Entwicklung hatte für mich etwas Unnatürliches. Ich war enttäuscht. Wenn es schön gewesen war, konnte man das doch zum Ausdruck bringen? Und zwar zeitnah, ohne gespieltes Hinauszögern. Oder hatte er es am Ende als gar nicht so schön empfunden? Dann jedenfalls hatte er die falschen Signale gesendet oder ich hatte sie missverstanden. Aber warum dann der Abschiedskuss? War das quasi die letzte Chance für mich gewesen, ihn noch von mir zu überzeugen? Gegen Nachmittag merkte ich, dass ich Gewissheit brauchte. Ich verfluchte mich dafür, nicht abwarten und mich nicht ablenken zu können. Meine Unsicherheit siegte und der Mangel an Online-Dating-Erfahrung führte dazu, dass ich den kapitalen Fehler beging: Ich meldete mich. Natürlich nach reiflicher Überlegung und im Versuch, es unaufdringlich wirken zu lassen. Mir war dann eingefallen, dass wir am Vorabend darüber gesprochen hatten, dass ich nur ab und an meine Brille trage und er hatte verlangt, ich solle ihm davon *mal* ein Foto schicken. Also war *mal* eben jetzt gekommen.

Er reagierte. Sogar relativ schnell. Mit einem nichtssagenden Emoji. Und darauf kam nichts mehr.

Zwei Wochen später klingelte samstagnachts dreimal in kurzen Abständen hintereinander mein Telefon. Auf dem Display: Sebastians Nummer. Noch im Halbschlaf entschied ich, nicht ranzugehen. Es folgte eine Nachricht mit der Frage, ob er nach dem Feiern bei mir schlafen könne, ich wohne ja so zentral.

Was für eine freche Anmaßung und Wink mit dem Zaunpfahl dahingehend, was er allenfalls bereit war, in mir zu sehen, dachte ich. Heute haben Rapper wie Drake mit „Hotline Bling" („You used to call me on my cell phone late night when you need my love...") und The Weeknd in „The Hills" („I only call you when it's half past five the only time I ever call you mine") dieses längst salonfähige Verhalten allgegenwärtig gemacht.

So blieb ich eisern, antwortete erst am nächsten Morgen und fragte ihn, warum er sich nach unserem Date nicht mehr gemeldet habe. „Ich such ja nur was Lockeres und als du mich nach dem Film nicht mit raufgenommen und dich am nächsten Tag sofort gemeldet hast, war mir klar, dass das bei dir nicht drin ist. Sorry." Da hatte ich es, schwarz auf weiß. Ich war verwirrt. In meiner Vorstellung funktionierten Dating-Portale so, dass jeder dort offen proklamierte, wofür er zu haben war beziehungsweise was er suchte. Und sagte jemand nicht ausdrücklich, er suche nur eine lockere „Freundschaft plus" oder One-Night-Stands beziehungsweise verabredete sich nicht gleich zum „DVD-Abend", dann war er offen für etwas Ernsthaftes. In meinen Augen quasi der Normalfall. Dachte ich. Für mich ergab das anders auch überhaupt gar keinen Sinn. Warum machte sich ein Mann die Mühe, mich erst zum Essen und dann ins Kino zu schleppen, wenn er mich von Anfang an nur an einen Ort hatte schleppen wollen: ins Bett? War das der letzte Rest von Anstand und Höflichkeit, den Männer wie er noch in sich hatten, nicht gleich mit der Tür ins Haus zu fallen? Oder sahen sie Sex als die gerechte Belohnung dafür an, vorher den Abend gemeinsam verbracht zu haben? Bezahlten sie vielleicht deshalb insgeheim doch gerne? Damit sich die Frau aus schlechtem Gewissen und/oder Dankbarkeit darauf einließ? War es der letzte Test, ob sie nicht doch die Cola in der Wüste war, von der sie noch gar nicht gewusst hatten, sie überhaupt zu suchen, aber sie trotzdem nichts dadurch versäumt oder kaputtgemacht haben wollten, indem sie ihr gar nie in einem Umfeld außerhalb des Schlafzimmers eine Chance gegeben hatten? In diesen Fällen neigt eine Frau natürlich dazu, zuallererst Letzteres in Erwägung zu ziehen und die Schuld bei sich selbst zu suchen. War ich ihm nicht gut genug gewesen? Hatte ich etwas falsch gemacht? Hätte *ich* die Spielchen spielen müssen, um Sebastians Jagdinstinkt zu erhalten?

Lena lieferte mir schließlich die Antwort: „Ja, vielleicht warst du ihm tatsächlich nicht gut genug, obwohl das an sich schon Grund genug wäre, ihn offiziell für verrückt zu erklären. Vielleicht hättest du auch mit Taktik sein Interesse noch erhalten können, hättest du gleich gewusst, wie er tickt, aber das alles spielt im Endeffekt gar keine Rolle. Denn egal, wie clever du spielst, egal, wie gut du bist und wie facettenreich – eines, worauf es Typen wie ihm im Endeffekt ankommt, wirst du niemals schaffen zu sein: Du wirst niemals mehrere Frauen gleichzeitig sein." Und damit war das Thema für mich erledigt; easy as that. Für Sebastian wohl nicht, denn noch an mehreren Wochenenden rief er nachts an („Lass mich bei dir schlafen, ich bin auch anständig, lass mich nur bei dir schlafen!" „Puuh, was, du bist gar nicht zu Hause? Puuh!"), gab es aber schlussendlich Gott sei Dank auf. Dating-Apps waren ja zu seinem Glück schnelllebig und abwechslungsreich. Mit ganz vielen Frauen auf einmal.

Ich zog meine persönliche Lehre daraus, war eine Erfahrung reicher und nahm die Frage nach der Intention eines Dates mit in meinen Chat-Fragenkatalog auf. Direkt nach Beruf, Sternzeichen und Körpergröße. Damit hatte ich zwar keine Garantie auf eine ehrliche Antwort, musste mir aber selbst nicht mehr den Vorwurf machen, gar nicht erst so weit gedacht zu haben. Den machte ich weiterhin lieber den Männern, die das Alter des Ausprobierens schon lange hinter sich haben sollten und trotzdem gar nicht daran dachten, sich festzulegen.

IV VON EX-FREUNDINNEN…

Arbeitsreiche, anstrengende Tage wischenderweise auf dem Sofa ausklingen zu lassen, hatte sich bei mir längst als abendliche Routine eingeschlichen und etabliert. Rückblickend kamen die meisten Matches sogar tatsächlich an Montagen zustande, denn ich hatte gefühlt tausendfach „Geht so. So montagsmäßig" auf die Frage, wie denn mein Tag gewesen sei, geantwortet. Ob es einen Zusammenhang zwischen mude wischenden Singles (oder Nicht-Singles!) und dem stressigen Wochenbeginn gab? Ich entwickelte die Theorie, dass es eher mit dem Ende des Wochenendes zusammenhing. Hatte es Samstagnacht im Club wieder einmal nicht geklappt, wurde wohl vermehrt auf Dating-Apps zur Partnersuche zurückgegriffen, sobald der Kater einigermaßen überstanden war.

Es konnte dabei passieren, dass sich an ein vielversprechendes Match direkt eine nicht weniger vielversprechende Konversation anschloss. Dies erwies sich allerdings in den Fällen als fatal, in denen die Unterhaltung erst nach geraumer Zeit einen Punkt erreichte, der alles Vorangegangene zerstörte. Das konnte ebenso gut „Ich würd dich jetzt unglaublich gern ficken" auf die Frage nach seinen Hobbys wie ein beschämtes „Ich bin aber unter eins siebzig" auf den Hinweis, dass ich keine kleine Frau bin, sein. An sich kein Weltuntergang, wenn es nicht einen weiteren verschwendeten Abend und eine weitere Nacht mit zu wenig Schlaf bedeutet hätte.

Bis mir Max eines Morgens bewies, dass sich auch eine sehr kurze Nachtruhe ganz fantastisch anfühlen kann, weil ich trotz Müdigkeit eine tiefe Zufriedenheit und ein verheißungsvolles Kribbeln im Bauch verspürte. Er und unser Chat vom Vorabend kamen mir nämlich gleich nach dem Aufwachen wieder in den Sinn und es machte sich Hoffnung in mir breit. Hoffnung auf ein Match mit Happy End. Er war Jurastudent, groß, blond, breitschultrig und gab gleichermaßen witzige und kluge Antworten. Seine Profilbilder zeigten stilsichere Kleidungsauswahl, markante männliche Gesichtszüge und einen durchtrainierten Körper. Dass sich solch ein Mann überhaupt auf diesem Portal herumtrieb! Er gefiel mir so unglaublich gut, dass ich sogar panisch die Hilfeseite der App kontaktierte, als in der Mittagspause dieses Tages nach einer Netzwerkstörung sämtliche meiner Matches inklusive ihm gelöscht schienen und ich einen mittelschweren Nervenzusammenbruch erlitten hatte. Sobald ich mich zu Hause ins W-LAN einloggte, tauchten meine Matches dann selbstverständlich ganz von alleine wieder auf...

Glücklicherweise schien die Begeisterung auf Gegenseitigkeit zu beruhen, denn wir tauschten unsere Nummern und Max fragte mich schon zwei Tage später nach einem Treffen.

Nach meiner letzten Date-Erfahrung war ich nicht scharf auf Abendessensexkursionen oder Kino und deshalb erleichtert, dass er einen Drink in einem Restaurant mit Bar bei mir um die Ecke vorschlug. Ich beschloss zwar für mich selbst, meine Erwartungshaltung dieses Mal nach unten zu korrigieren und mir vor allem im Vorfeld nicht zu viele Gedanken zu machen, allerdings achtete ich darauf, in meinem Outfit sehr schlank auszusehen. Ich wählte deshalb eine schwarze, enge, leicht glänzende Hose und eine figurumspielende schwarze Bluse mit besticktem Kragen. Max hatte mir nämlich verraten, dass er erst ein einziges Blind-Date gehabt und bis dato nur Fotos vom Gesicht der Frau gesehen habe. Es sei sehr schwierig gewesen, das Date charmant zu beenden, als er dann einer stark Übergewichtigen gegenübergestanden habe. Außerdem sei sie brünett gewesen und ihm gefielen ausschließlich Blondinen.

Mir war dabei unweigerlich die Geschichte in den Sinn gekommen, die mir eine Arbeitskollegin von einem ihrerseits kürzlich erlebten Blind-Date erzählt hatte. Ein Kumpel hatte versucht, sie mit einem Bekannten zu verkuppeln, was leider mehr als schiefgegangen war. Es hatte sich dabei nämlich um einen Mann gehandelt, der sehr, sehr dünne Frauen bevorzugte. Und obwohl sie weit davon entfernt war, dick genannt werden zu können, hatte besagter Mann es abgelehnt, sie nach dem Kino in seinem Auto mitzunehmen. Begründet hatte er das ganz offen mit Angst um sein Auto. Der gemeinsame Freund, Initiator der Verkupplung, hatte meiner Kollegin nach Nachfrage bei ihm dann später auch erzählt, ihrem Date habe ihr „Umfang" nicht gepasst.

Ich wusste also nicht so recht, wie ich Max' Erzählung bewerten sollte. Einerseits klang es nach oberflächlichem Arschloch, andererseits hatte jeder seinen persönlichen Geschmack. Außerdem war es von der Frau auch nicht korrekt gewesen, ihren Körper bis zum Date zu verstecken. Ich machte mir wegen meiner eigenen Figur wenig Sorgen, schließlich hatte er davon auch bereits Fotos gesehen. Ich wollte nur unbedingt eine Überraschung in die andere Richtung für ihn sein. Und ich zog ihn damit auf, indem ich ankündigte, mich fadenscheinig nach einer Viertelstunde zu verabschieden, sollte er in Realität nicht seinen Fotos entsprechen.

Als ich am Abend unseres Treffens vor dem Restauranteingang auf Max wartete, war ich deutlich weniger nervös als vor meinem ersten Tinder-Date. Es hatte mir ja gezeigt, dass ich vor der unbekannten Situation an sich keine Angst zu haben brauchte und zu Smalltalk durchaus in der Lage war. Schlimmstenfalls würde sich der Mann im Anschluss nicht mehr melden und selbst das hatte ich das letzte Mal ganz offensichtlich überlebt. Als Max dann wenig später direkt auf mich zusteuerte, konnte ich meine Enttäuschung sicher nur sehr schlecht verbergen. Er wirkte viel kleiner als auf den Bildern in seinem Profil, trug eine unvorteilhafte Brille und seltsame Klamotten. Dieser Mann hatte es ernsthaft gewagt, sich aus dem Staub zu machen, nur weil eine Frau korpulenter gewesen war als angenommen?! Ich wollte eben den Mund zu einer Begrüßung öffnen, da ging er geradewegs an mir vorbei und schloss ein hinter mir abgestelltes Fahrrad auf. Er war es gar nicht gewesen! Wie peinlich. Aber es war noch einmal gut gegangen. So hatte ich mich von meinem Schrecken noch nicht vollständig wieder erholt, als schon der „echte" Max um die Ecke bog. Diesmal war es unverkennbar der richtige. Schon sein Anblick von weitem ließ mich hoffen, er möge auch der richtige *Richtige* sein. Er gefiel mir optisch auch in natura noch unfassbar gut. Seine Haare waren vom Wind leicht verwuschelt und unter seinem lässigen dunklen Parka mit kunstfellbesetzter Kapuze trug er ein graues Langarmshirt, das seinen Oberkörper derart auffällig unaufdringlich in Szene setzte, dass ich die Absicht dahinter sofort durchschaute. Was mich nicht daran hinderte, den Anblick zu genießen.

Als wir wenig später bei schummrigem Licht an unseren Weinschorlen nippten, fragte er mich dann ganz direkt: „Du warst aber gerade schon enttäuscht, oder? Dir ist richtig das Gesicht entglitten." Einen Moment war ich sprachlos, dann musste ich lachen. Ich erzählte ihm, was passiert war, und er lachte mit. „Davon werden wir noch unseren Enkelkindern erzählen!", meinte er mit einem Augenzwinkern. Danach war das Eis gebrochen, unsere Unterhaltung plätscherte leicht dahin und wir zogen uns fortwährend auf: „Naja, ich weiß ja, dass du gleich sowieso abhauen wirst, ich bin dir ja bestimmt zu dick!" „*Du* wärst ja fast schon weg gewesen, als ich kam. Nur weil du dachtest, ich sehe anders aus als auf den Fotos!" Max fragte mich, ob ich schon einmal zum Brunchen in diesem Lokal gewesen sei und schwärmte mir von dem unvergleichlich leckeren Buffet vor. Als ich verneinte, machte er sofort den Vorschlag, dass wir das demnächst einmal gemeinsam machen könnten, sofern keiner von uns an diesem Abend vorzeitig die Flucht ergreifen würde. Vielversprechend! Wir lachten und flirteten, hatten schon alleine durch unsere ähnlichen Studiengänge unendlich viel Gesprächsstoff und unsere Blicke verloren sich in den Augen des anderen. Seine waren blau wie meine eigenen und glitzerten schelmisch, wenn wir gemeinsam lachten. Ich war schon ein bisschen beschwipst, als Max vorschlug, die Location zu wechseln und noch einen Cocktail in der Bar schräg gegenüber meiner Wohnung zu trinken. Jedem anderen Typen hätte ich sofort unterstellt, mich abfüllen und einen kurzen Weg ins Bett haben zu wollen; aber selbst als er mir nach dem ersten Cocktail, von dem klar war, dass er nicht der letzte bleiben würde, ins Ohr flüsterte, dass ich nicht ständig auf meiner Lippe herumkauen solle, weil ihn das total anmache, schaffte er es, kein ungutes Gefühl in mir aufkommen und es sich nicht nach billiger Version von Christian Grey anhören zu lassen. Wir flirteten heftiger. Als sich im weiteren Gespräch auch noch herausstellte, dass er Jura im selben Semester wie mein bester Freund studierte und ihn sogar kannte, schien er erstaunt, aber restlos begeistert: „Ich hätte von dir eigentlich erwartet, dass du total oberflächlich bist!" Ich wusste genau, wie er es meinte. Gerald machte sich nicht viel aus unter schnöseligen Juristen üblichen oberflächlichen Äußerlichkeiten. Ich aber schätzte ihn genau dafür und für seine inneren Werte. Oft genug jammerte ich anderen die Ohren voll, dass es die Ungerechtigkeit des Schicksals schlechthin sei, dass ein Mann, mit dem ich mich schon seit dem Kinderturnen glänzend verstand, der mich noch nie enttäuscht hatte und mich so gut kannte, dass er meine Gedanken lesen konnte, nicht für mich in Frage kam, weil er mein bester Freund war. Es war schlichtweg keine Option. Nicht einmal gedanklich. „Ich glaube, jetzt bleibe ich doch noch ein bisschen und lasse mich nicht von meinen Kumpels aus diesem Date retten", fügte Max noch grinsend hinzu. „Wäre ja auch fatal, jetzt, wo du deinem Ziel schon so greifbar nah bist, dass ich dich nachher mit nach oben nehme", antwortete ich mit sarkastischem Unterton. Ich musste es einfach wissen. „Nichts da, junge Dame", sagte Max und gab mir einen Nasenstüber. „Du hast mir heute gezeigt, dass du es wert bist, sich Zeit zu lassen." War es nur dem Alkohol geschuldet, dass ich mich auf einmal so leicht fühlte? Ich konnte ihn nur noch verklärt anlächeln.

Als wir dann schließlich gemeinsam die wenigen Schritte bis zu meiner Haustür gingen, spürte ich schon, was gleich passieren würde. So war ich nicht überrascht, als er mich in die Arme zog und küsste, das machte unseren Kuss aber nicht weniger zauberhaft. Und lange. Da ich in einer belebten Straße direkt über einer Kneipe und gegenüber einer Spielhölle wohnte, gingen immer wieder Leute an uns vorbei. „Jetzt nimm ihn halt mit nach oben!", grölte ein merklich betrunkener

Kerl und wir fingen albern zu kichern an. „Nee nee. Küssen ist schon grenzwertig, aber Sex beim ersten Date geht definitiv zu weit", sagte Max, drückte mir einen letzten Kuss auf die Wange und wünschte mir eine gute Nacht. Mit einem Schlag war ich ernüchtert. An der Haustüre hatte ich bei meinem letzten Date schließlich auch noch geglaubt, es sei alles gut gewesen. Sollte Max sich nach diesem wunderschönen Abend nicht mehr melden, würde ich an gar nichts mehr glauben, schwor ich mir. Aber er hatte doch schließlich nach kaum fünf Minuten von Enkelkindern geredet. Und gemeinsames Brunchen vorschlagen. Das klang weder danach, dass ich ihm nicht gefiel, noch nach dem Wunsch einer schnellen Nummer. Wer hatte schon Enkelkinder mit seiner „Freundschaft plus"? Mein Handy vibrierte in meiner Tasche. „Danke für ein wunderschönes Date, ganz ohne peinliche Stille. Ich freue mich auf eine Fortsetzung. Schlaf schön. Max." Hätte meine Mitbewohnerin nicht schon geschlafen, hätte ich vermutlich einen Freudentanz aufgeführt oder laut geschrien. So konnte es also auch laufen. Beseelt ging ich ins Bett, beseelt ging ich am nächsten Morgen zur Arbeit. Dezent verkatert. „Ich fürchte, ich habe schon den ganzen Tag ein total dämliches Grinsen auf dem Gesicht", textete ich Max am Mittag. „Ich weiß genau, was du meinst!", kam die prompte Antwort. Wir verabredeten, am übernächsten Tag gemeinsam einen Film anzuschauen. Zwar unzweideutig, aber ich war mir sicher, was passieren sollte, würde eben passieren, wir waren schließlich keine zwölf Jahre mehr alt.

Als der verabredete Filmabend jedoch unmittelbar bevorstand, sagte Max mir mit der, wie es mir vorkam, fadenscheinigen Erklärung ab, sein Bruder habe ganz plötzlich vor seiner Tür gestanden, um ihn zu überraschen, und er könne ihn ja nicht einfach wieder wegschicken. Meine Enttäuschung war riesig. „Reiß dich zusammen, Anna, wenn du jedem Mann sofort unterstellst, zu lügen, dann brauchst du dich ja gar nicht erst mehr auf jemanden einzulassen", schalt ich mich. Schließlich hatte Max auch sofort ein Verschieben auf ein paar Tage später vorgeschlagen. Am Vormittag besagten Abends, ich befand mich gerade auf dem jährlichen Betriebsausflug meiner Behörde, erreichte mich eine WhatsApp-Nachricht von Max, die so lang war, dass sie handschriftlich bestimmt zwei DIN A4-Seiten gefüllt hätte. Geschwollen und ausführlich bat er mich um Entschuldigung für seinen feststehenden Entschluss, mich nicht wiedersehen zu wollen. Er habe sich erst vor kurzem von seiner Ex-Freundin getrennt, die ihn während seines Auslandaufenthalts betrogen habe, und könne sich noch nicht wieder auf etwas Festes einlassen. Das sei ihm bei unserem Date klargeworden. Nur für Sex sei ich ja aber bestimmt nicht zu haben und mich allein damit abzuspeisen, habe ich ja auch keinesfalls verdient. Es sei trotzdem schön mit mir gewesen und er habe sich gefreut, mich kennenzulernen. Nach diesen Ausführungen, die ich mit klopfendem Herzen und ungutem Bauchgefühl in der Abgeschiedenheit des Damenwaschraums gelesen hatte, stand mir so gar nicht mehr der Sinn nach einer Brauereiführung mit anschließendem „Spiel und Spaß im Hopfenschopf". Ich wollte mich in meinem Bett verkriechen und darüber nachsinnen, wie es hatte passieren können, dass ich schon wieder hereingefallen war. Warum durfte ich denn kein Glück haben? War denn schon ein zweites Date zu viel verlangt? Er hatte eine unweit zurückliegende Trennung während des gesamten Abends mit keiner Silbe erwähnt, obwohl es sicher genügend Gelegenheit gegeben hätte. Und mir persönlich hatte es gereicht, dass er offensichtlich auf etwas Ernstes aus war. Nicht im Traum hatte ich daran gedacht, beim ersten Date Fragen nach seiner letzten Beziehung zu stellen! Das galt schließlich als absolutes Tabu.

Aber mein Bett war weit weg. Tapfer schickte ich also lediglich einen Screenshot der Nachricht mit dem Zusatz „Ohne Worte" an meine Freundinnen und machte gute Miene zum bösen Spiel beziehungsweise zu vermeintlich lustigen Spielen, wie Bierkästen aufeinander zu stapeln und die Anzahl von Kronkorken in einem Glasgefäß zu schätzen.

Als ich abends endlich zu Hause war, hatte ich mich dann schon wieder gefangen. Ich durfte nicht so schnell aufgeben, ich konnte ihn schließlich immer noch von mir überzeugen. So schrieb ich Max eine betont lockere Nachricht, in der ich ihm vorschlug, mir doch wenigstens die Chance zu geben, ihm zu beweisen, dass ich es wert war, seine Ex-Freundin zu vergessen. Er solle an unsere Enkelkinder denken, die sicher sehr traurig sein würden, würden sie niemals die brisante Geschichte unseres Kennenlernens erfahren. Ich erhielt keine Antwort. Vorerst.

Wie ich aus „Sex and the City" wusste, braucht eine Frau immer die Hälfte der Zeit, die eine Beziehung gedauert hat, um über den dazugehörigen Mann hinwegzukommen. In diesem Fall also die Hälfte von null Tagen. So wenig ich auch aus dem Mathematikunterricht mitgenommen hatte, dass immer null dabei herauskommt, wenn man null teilt, wusste ich. Ich hatte also keine andere Wahl, als Max schnellstmöglich zu vergessen. Folglich hatte ich mich eine Woche später schon einigermaßen mit dieser erneuten Enttäuschung abgefunden, als ich eine weitere Nachricht von ihm erhielt. Er habe sich mit seiner Ex-Freundin ausgesprochen und versöhnt, nachdem sie plötzlich wieder bei ihm vor der Tür gestanden habe (ich verkniff mir den bissigen Kommentar, dass es bei ihm offensichtlich an der Tagesordnung war, dass Menschen plötzlich unangekündigt vor seiner Tür standen) und er bat mich darum, von weiteren Nachrichten an ihn abzusehen. Zumindest ein paar gute Wünsche für die Zukunft bekam ich dann auch noch angehängt. Wie nett. Die hätte er sich sparen können. Ebenso wie die ganze Nachricht. Sie war sicherlich auch weniger aus dem Grund geschrieben worden, mir ein besseres Gefühl zu geben und zu vermitteln, dass es nicht an mir und meiner Person gelegen hatte. Vielmehr, um die wieder aufgeflammte Liebe davor zu bewahren, dass eine weitere Nachricht von mir sie wieder erstickte. Eine Vorsichtsmaßnahme quasi, damit nicht herauskam, dass Max in der kurzen Zeit der Trennung immerhin *versucht* hatte, sich neu zu orientieren.

Immer wieder erlebt man, dass Männer einer Ex-Freundin hinterherheulen, mit der es aus gewichtigen Gründen nicht funktioniert oder die sie, wie in diesem Fall, sogar betrogen hat. Oder dass sie es nicht fertigbringen, sich zu trennen, obwohl sie in ihrer Beziehung todunglücklich sind. Selbst dann, wenn sie eine Frau auf dem Silbertablett serviert bekommen, mit der es die Probleme der letzten Beziehung sehr wahrscheinlich nicht mehr geben wird. Bei der sie möglicherweise sogar schon *sicher* wissen, dass gewisse Dinge ihnen besser gefallen, weil sie es verbotenerweise schon ausprobiert haben. Warum können sie sich nicht lösen? Aus Gewohnheit? Weil es weniger anstrengend ist, alles zu belassen wie es ist und die Sache auszusitzen? Weil sie sich weniger Mühe geben und als einzige Konsequenz den Schlussstrich durch die Frau fürchten müssen, der ihnen ja insgeheim sogar gelegen käme? Weil sie der Lieber-den-Spatz-in-der-Hand-Typ sind? Weil sie sich der Herausforderung, die eine neue Frau mit sich brächte, gar nicht gewachsen fühlen, nachdem sie sich jahrelang im gleichen Beziehungstrott befunden haben und nicht mehr wissen, wie es geht, sich zu bemühen? Oder scheuen sie den Aufwand, den eine Trennung unweigerlich bedeuten würde? Einsame Nächte, Eigeninitiative im Alltag, Erklärungen gegenüber Freuden und Familie...

Oder sind es tief im Innern einfach zu treue Seelen, die nicht oder nur äußerst schwer über jemanden hinwegkommen, den sie einmal geliebt haben?

Aus eigener Erfahrung wusste ich, dass man so unglücklich in einer Beziehung sein kann wie man will – es gibt immer genügend Gründe, die gegen eine Trennung sprechen, bis der richtige Zeitpunkt gekommen ist. Den erkennt nur man selbst, auch wenn es manchmal einen bestimmten Menschen braucht, der diesen Zeitpunkt einläutet, indem er einem die Augen öffnet. Der zeigt, dass er einem sofort geben kann, was der langjährige Partner nicht zu geben vermag; dass das eigene Leben zu wertvoll ist, es unglücklich zu verschwenden; dass man es verdient, auch etwas zurückzubekommen, wenn man selbst so viel zu geben hat. Wenn die Trennung dann von einem selbst ausgeht, man hundertprozentig davon überzeugt ist, dass es der einzig richtige Weg ist, der einen weiterbringt, und dass man das Bisherige nicht mehr will, dann ist da auch kein Raum für zweite Versuche und aufgewärmte Gefühle. Dieser Mensch war ich für Max aber offensichtlich nicht gewesen und ich hatte insgeheim trotz meiner egoistischen Enttäuschung sogar Verständnis dafür. Im Normalfall kann man ja auch nicht einfach von einer Beziehung in die nächste hüpfen.

Dass ich selbst nach meiner letzten daran gescheitert war und das nicht gekonnt hatte, hatte der Mann, der Auslöser für deren Ende gewesen war, mir nie verziehen.

Wir hatten uns im Studium kennengelernt und er hatte mich bestraft, indem er die Frau geheiratet hatte, die ich – wie er sehr genau wusste – an unserer Hochschule einzig als ernstzunehmende Konkurrentin angesehen hatte. (Die Justiz ist nun mal nicht für die Attraktivität ihrer Mitarbeiterinnen bekannt.) Kaum ein halbes Jahr nach dem letzten Tête-à-Tête mit mir. In einer gemeinsam durchzechten Nacht hatten sie und ich überraschend herausgefunden, dass er charmanterweise eine ganze Zeit lang sogar zweigleisig mit uns gefahren war, die gleichen Dinge zu uns gesagt, die gleichen Spielchen mit uns gespielt hatte. Wie beispielsweise ein Schäferstündchen auf seinem Schreibtisch, in dessen Anschluss er jeder von uns ins Ohr geflüstert hatte, er könne nun an diesem Tisch nie wieder lernen. Nach dieser Entdeckung hatte ich ihn zum Teufel gejagt, sie sich von ihm den Ring an den Finger stecken lassen. Ich konnte lediglich vermuten, wie glaubwürdig und leidenschaftlich er sie um Verzeihung gebeten hatte und wie sie dahingeschmolzen war. So klein er hinsichtlich seiner Körpergröße war, so groß war das Feuer gewesen, das er auch in mir mit jedem tiefen Blick aus seinen dunklen Augen und seinem südländischen Temperament entfacht hatte. Obwohl er mich aus meiner Unzufriedenheit geholt hatte, war er Gift für mich gewesen und es ist gut möglich, dass meine Abwehrhaltung gegenüber kleinen Männern unterbewusst aus der Erinnerung an ihn resultiert.

Im Normalfall kann man eben nicht so leicht von einer langjährigen Partnerschaft zur nächsten übergehen, sollte es auch gar nicht, es gibt im Anschluss schließlich genug zu verarbeiten. Dann sollte man doch aber eigentlich die Finger von Dating-Apps lassen und anderen nicht unnötigerweise falsche Hoffnungen machen, etwas vorgaukeln, was man nicht ist.

Es dann aber stattdessen noch einmal mit dem oder der Ex zu versuchen, fand ich mindestens genauso seltsam wie nach der Trennung eine Kehrtwende um 180 Grad hinzulegen, wie ich es bei meinem eigenen Ex-Freund erlebt hatte: früher ein Macho, heute ein Männchen, das begeistert „Germany's next Topmodel" im Fernsehen mitanschaut und sich die Männerabende mit den Kumpels von seiner neuen Freundin verbieten lässt.

Ganz überraschend brachte dann ausgerechnet mein bester Freund Gerald ein ganz anderes Licht ins Dunkel. Bei einem gemeinsamen Abendessen fragte ich ihn beiläufig nach Max aus seinem Semester. Als er erst nicht wusste, wen ich meinte, zeigte ich ihm ein Foto. „Ach, Max Waldmann meinst du. Ja, der war von Anfang an der Typ in unserem Kurs, auf den alle Mädels geflogen sind. Er ist dann ziemlich schnell mit seinem weiblichen Pendant zusammengekommen, dem Mädel, auf das alle Kerle stehen, Louise. Sie sind jetzt schon seit Jahren unzertrennlich und vor kurzem zusammengezogen." Ich verschluckte mich an meinen Ravioli. Das setzte der ganzen Geschichte natürlich endgültig die Krone auf. Nie hätte ich Max Derartiges zugetraut. Gerald zeigte mir auf mein Bitten hin Louises Facebook-Profilfoto. Ihre Haare waren kastanienbraun.

Ich musste in meinen Vor-dem-Date-Fragenkatalog also nicht nur zusätzlich die Frage aufnehmen, wie lange die letzte Trennung her war und ob möglicherweise ein Revival mit der Ex in Betracht kam, sondern auch die, ob der Mann *überhaupt* Single war. Dieses ganze Abklären an sich wäre ja schon lächerlich, es aber wert gewesen, hätte ich die Garantie gehabt, dann nicht belogen zu werden. Vermutlich konnte ich es aber ebenso gut komplett sein lassen und sollte einfach immer mit dem Schlimmsten rechnen. Oder mich gar nicht mehr daten. Lesbisch werden. Ein entspanntes Leben in einer asexuellen Beziehung mit meiner besten Freundin führen. Was auch immer. Apropos. Lena, der ich die komplette Geschichte selbstverständlich erzählte, fragte mich im

Anschluss, statt eine Hasstirade über Max loszulassen, ganz schlicht nach den Schuhen, die er bei unserem ersten und einzigen Date getragen hatte. Es waren rote Chucks gewesen. „Hätte ich dir gleich sagen können, dass das nichts wird", meinte sie trocken. „Achte zukünftig auf die Schuhe, das wird dich vor Enttäuschungen und manch schlimmem Date bewahren. Hab ich selbst schon oft genug angewandt, wenn ich Dating-Apps benutzt habe. Du kannst darauf wetten, die ersten vier Profilbilder gefallen dir, das fünfte ist dann eines von seinen Turnschuhen. Auf einer Slackline."

Als ich genauer nachhaken wollte, welche Schuhe denn dann auf einen ehrlichen, coolen Mann schließen ließen, konnte sie mir darauf natürlich leider keine pauschale Antwort liefern. Typisch. Gott sei Dank verhielt es sich bei Profilbildern, die mir nicht zusagten, und bei Dates, die wenig befriedigend endeten, aber ähnlich wie in der Putzmittelwerbung: „Mit einem Wisch ist alles weg."

V ...UND ALKOHOLIKERN

„Irgendwie habe ich es im Gefühl, dass du den roten Lippenstift später noch bitter bereuen wirst", lachte meine Freundin Vanessa und zwinkerte mir vielsagend zu. Wir durchquerten gerade die Fußgängerzone der Innenstadt und ich schaute an mir herunter. „Du meinst, weil wir gleich noch Essen gehen? Aber er passt so gut zu meinem Oberteil!", antwortete ich gespielt ahnungslos und strich das Hemd im Holzfällerstil glatt, das einen merklichen Kontrast zu meinen hochhackigen Stiefeletten, den engen, schwarzen, kurvenschmeichelnden Jeans und besagtem Lippenstift bildete. Ein Outfit, das ich bewusst gewählt hatte. Es sollte lässig und trotzdem besonders wirken. Dabei wusste ich natürlich genau, worauf sie anspielte. Wir waren zwar tatsächlich auf dem Weg zum Abendessen, aber hatten wohlweislich einen Mexikaner ausgewählt, bei dem wir uns als Nachspeise mit einem Cocktail Mut für den weiteren Verlauf des Abends antrinken konnten. Im direkten Anschluss würden wir nämlich in einer Shotbar auf mein frischgebackenes Match Matteo und seine Kumpels treffen. Ein eher unkonventionelles erstes Date, eben weil wir nicht alleine sein würden, aber möglicherweise würde genau das eine gelungene Abwechslung zu meinen letzten darstellen.

Matteo hatte, wie sein Name bereits erahnen ließ, italienische Wurzeln, sein Vater war, ganz Klischee, Inhaber einer Pizzeria. Er war ein Jahr jünger als ich und studierte Kommunikationsdesign. Via Fernstudium. Sein Taschengeld verdiente er sich mit einem Nebenjob bei der Post. Sein Ein und Alles war, wie er mir erzählt hatte, sein Jack-Russel-Terrier, womit er schnell bei mir gewonnen hatte. Matteo war zudem der erste Mann, mit dem ich mich traf, der gar nicht erst versucht hatte, einen Hehl aus seiner Begeisterung von mir zu machen. Wir hatten schon knapp zwei Wochen gechattet und er hatte gleich zu Beginn offenbart, dass er eine feste Freundin suchte. Auf seine Frage, wie ich mir einen perfekten Sonntag vorstelle, hatte er voll Enthusiasmus über meine Antwort sofort bekundet, mich vom Fleck weg heiraten zu wollen. Selbstverständlich übertrieb er, aber nach den bisherigen Erfahrungen war es Balsam auf meiner Seele gewesen. Endlich erkannte jemand meinen Wert, sogar noch bevor er mich überhaupt live erlebt hatte! Ursprünglich war unser Date, ein Kinobesuch, erst für den nächsten Tag angedacht gewesen, aber als er mich nach meinen Plänen für diesen Abend gefragt hatte und klar geworden war, dass wir beide mit Freunden in der Stadt unterwegs sein würden (er wohnte etwas außerhalb), hatten wir spontan ein erstes Beschnuppern in deren Beisein verabredet.

Als Vanessa und ich dann schließlich zu den Jungs stießen, waren die schon in merklich guter Stimmung. Es sollte uns recht sein. Ich bekam den Platz direkt neben Matteo, der auf Anhieb einen sympathischen Eindruck auf mich machte. Wenn er lachte, hellte das sein ganzes Gesicht auf. Er hatte braunes, leicht gelocktes Haar, war trotz meiner hohen Schuhe groß genug und weder Jeans noch weißes Hemd gaben Grund zur Beanstandung. Mich irritierte lediglich die einem Rosenkranz ähnelnde Kette um seinen Hals. War so etwas nicht vor ungefähr zehn Jahren einmal im Trend gewesen und vor allem unter Möchtegern-Rappern? Vielleicht würde sich ja zukünftig eine Gelegenheit ergeben, bei der ich im Eifer des Gefechts ganz unabsichtlich daran hängen bleiben und sie dabei kaputtgehen würde...

Optimalerweise schien einer von Matteos Freunden direkt Gefallen an meiner Begleitung gefunden zu haben, sodass ich kein schlechtes Gewissen zu haben brauchte und mich in Ruhe mit ihm unterhalten konnte. Wobei Ruhe übertrieben war; die verrauchte Atmosphäre war feuchtfröhlich, ein DJ legte auf und Matteos Kumpels grölten durcheinander. Sie versuchten, mich abzuchecken und auszufragen. Als mein

Job zur Sprache kam, wurde es brenzlig. „Oh oh, Matteo, da musst du ja aufpassen.", warf einer lachend ein. Ich wurde hellhörig. Das musste ich genauer in Erfahrung bringen. Es brauchte noch eine weitere Runde Shots und viel gutes Zureden meinerseits, bis er mir schließlich beichtete, im vorigen Jahr betrunken am Steuer erwischt worden zu sein. Es sei natürlich nicht seine Schuld gewesen und die Polizei habe das auch alles ganz falsch verstanden. Ich war nicht gerade begeistert. Gedanklich machte ich mir eine Notiz, dieser Geschichte unbedingt nachzugehen. Diesen Abend wollte ich mir damit aber nicht verderben und so trennten Matteo und ich uns, als wir die Bar Stunden später verließen, ziemlich bald von der restlichen Gruppe, wobei die anderen auch schon wie selbstverständlich davon ausgingen, dass Matteo mich nach Hause begleiten würde. Vanessa war noch immer ins Gespräch mit besagtem Kumpel vertieft. Kokettierend drehte sie Strähnen ihrer glänzenden braunen Locken um ihren Zeigefinger und klimperte aus ihren dicht bewimperten, mandelförmigen Augen. Ich wusste, sie würde klarkommen. „Wir verabschieden uns aber vor meiner Tür", stellte ich vorsichtshalber klar. „Natürlich, was denkst du denn von mir?", fragte Matteo gespielt entrüstet. Ich war überrascht, wie nüchtern er nach all den kleinen Schnäpsen, die allein in meinem Beisein in ihm verschwunden waren, noch wirkte. Nüchtern genug, um herauszufinden, was er so an italienischer Sinnlichkeit zu bieten hatte, überlegte ich mir.

Die Initiative zu dem Kuss, der dann vor meiner Haustür folgte, ging ganz klar von mir aus. Kurz kam mir zwar der Gedanke, dass Matteo nun schon der dritte Mann war, den ich – so kurz ich erst in dieser Wohnung lebte – an dieser Stelle küsste, aber ich verwarf ihn sofort wieder. Ich war jung und es war nicht meine Schuld, schließlich ging ich mit der für mich selbstverständlichen Hoffnung und Einstellung an jedes erste Date heran, dass es das letzte erste sein würde. Und so sehr ich mir auch wünschte, die Männer würden ebenso denken, dass es bisher nicht so gewesen war, dafür konnte ich nichts. Es fühlte sich gerade auch einfach viel zu gut an...

Ganz kurz war ich versucht, ihn mit nach oben zu nehmen, einfach, damit ich mir dieses Mal nicht vorwerfen konnte, eventuell zu prüde gewirkt zu haben. Vielleicht wären die letzten Geschichten ja ganz anders ausgegangen, wäre ich von meinen Prinzipen abgewichen und hätte offenbart, dass meine Verweigerung weniger auf mangelnde Lust zurückzuführen war, sondern vielmehr auf die Angst, als „leicht zu haben" abgestempelt zu werden.

Es gibt wohl kaum ein Thema, das so kontrovers diskutiert wird, wie jenes, das Lil' Kim mit ihrem Rap-Part in Christina Aguileras Hit „Can't hold us down" schon vor Jahren treffend auf den Punkt gebracht hat: „If a guy has three girls then he's the man [...] if a girl does the same then she's a whore." Das Wort Frauenheld klingt nun mal leider wirklich um einiges positiver, als das bei „Schlampe" der Fall ist.

Und trotzdem, möglicherweise hätte der Sex mit mir meinen vergangenen Dates gezeigt, dass ich vielleicht unschuldig aussehe, es aber in Wirklichkeit nicht bin, überlegte ich mir. Ein Mann, mit dem ich nach meiner letzten Beziehung eine längere, rein sexuelle Liaison gehabt hatte, nur um nicht Gefahr zu laufen, mich in Sehnsucht der körperlichen Entbehrungen Hals über Kopf in etwas Neues zu stürzen, hatte es für seine Begriffe einmal sehr treffend formuliert, als wir schweißüberströmt und atemlos, aber zufrieden im Bett gelegen hatten, ich zwischen seinen Beinen, den Kopf auf seinem Oberschenkel abgelegt: „Du siehst aus wie ein Engel. Aber du bist ein Engel, der gut blasen kann."

Mich ärgerte es einerseits, dass ich anscheinend so prüde und bieder wirkte. Andererseits fand ich persönlich es schöner, den Mann dann mit einer ganz anderen Seite von mir überraschen zu können, sobald er sich in meinen Augen dafür qualifiziert hatte, statt von vornherein als reines Lustobjekt gesehen zu werden. Ich wusste auch gar nicht, woran es genau lag; ich konnte ganz locker über Sex reden, ich kleidete mich nur eben nicht übertrieben nuttig oder steckte jedem Typen gleich die Zunge in den Hals. Der heutige Abend bildete die Ausnahme, die meine Regel bestätigte. Was aber, wenn ich die Männer in Wirklichkeit gleich zu Beginn mit einer zu biederen Ausstrahlung verschreckte? Wenn ich sie unbewusst spüren ließ, dass es sich gar nicht lohnte, sich zu qualifizieren und sie mir so in der Horizontalen gar nicht die gewünschten Fähigkeiten zutrauten? Allerdings kannte ich aus Erzählungen meiner Kumpels auch das Gegenteil. Ich hatte von ihnen schon Geschichten über Frauen gehört, die im Club wie der Inbegriff enthemmter Lust gewirkt und sich später im Bett geweigert hatten, ihren BH auszuziehen. Der springende Punkt war, dass ich es den Herren der Schöpfung wahrscheinlich ohnehin nie recht machen konnte. Hätte ich mich zu schnell hingegeben, hätte ich nicht mehr als prüde Tasse gegolten, aber ein zweites Date wäre womöglich mit der Begründung abgelehnt worden, die Spannung sei weg gewesen und ich habe mich uninteressant gemacht. So hatte ich zwar bisher keine zweiten Dates, aber immerhin auch keine Rufschädigung erlebt. Auch wenn ich es im Hinblick auf oben Gesagtes unmöglich fand, einer Frau anzukreiden, dass sie gerne Sex hatte und das auch auslebte. Solange sie verhütete und niemanden betrog, warum nicht? Was war also der richtige Weg? Hätte ein gegenteiliges Verhalten von mir in der Vergangenheit etwas geändert?

Kann frau sich in das Herz eines Mannes blasen oder vögeln? Oder genießt er es dann einfach, solange sie den Eindruck erweckt, dass das alles ist, was sie will, und ist dann trotzdem weg, wenn sie nach gewisser Zeit über die Bettkante hinausgehende Forderungen stellt? Weil sie, indem sie sich zu schnell hingibt, signalisiert, eine rein sexuelle Geschichte sei für sie okay? Oder schafft sie es, die Sache lange genug am Laufen zu halten und ihre über die sexuellen hinausgehenden Bedürfnisse zurückzuschrauben, bis er dann doch nicht mehr auf sie verzichten kann, sich eventuell sogar verliebt? So gut und unersetzbar muss frau aber erst einmal sein. Gerade in einer Welt voll potenzieller traumhafter Matches, die es noch herumzukriegen gilt, und in der böse Zungen behaupten „Loch ist Loch". So großartige Fähigkeiten man sich als Frau in der Horizontalen deshalb also auch glaubt, zuschreiben zu dürfen, einen Mann, der beschlossen hat, nichts Ernstes zu wollen, den bindet man nicht mit einem Blowjob auf der Autobahn an sich und auch nicht mit der Aussicht auf einen Dreier. Der lacht sich eher ins Fäustchen, dass er sie auch ohne Verpflichtungen seinerseits dazu gebracht hat und genießt alle Annehmlichkeiten bis zu dem Punkt, an dem er sie zu einer Familienfeier begleiten soll, und ergreift allerspätestens dann die Flucht.

Eigentlich war es, so meine Überlegung, also sowieso vollkommen egal, wie ich mich entschied. Eine allgemeingültige Regel gab es da leider einfach nicht, allein auf den Mann und dessen Einstellung kam es an, nicht auf mein Verhalten. Auch aus einem One-Night-Stand konnte sich schließlich Liebe entwickeln, wenn beide es zuließen. In dieser Konstellation hatte der Mann ja auch schnellstmöglich das Risiko von schlechtem Sex ausgeschlossen. Deshalb, so oft ich schon Andeutungen in die Richtung gehört hatte, ich wirke unschuldig, dieses Vorurteil hätte ich zu gerne ausgeräumt. Meinen Stolz hatte ich aber eben auch. Meistens. Es musste doch einen Weg geben, einem Mann zeigen zu können, dass ich mir eine ernsthafte Beziehung wünschte und ihm deshalb nicht durch voreiligen Sex das Gegenteil signalisieren wollte. Dass ich aber trotzdem offen und locker war, sehr gerne Sex hatte, es sich deshalb für ihn lohnen würde, mir die nötige Sicherheit zu geben. Ich merkte selbst, wie lächerlich das alles war.

In diesem Moment jedenfalls wollte ich Matteo unbedingt beweisen, dass ich nicht zu den frigiden Frauen gehöre, auch wenn ich mich nicht zu schnell an jemanden hergeben wollte, der es vielleicht gar nicht verdient hatte und mich nur ausnutzte. Dass ich schrecklich gerne Sex hatte, darin ein ganz natürliches Bedürfnis sah. Ein Bedürfnis, das sich durch besagten, zu diesem Zweck von mir initiierten Kuss nur schwer unterdrücken ließ. Er küsste *so* gut. So unfassbar gut. Mit Matteo wurde meine Definition des perfekten Kusses wahr, nach dessen Ende man unwillkürlich zitternd nach Luft schnappen muss, ähnlich wie dann, wenn man sehr heftig geweint hat. Meine Schwester vertritt zwar die Theorie, dass es kein gutes oder schlechtes Küssen gibt, sondern dass es allein auf die Harmonie zweier Personen ankommt, aber wie auch immer, dann harmonierten wir eben. Und wie. Mir war vollkommen unklar, wie lang wir da eng umschlungen und wild knutschend, am Ende atemlos vor meiner Haustür standen. Ich wusste nur, dass sich meine Begierde und Begeisterung in seiner spiegelte, als wir uns endlich voneinander losreißen konnten. War es das südländische Temperament? Den Weg nach oben in meine Wohnung hätte ich jedenfalls genauso gut schwimmen können. Was stellte dieser Mann mit mir an? Unser Kino-Date am nächsten Tag stand immerhin nach wie vor, wie er mir zum Abschied zugeflüstert hatte. Ich war froh, dass wir standhaft geblieben waren. Wir kannten uns schließlich kaum. Wirklich tiefgründige Gespräche waren am Abend kaum möglich gewesen und ich bezweifelte irgendwie, dass das im Kino anders werden würde. Sei's drum. Immerhin würde es diesmal ein zweites Date geben. Mein Blick in den Badezimmerspiegel verriet mir, dass Vanessa Recht behalten hatte; der rote Lippenstift war über mein ganzes Gesicht verschmiert. Und meinen Hals. Ich bereute ihn entgegen ihrer Prophezeiung trotzdem nicht.

Unser Kinoabend, der am darauffolgenden Tag tatsächlich stattfand, endete mit dem genau gleichen Szenario: leidenschaftlichen Küssen vor meiner Haustür. Im Kino hatten wir uns dafür wirklich zurückgehalten, unsere Hände hatten sich lediglich berührt, wenn wir gleichzeitig in die Popcorntüte gegriffen hatten.

Aber auch diesmal schreckte ich davor zurück, weiterzugehen. Ich hatte dann jedoch eine, wie ich fand, bessere Idee: „Hör mal, morgen ist doch diese lange Einkaufsnacht, in der die Geschäfte bis Mitternacht geöffnet sind. Wie wär's, wir gehen Unterwäsche kaufen und du berätst mich? Ich brauche dringend mal wieder was Neues...", fragte ich ihn deshalb. Das war zwar eine glatte Schwindelei, denn wenn ich etwas im Überfluss besaß, dann war es schöne Unterwäsche. Aber „brauchen" war schließlich ein relativer Begriff.

Ich würde nie vergessen, wie der Freund meiner Mitbewohnerin an meiner spaltbreit offenstehenden Zimmertür vorbeigeschlichen war, als ich gerade Wäsche einsortiert hatte und sich offensichtlich minutenlang nicht vom Anblick meiner Dessous-Schublade hatte losreißen können. Wie hypnotisiert hatte er hineingestarrt.

Ich sah schon an Matteos Blick, dass ihm dieser Vorschlag offensichtlich zusagte. „Dafür verwerfe ich doch glatt meine Partypläne für morgen Nacht", sagte er grinsend und verabschiedete sich. Fast bereute ich meinen kühnen Vorstoß schon, schließlich zählte das ja auch schon als Hingabe, im weiteren Sinn. „Vergiss es, Anna", beruhigte ich mich, „der Zweck heiligt die Mittel. Es wird immerhin schon das dritte Date sein. Und es ist schließlich nicht viel weniger Stoff als bei einem Bikini, damit kann dich im Schwimmbad ja auch jeder sehen."

Fast vierundzwanzig Stunden später saßen Matteo und ich dann in einem Café und warteten auf unsere Getränke. Leider war die Stimmung zwischen uns um einiges angespannter, als ich es nach einem gemeinsamen Unterwäschekauf vermutet hätte. Wohlgemerkt nicht sexuell angespannt. Neben mir stand zwar eine gut gefüllte Einkaufstüte. Die Wäsche auszusuchen, Matteo durch die Vorhangspalten der Umkleidekabine linsen zu lassen, hatte wirklich Spaß gemacht und es war schön gewesen, die Wartezeit an der Kasse knutschend überbrücken zu können. Aber mir gefiel die unterschwellige Gehetztheit nicht, die er trotz allem ausstrahlte.

Das hatte schon angefangen, als er mich abgeholt und auf dem Weg in die Innenstadt fast wehmütig darüber gesprochen hatte, dass es sich für ihn unglaublich seltsam anfühle, an einem Samstagabend um diese Uhrzeit in die Stadt unterwegs zu sein und noch keinen Alkohol getrunken zu haben. Er wisse nicht, wie lange das bei ihm schon nicht mehr der Fall gewesen sei. Hoffnungsvoll hatte er vorgeschlagen: „Wir könnten ja immerhin nach dem Shopping noch etwas trinken gehen." Ich hatte zwar zugestimmt, aber mir missfiel, wie unausgeglichen er wirkte. Und insgeheim auch, dass es nach diesem Einkauf ein Drink war, nach dem er sich sehnte, statt nach meinem Körper in Reizwäsche.

Als wir endlich unsere Getränke hatten, besserte sich die Stimmung leider trotzdem nicht. Im Gegenteil, sie erreichte beim Thema Essen sogar den Tiefpunkt. Ich hatte nämlich vorgeschlagen, Matteo könne in dieser Nacht bei mir schlafen und wollte mich versichern, dass ich auch alles Nötige für das Frühstück am nächsten Morgen zu Hause hatte. „Ich frühstücke eigentlich nicht. Und Essen ist sowieso schwierig mit mir. Eigentlich schmecken mir nur Pizza und Döner. Das esse ich immer im Wechsel." Es wirkte nicht einmal so, als würde er das bedauern oder verwerflich finden. Meine Gedankenblase, in der ich uns schon sonntags beim Brunch oder zusammen in einem Sushi-Restaurant gesehen hatte, zerplatzte. Ich selbst liebte Essen. Vor allem Essen zu gehen, ein ausgiebiges Frühstück, kulinarisches Neuland zu betreten... Irgendein innerer Impuls befahl mir, zu rennen. Dieses Date abzubrechen. Mich zu Hause zu verkriechen. Ein weiterer Impuls befahl mir, mich zusammenzureißen und nicht so schnell aufzugeben. Ich wäre sonst ja keinen Deut besser gewesen, als es meiner Generation immer vorgeworfen und nachgesagt wurde: dass wir bei der kleinsten Widrigkeit aufgaben, unflexibel waren, nach Perfektionismus strebten. Dass wir unfähig zu Toleranz und Kompromissen waren. Andererseits war Essen aber auch ein gewichtiges Thema. Daran hing ganz schön viel. Es konnte doch aber nicht schon wieder schiefgehen und so schnell enden! Das wäre ja peinlich. Ich konnte meinen Mädels, die gespannt auf meinen Bericht warteten, mit mir mitfieberten und für mich hofften (jedes Mal!), dass es nun endlich einmal längerfristig klappte, nicht schon wieder von einem Reinfall berichten. Außerdem gab es Schlimmeres, schalt ich mich, Pizza und Döner waren immerhin sehr pflegeleicht und unkompliziert. An einen Veganer mit Glutenunverträglichkeit und Fructoseintoleranz zu geraten, wäre da das deutlich weniger erstrebenswerte Szenario. Und wir hatten dafür vielleicht ganz andere Gemeinsamkeiten, auf die es sehr viel mehr ankam.

Zeit für die ultima ratio, wie Juristen zu sagen pflegen: die allerletzte Maßnahme. Er war schließlich ein Mann. „Trink aus und lass uns bezahlen, wir gehen zu mir und ich ziehe meine neuen Errungenschaften nochmal ganz exklusiv für dich an", lockte ich ihn. „Hast du noch was Alkoholisches daheim? Wenigstens eine Kleinigkeit können wir ja noch zusammen trinken, das passt gut zu neuer Unterwäsche!", kam prompt die leider wenig befriedigende Reaktion. „Ich habe bestimmt noch eine Flasche Wein da", riss ich mich mit meiner Antwort zusammen. Ich würde schon dafür sorgen, dass er den Wein ganz schnell wieder vergaß!

So einfach wie gedacht stellte sich das dann im Anschluss allerdings gar nicht heraus. Während ich mich in meinem Zimmer umzog, tigerte Matteo durch die Wohnung und durchforstete den Kühlschrank nach dem versprochenen Wein. Er fand schließlich eine verkorkte Flasche, die eigentlich meiner Mitbewohnerin gehörte. Als ich gerade mit dem Verschluss meines neuen neonpinkfarbenen BHs kämpfte, den Matteo für mich ausgesucht hatte, platze er damit in mein Zimmer. „Das war alles, was ich finden konnte, besser als gar nichts. Habt ihr nen Korkenzieher?", fragte er ungeduldig, ohne meinen halbnackten Körper, den er wohlbemerkt aus dieser Nähe noch nie gesehen hatte, eines Blickes zu würdigen. „Keine Ahnung, so lange wohne ich hier noch nicht", antwortete ich genervt und mir wurde klar, wie grotesk diese Situation war, als er daraufhin aus meinem Zimmer zurück in die Küche stürmte und nervös versuchte, den Korken mit einem Messer zu ziehen. Ich stand in meiner neonfarbenen Unterwäsche daneben und verlor langsam die Geduld. „Was ist denn los mit dir? Ich stehe hier halbnackt und du hast nur Augen für den Wein?", säuselte ich bemüht beherrscht und schlang die Arme um ihn. Ich spürte immer noch leichten Widerstand. „Ich finde das halt komisch, samstagabends nichts zu trinken. Normalerweise wäre ich um diese Uhrzeit schon voll", sagte er fast schon trotzig. „Na, heute bist du dafür voll... in mir?", erwiderte ich in meiner verführerischsten Stimme, mittlerweile weniger aus echter Lust als eigentlich rein aus Prinzip, um nicht aufzugeben, meinen Willen zu bekommen und um mir nicht eingestehen zu müssen, dass ich wieder einmal an den Falschen geraten war. Und selbstverständlich auch, um den Beweis zu haben, dass meine weiblichen Reize gegen eine Flasche billigen Wein mit halb zerbröseltem Korken ankamen. Ein trauriger Wettkampf. Immerhin gewann ich ihn schlussendlich. Ich würde mir am nächsten Tag ausführlicher Gedanken darüber machen, wie ich das alles finden sollte, beschloss ich später, kurz bevor mir erschöpft die Augen zufielen.

Dazu sollte ich auch ausreichend Zeit haben, denn Matteo verabschiedete sich am nächsten Morgen sehr früh mit dem Hinweis auf seinen Hund, der auf ihn wartete, und – natürlich – ohne Frühstück. Bei mir hatten die vergangenen Stunden einen bitteren Nachgeschmack hinterlassen, der ganz sicher nicht vom Wein kommen konnte, denn der stand immer noch halbgeöffnet in der Küche. Ich beseitigte die Spuren der Nacht und beschloss, abzuwarten. Ich würde Matteo gegenüber auf Abstand gehen und sehen, wie es sich zwischen uns weiterentwickelte.

Das nächste Wochenende verbrachte ich gezwungenermaßen zu Hause. Ich musste einen wichtigen Vortrag für die Arbeit vorbereiten, was sich als sehr zeitintensiv herausstellte. Dementsprechend wollte ich freitags auch früh schlafen gehen, um am nächsten Morgen zeitig wieder am Schreibtisch sitzen zu können. Das hatte ich bei Matteo auch so angekündigt, als er mich nach meinen Plänen gefragt hatte. Er selbst war wieder mit seinen Freunden in der Shotbar verabredet und zeigte sich sehr verständnisvoll. „Oh je, du Arme. Dann sei schön fleißig, ich störe dich dann besser nicht", war seine Reaktion gewesen. Vermutlich purer Erleichterung geschuldet, da er sich an diesem Abend nicht zurückzuhalten brauchte und seinen Alkoholdurst stillen konnte. Einige Stunden später, mitten in der Nacht, ich hatte tief und fest geschlafen, klingelte mein Handy. Mehrfach. Ich versuchte erst, es zu ignorieren. Ich wünschte, der Song „New Rules" der britischen Sängerin Dua Lipa wäre damals schon aktuell gewesen; er hätte mir, nicht nur im Folgenden, einiges erspart. Der Text formuliert äußerst treffend Verhaltensregeln für vergleichbare Situationen. Die erste lautet: „One: Don't pick up the phone you know he's only callin' cause he's drunk and alone."

Schlaftrunken ging ich ran. „Tut mir leid, dass ich dich störe. Du hast schon geschlafen, oder? Kann ich bei dir übernachten?" Es war

Matteo. Ich konnte ihn kaum verstehen. Im Hintergrund waren Stimmengewirr und Musik zu hören.

„Du weißt doch, dass ich morgen früh raus muss und ich brauche meinen Schlaf jetzt. Eher ungern", war meine verhaltene Antwort. „Okay... aber ich weiß nicht, wo ich hin soll", kam es, wie ich fand, kleinlaut durchs Telefon zurück. „Warum fährst du nicht nach Hause?", fragte ich ihn. „Es ist nur.... weil das Geld nicht ausreicht. Lucas hatte meinen Geldbeutel den Abend über und hat alles versoffen..." Na super. Aber so etwas konnte unter betrunkenen Männern wohl durchaus passieren. So schlecht ich auch auf Matteo zu sprechen war, dass er womöglich am Bahnhof schlief oder gar schwarzfuhr, was bei seinem Vorstrafenregister (Vanessas Aussage nach wies es wohl tatsächlich mehr als nur einen Eintrag auf) mehr als nur ein erhöhtes Beförderungsentgelt bedeutet hätte, das konnte ich mit meinem Gewissen nicht vereinbaren. Er machte zum Glück auch gar keinen betrunkenen Eindruck. Meine Gutmütigkeit siegte.

Dass meine Stimme genervt klang, konnte ich allerdings nicht verhindern. „Dann komm eben zu mir. Aber ich muss schlafen!" Als ich ihm dann wenig später die Tür öffnete und ihn in die Wohnung ließ, bemerkte ich, dass er leicht schwankte. Gerade am Telefon hatte er doch noch erstaunlich nüchtern gewirkt. Entweder hatte er in den letzten zehn Minuten auf dem Weg zu mir noch ordentlich getankt oder er hatte sich während unseres Telefonats unglaublich gut zusammengerissen. In ersterem Fall hätte ich mir jedoch zu recht die Frage nach der Finanzierung stellen dürfen. Ich bereute meine Entscheidung schon jetzt. „Ist alles okay bei dir?", fragte ich Matteo beherrscht. „Jaja, will einfach nur schlafen", wehrte er ab. Mir stand auch überhaupt nicht der Sinn nach einer nächtlichen Diskussion. Ich konnte ja froh sein, wenn er mich jetzt in Ruhe lassen und nicht doch noch seine Hände nach mir ausstrecken würde. Aber nichts dergleichen geschah. Ich hatte mich gerade einigermaßen beruhigt und auf meiner Seite des Bettes zum Schlafen zusammengerollt, als ich neben mir ein Geräusch hörte, das wie eine Mischung aus Schlucken und Würgen klang. Das durfte doch wohl nicht wahr sein! „Hast du eigentlich nen Knall? Du kotzt mir jetzt aber nicht ernsthaft mein Bett voll?", schrie ich ihn an, sprang aus dem Bett und machte Licht. Geistesgegenwärtig drückte ich ihm den Mülleimer in die Hand und bugsierte ihn ins Bad, was angesichts seines Schwankens und Widerstandes gar nicht so einfach war. Am liebsten hätte ich ihn an seiner furchtbaren Halskette dorthin gezerrt. In diesem Zustand wollte ich ihn auf gar keinen Fall mehr in meinem Bett haben. „Mir ist überhaupt nicht schlecht", maulte er. Zum Glück urlaubte meine Mitbewohnerin Astrid gerade mit ihren Mädels im sonnigen Südfrankreich. Es wäre mir unsagbar peinlich gewesen, ihr diese nächtliche Unruhe erklären zu müssen. Zumal unser Verhältnis, was Männer anging, leider ohnehin sehr angespannt war.

Sie hatte versucht, mich mit ihrem Bruder zu verkuppeln, indem sie mich gebeten hatte, ihm bei seinen Prüfungsvorbereitungen in den juristischen Fächern zu helfen. Von Biologie war nie die Rede gewesen. Auch nicht davon, dass er zum verabredeten Zeitpunkt in Motorradkluft bei mir aufgetaucht war, aus seiner Tasche Lederbekleidung für mich hervorgezaubert und mich zu einer Tour ins nahegelegene Gebirge entführt hatte. Die fünfmal so lange gedauert hatte wie die halbherzige Fallbesprechung im Anschluss. Zum Abschied hatte er mir erst einen anzüglichen Blick zugeworfen und mich dann mit dem Nachsatz „Dich sehe ich heute nicht zum letzten Mal" nach einem Wiedersehen gefragt. Horrorfilmverdächtige Betonung inklusive. Ich hatte Astrid dann erklärt, dass es bei mir nicht gefunkt habe und das Thema schien eigentlich erledigt. Sie wäre wohl trotzdem nicht gerade erfreut darüber gewesen, dass ein Besoffener, den ich offensichtlich ihrem Bruder vorzog, in unserer Wohnung randalierte. Dass er ihren Getränkevorrat geschmälert hatte, hatte sie glücklicherweise noch nicht bemerkt.

Ich hoffte inständig, Matteo würde im Badezimmer keinen allzu großen Schaden anrichten und überlegte. Das Maß war voll, ich war ihm absolut nichts schuldig und ein solch unverschämtes Verhalten konnte man auch kaum damit entschuldigen, dass er ein Jahr jünger als ich war. Mich nachts zu wecken, obwohl ich in einem schwierigen Projekt steckte, wäre schon grenzwertig gewesen, hätte er nur aus Sehnsucht angerufen und zu mir ins Bett schlüpfen wollen. Aber er hatte mich gestört, nur um einer zentralen Herberge willen und in Kauf genommen, dass ich durch seinen Zustand Unannehmlichkeiten hatte. Dass ihm das nicht einmal peinlich war! Versuchte man nicht eigentlich, sich von seiner besten und schmeichelhaftesten Seite zu zeigen, wenn man jemanden neu kennenlernte? Schmeichelhaft wäre mir allerdings als letztes Wort zu dem Bild eingefallen, das er mir bot. Ich fasste folglich den Entschluss, ihn rauszuwerfen und ihm am nächsten Tag, wenn er wieder einigermaßen bei Verstand war, mitzuteilen, dass ich ihn nie wieder sehen wollte. Ich war ihm nichts schuldig und würde – viel wichtiger – auch nichts vermissen. Außer dass er verdammt gut küssen konnte, hatte ich noch keine allzu positiven Eigenschaften an ihm feststellen können. So verzweifelt konnte ich kaum sein, dass ich es nötig hatte, mir Derartiges anzutun.

„Be with someone who ruins your lipstick not your mascara" lautet eine dieser Pseudo-Weisheiten, wie man sie massenweise auf T-Shirts oder Notizbucheinbände gedruckt lesen kann. Meinen Lippenstift hatte Matteo neulich nachts zweifelsohne ruiniert. Nun aber auch um ein Haar meine Bettwäsche. Und zwar nicht in dem nahliegenden Sinn, den ich um einiges begrüßenswerter gefunden hätte, wenn er mich schon nachts aus dem Bett klingelte. Ich schmiss ihn daraufhin also tatsächlich raus und hätte rückblickend auch hier besser an der zweiten der „New Rules" getan: „Two: Don't let him in you'll have to kick him out again."

Aus purer Wut lag ich noch den kompletten Rest dieser versauten Nacht wach. Was dazu führte, dass ich am nächsten Morgen nicht direkt an meinen Schreibtisch, sondern zuallererst in die Stadt ging und mir viel zu teure Schuhe kaufte. Aus reinem Frust. Es sollte gesetzlich geregelt werden, dass eine Frau die Rechnungen für alles, was sie anlässlich des Endes einer Liebschaft oder Beziehung oder generell aus Enttäuschung einkauft, dem dafür verantwortlichen Mann schicken darf. Kommentarlos versteht sich. Erst viel später entdeckte ich eine kostengünstigere Methode für mich und gewöhnte mir an, mich nur noch zu daten, wenn ich für den nächsten Tag oder im direkten Anschluss etwas Schönes vorhatte. Zum einen, weil ich mich schon während des womöglich enttäuschenden Dates darauf freuen und mit dem Gedanken daran ablenken konnte. Zum anderen, weil ich so im gegenteiligen Fall todsicher beschäftigt war und nicht mein Handy hypnotisierte, sollte *er* sich nach dem Treffen nicht gemeldet haben.

Was Matteo anging, so machte ich ihm tatsächlich mit den neuen Schuhen an den Füßen via Kurznachricht klar, dass er sich zukünftig nicht mehr bei mir zu melden brauchte. Mich auf meinen Vortrag zu konzentrieren, gelang mir in der Folge dann dennoch nicht so richtig. Ich überlegte, ob ich meine Altersgrenze in der Dating-App nach oben setzen sollte. Momentan wurden mir darin nur Männer angezeigt, die maximal drei Jahre älter waren als ich. Zeugin eines so unreifen und wenig bedachten Verhaltens geworden, sehnte ich mich nach einem erwachsenen Mann. Der wäre dann vielleicht auch schon eher aus dem Alter heraus, keine ernsthafte Beziehung und sich lieber austoben zu wollen. In diese Gedanken und Überlegungen versunken erschreckte ich mich fast zu Tode, als sich der Schlüssel in der Wohnungstür umdrehte und ausgerechnet Theo, Astrids Freund, hereinkam. Astrid, Medizinstudentin, hatte ihn nämlich gefunden, so einen reifen und erwachsenen Mann. Ganz klischeehaft bei einem Praktikum in der Klinik. Theo war Facharzt; deutlich älter als sie und deutlich unattraktiver, was sie gleichermaßen wenig zu stören schien. Mich hätte an ihrer Stelle auch eher seine Eigenart gestört. Für sein Autokennzeichen hatte er sich beispielsweise die Nummer ausgesucht, die Mozarts Oper „Die Zauberflöte" im Köchelverzeichnis hat. „Sorry, Anna, ich wollte dich nicht erschrecken. Astrid ist ja im Urlaub, ich wollte ihr nur eine kleine Überraschung ins Zimmer stellen und mal eben durchsaugen, damit sie es schön hat, wenn sie wiederkommt. Soll ich dein Geschirr noch wegspülen? Du bist ja schwer beschäftigt, wie es aussieht!", plauderte er mit Blick in die Küche drauflos. Bis zu dem Punkt, an dem er von der

Überraschung für Astrid gesprochen hatte, hatte ich es noch unsagbar süß gefunden und es hatte mir einen neidischen Stich gegeben. Aber bei seiner Reinemach-Ankündigung erinnerte ich mich daran, dass sie mir schon einige Male von Theos Putzfimmel erzählt und sich darüber aufgeregt hatte. So ein Mann würde mir gerade fehlen! Ich lehnte sein Angebot deshalb schnell dankend ab und ließ ihn machen. Als er wieder gegangen war, konnte ich es mir dann allerdings nicht verkneifen, in Astrids Zimmer hinüberzugehen. Alle Achtung, er war gründlich gewesen; lebten wir in einem Comic, hätte der Raum vor Sauberkeit geglitzert. Ich ging zu ihrem Nachttisch. Eine Armbanduhr, von der ich wusste, dass sie sie sich wünschte, und Schokolade lagen da. Das daneben platzierte Kärtchen gab mir den Rest. Typisch Arzt war die Schrift sehr schwierig zu entziffern. Ich schaffte es trotzdem. Theo schrieb im Wesentlichen, dass er ihr Zimmer saubergemacht habe und hoffe, sie würde sich darüber freuen. Er habe sich erlaubt, ihr die Uhr zu schenken und dazu etwas „Glucose für dein Oberstübchen". An diesem Punkt floh ich aus Astrids Zimmer und machte mich wieder an meine Arbeit. Derart reif und bedacht musste es dann ja auch wieder nicht sein. Und dass mir ein Mann in meiner Abwesenheit das Zimmer putzte, so weit kam es noch!

Dieses abschreckende Gegenbeispiel war vermutlich das, was mir in meiner derzeitigen Gefühlslage am meisten half. Ich würde damit aufhören, nahm ich mir vor, mich nach etwas zu sehnen, das es womöglich gar nicht gab: nämlich die perfekte Mischung. So beschloss ich, dass ich jung genug war, meine App nach den bisherigen wenig rosigen Erlebnissen anderweitig zu nutzen. Für den einzigen Zweck, zu dem sie entwickelt worden war, wie der Volksmund behauptete. Für schnellen, unkomplizierten Sex. Hoffentlich ohne dass mir in dessen Folge das Zimmer verunreinigt oder penibel sauber gehalten werden würde.

VI

DIE WINTER-DEPRESSION

Mein Zeigefinger zitterte kaum merklich, als ich auf den Klingelknopf drückte. Pünktlich wie immer, ich hörte von weitem die Glocken des Münsterturms die volle Stunde schlagen. Der Türöffner summte und ich atmete ein letztes Mal tief durch, bevor ich hocherhobenen Hauptes mit schwingenden Hüften die Treppen hochstieg und an Marius' Wohnungstür klopfte. Ich kannte dieses Gefühl erregender Nervosität und gespannter Neugierde. Meine beste Freundin hatte mir erzählt, dass sie selbst dieses Gefühl im Vorfeld mit einem Schnaps hatte dämpfen müssen, als sie sich einmal auf ein ähnliches Abenteuer eingelassen hatte. Ich wusste schon aus Erfahrung, dass das bei mir nicht nötig war. Ich wirkte nach außen hin wie die Ruhe und Lässigkeit in Person und meine Aufregung war, gemessen an der Situation, wahrscheinlich tatsächlich nicht übermäßig. Im Gegenteil, ich genoss meinen großen Auftritt. Ein Resultat der Einstellung: Wenn es schlecht ist, gehe ich eben wieder und muss ihn nie wiedersehen. Ein sicher auch nicht unwesentlicher Faktor war aber, dass ich zumindest schon eine ungefähre Vorstellung davon hatte, was mich erwartete.

„Weißt du, was mich richtig anmachen würde?", hatte Marius mich nämlich am Vorabend beim Chatten gefragt und, als ich verneint hatte, direkt selbst die Antwort gegeben: „Wenn wir uns beim Skypen gegenseitig schon mal zeigen würden, worauf wir uns morgen freuen dürfen..." „Wie meinst du das?", hatte ich umgehend getippt. „Du weißt ja wohl, was Skype ist? Das PC-Programm für Videotelefonie?", hatte Marius zurückgeschrieben. „Du meinst, du möchtest Telefonsex mit mir?", hatte ich versucht, meine Antwort möglichst neutral zu formulieren. „So ungefähr. Es gibt schließlich keine Regel, die besagt, dass man beim Skypen die Klamotten an- oder die Hände auf der Tastatur behalten muss", war die von einem Zwinker-Smiley gefolgte Erklärung gekommen.

Sofort waren Gedanken an Datenschutz und -missbrauch und an die hohe Anzahl Krimineller in den Unweiten des Netzes durch meinen Kopf geschossen, aber allzu schnell davon verdrängt worden, dass ich die Vorstellung ungemein reizvoll gefunden hatte. Zum einen, weil sie so verboten war, und zum anderen, weil ich nicht die sprichwörtliche Katze im Sack kaufen würde, sollte ich am nächsten Tag tatsächlich wie verabredet bei ihm vorbeischauen. Ich würde allerdings höllisch aufpassen müssen. Wir hatten also eine Uhrzeit vereinbart und ich hatte bis dahin noch genügend Zeit gehabt, mich vorzubereiten und mir auszumalen, was auf mich zukommen würde.

Ich hatte ganz klar ein Faible für Sexting: Hatte sich in der Vergangenheit ein Liebhaber mein Vertrauen verdient, hatte ich es immer als äußerst prickelnd empfunden, anzügliche Nachrichten oder unanständige Bildchen zu verschicken. Selbstverständlich stets darauf bedacht, nicht zu viel preiszugeben und überaus vorsichtig mit sensiblen Daten umzugehen. Ich war, was dieses Thema anging, allerdings noch zurückhaltender geworden, nachdem es ein Mann übertrieben hatte. Wir hatten seit gut einem Jahr keinen Kontakt mehr gehabt, weder virtuell noch real, als er sich kürzlich aus dem Nichts per SMS mit der Frage, ob ich Kleingeld im Portemonnaie habe, wieder gemeldet hatte. Ich hatte gerade im Bus gesessen und mich völlig verständnislos erst einmal panisch umgesehen, in der Annahme, er beobachtete mich, als ich ihn nirgends hatte entdecken können aber mit einem schlichten „Ja" geantwortet. Einen Wimpernschlag später die nächsten Fragen: „Welche Münzen? Fünf Cent?" Darauf von mir wieder ein „Ja".

Postwendend hatte er ein Foto geschickt und mir damit die Sprache verschlagen. Sein erigierter Penis war darauf abgebildet gewesen, auf der feuchtglänzenden Eichel hatte ein Fünfcentstück geprangt.

Ob er mir einfach nur hatte demonstrieren wollen, wie lächerlich klein die Münze im Verhältnis aussah? Ich jedenfalls hatte auf dieses Foto hin nicht weiter reagiert, aus der begründeten Befürchtung, er würde als Nächstes versuchen, einen Zehneuroschein um sein bestes Stück zu wickeln.

Im Vergleich dazu hatte die geplante „Videokonferenz" mit Marius geradezu normal auf mich gewirkt. Ich hatte mir vorgenommen, mich erst in Unterwäsche zu zeigen (die Auch-nicht-weniger-Stoff-als-ei-nem-Bikini-Regel fand wieder Anwendung), damit er sah, dass ich kein Fake war. Sollte ich weiter gehen wollen, würde ich mich so positio-nieren, dass mein Kopf vom Bildrand abgeschnitten sein würde, hatte ich überlegt. Klar, dass das im Endeffekt auch nichts gebracht hätte, sollte ich an einen Kriminellen und/oder Perversen geraten sein, aber das Neue, Verbotene hatte mich nach wie vor gereizt. Dass das in erster Linie eine Trotzreaktion mehrfach enttäuschter Hoffnungen war, war mir ebenso klar gewesen. Wenn diese App nur so funktionierte, wenn sich in ihr ohnehin nur (Beziehungs-)Gestörte herumtrieben, warum dann nicht offen damit umgehen und das für meine Zwecke nutzen?

So war ich vor einigen Tagen ja auch überhaupt erst auf Marius ge-stoßen. Wir hatten kurz die üblichen Begrüßungsfloskeln ausgetauscht und zwar nicht offen ausgesprochen, worauf das Ganze hinauslaufen würde, aber es war unmissverständlich gewesen, dass es nicht darum gehen würde, seine Briefmarkensammlung zu bewundern, als er sehr schnell vorschlagen hatte, ich könne „die Tage ja abends mal vorbei-kommen".

Dass ich mich darauf eingelassen hatte, eine reine Trotzreaktion, wie gesagt, zudem eine Verleugnung meiner wahren Gefühle und Inten-tion. Denn auch wenn hemmungsloser, unkomplizierter Sex durchaus seinen Reiz für mich hatte, musste ich mir ehrlicherweise eingestehen, dass ich mich nicht wirklich damit abgefunden hatte, dass er angeb-lich das einzig Positive war, das man aus Dating-Apps ziehen konnte. Der Typ Frau, der es einem Mann einfach so, ohne Aussicht auf Zuge-ständnisse, gönnte, in den Genuss ihres Körpers zu kommen, wenn sie sich insgeheim etwas ganz anderes wünschte, als im Anschluss rausgeschmissen zu werden, war ich nämlich nach wie vor nicht. Ich hatte schließlich zwei gesunde Hände und einen kleinen batteriebetriebenen Freund in der Nachttischschublade. Um in dieser Hinsicht auf meine Kosten zu kommen, brauchte ich also nicht zwingend einen Vertreter des anderen Geschlechts. Ich wählte diesmal vielmehr einen anderen Weg zum gewünschten Ziel, es war ein Experiment. Vielleicht musste frau in der Welt von heute das Feld von hinten aufrollen. Zeigen, dass sie unabhängig und locker drauf war, eigentlich keine Verpflichtungen wollte und nichts erwartete, aber wahnsinnig gerne Sex hatte. So dass der Mann, womöglich durch zu wenig Experimentierfreude in der letzten Beziehung stark geschädigt, merkte, dass *ich* die Frau war, auf die er immer gewartet hatte. Ganz ohne den üblichen Dating-Druck, ohne dass wir uns im Vorfeld schon durch Fragen, wie der nach dem Lieblingsessen, sämtliche Spontaneität und Offenheit für die Macht der Chemie versaut hatten. Zack, Falle zu. Auch Männer waren ja schließlich nicht davor gefeit, das zu wollen, von dem sie dachten, dass sie es nicht haben konnten. Nicht deswegen, sondern trotzdem.

So die gewagte Theorie. Eine glatte Vorspiegelung falscher Tatsachen zwar, wie sie uns Frauen ja grundsätzlich in vergleichbaren Situationen unterstellt wird, aber ich tröstete mich mit dem Gedanken, dass einiges ja dennoch der Wahrheit entsprach. Ich war unabhängig und offen, ich hatte gerne Sex... Nur hätte ich eben auch gerne wieder regelmäßig welchen mit ein und derselben Person gehabt. Längerfristig. Begleitet von anderen gemeinsamen Aktivitäten und Zärtlichkeiten. Bei diesem gedanklichen Forderungskatalog wäre es taktisch auch vollkommen falsch gewesen, Marius schon den ersten Wunsch abzuschlagen und als zusätzliche Konsequenz womöglich gleich wieder in die verklemmte Schublade gesteckt zu werden, hatte ich mir überlegt, als meine Anspannung kurz vor dem angekündigten Videoanruf ins Unermessliche gewachsen war.

Was ich anschließend zu sehen bekommen hatte, hatte mir dann durchaus gefallen. Gewaltig. Es hatte mich dann zwar doch mehr Überwindung gekostet, als ich gedacht hätte, mich bäuchlings auf mein Bett und meine Wäsche abzulegen, aber es war gleichzeitig erregend gewesen, ihn zu beobachten. Darüber hatte ich meine Hemmungen irgendwann vergessen. Kein Wunder, dass Marius nebenberuflich modelte. Sein Gesicht, umrahmt von blonden, gekonnt verstrubbelten Haaren, machte dem Ausdruck „Baby-Face" alle Ehre. Ein durchtrainierter und nicht weniger makelloser Körper stand im krassen Kontrast dazu. Dass ich, wie geplant, nur meinen Körper mit „abgeschnittenem" Kopf gezeigt hatte, schien ihn nicht weiter überrascht zu haben. Auch ich würde nun bei einem Treffen keine Überraschungen erleben, zumindest höchstwahrscheinlich keine bösen hinsichtlich Optik und sexueller Kompatibilität, hatte mein Skype-Resümee anschließend gelautet.

In anderer Hinsicht aber durchaus, musste ich wenig später leider feststellen.

Nachdem Marius und Ich schnell übereinander hergefallen waren, kaum hatte er mir die Tür geöffnet und das obligatorische Glas Wasser angeboten, lagen wir mit etwas Abstand zwischen uns nebeneinander in seinem Bett, im Fernsehen lief Fußball und Monsieur döste dabei vor sich hin. Abgesehen davon, wie mein Stöhnen klang und sich meine Haut anfühlte, wusste er rein gar nichts von mir und es hatte überhaupt nicht den Anschein, als sähe er eine Veranlassung, daran etwas zu ändern.

„Du hast es nicht anders gewollt, Anna", sagte meine innere Stimme, als ich nachher zu Hause wieder alleine in meinem eigenen Bett lag und den Abend Revue passieren ließ. Wie war es denn möglich, dass wir uns rein gar nichts zu sagen gehabt hatten, nachdem wir uns nur kurz zuvor so nahe gewesen waren, dass näher schon gar nicht mehr möglich gewesen wäre? Meine Willensstärke kämpfte mit der Vernunft, die mir ganz klar sagte, dass es keinen Sinn hatte. Ich gab nun mal nicht gerne so schnell auf und konnte es, da ich bereit war, alles dafür zu tun, wenn ich etwas wirklich wollte, nur sehr schwer akzeptieren, dass es dann dennoch nicht funktionierte. Vor allem dann nicht, wenn keine triftigen, offensichtlichen, für mich nachvollziehbaren

Gründe dagegen sprachen. Ich hatte beruflich nicht umsonst die juristische Richtung eingeschlagen. Ich mochte es, wenn Dinge logisch und gerecht waren. Zu akzeptieren, dass Gefühle und in ihrer Folge auch zwischenmenschliche Beziehungen weder das eine noch das andere waren, fiel mir daher unsagbar schwer. Und ebenso auch, einzusehen, dass Dating-Apps diese Logik und Gerechtigkeit trotz der Möglichkeit schematischen Sondierens entgegen meiner Erwartungen scheinbar genauso wenig hergaben.

Ich wagte also einen weiteren Vorstoß und schlug Marius in der Folge vor, zusammen „50 Shades of Grey" anzusehen, der gerade außer der Reihe in einem kleinen Kino gezeigt wurde. Ein Versuch, ihn zu einer gemeinsamen Aktivität außerhalb seines Schlafzimmers zu bewegen und ihm gleichzeitig auch die Botschaft des Films vor Augen zu führen: Aus Sex kann sich auch mehr entwickeln. Er stimmte nach einigem Hin und Her schlussendlich zu, ließ sich von den Szenen auf der Leinwand aber überhaupt nicht beeindrucken und nahm als wohl einzige Inspiration die Idee mit, „wir könnten uns ja mal beim Sex filmen", die er mir sofort verkündete, als das Licht wieder anging. Den gesamten Film über hatte er demonstrativ gelangweilt auf dem plüschigen Sitz neben mir gesessen, zu keinem Zeitpunkt den Körperkontakt gesucht und nicht einmal während der Werbung die Veranlassung zu Smalltalk gesehen.
So schlug ich sein Angebot, noch mit zu ihm zu kommen, unter Hinweis auf die fortgeschrittene Uhrzeit und frühes Aufstehen am nächsten Morgen aus. Wenigstens bekam *er* nun auch nicht seinen Willen. Frustriert spazierte ich durch die eisige Nachtluft alleine nach Hause. Ich musste wohl entgegen meinem Naturell aufgeben. Dieser Mann brachte mich nicht weiter, schlimmer noch, er hatte es geschafft, mich runterzuziehen. Was am entferntesten scheint, sehnt man üblicherweise am heftigsten herbei. Nicht trotzdem, sondern deswegen. Nicht dass ich speziell seinetwegen enttäuscht gewesen wäre, so gut gefiel er mir mit seiner reservierten Art, seinem rein sexuellen Interesse an mir und der nicht vorhandenen Chemie zwischen uns mittlerweile gar

nicht mehr. Es war eine vielmehr generelle Enttäuschung über einen weiteren Misserfolg.

Überall sah ich turtelnde Pärchen, es wurde täglich kälter, Weihnachten war gar nicht mehr so weit weg...

Dass die Welt nur aus Liebespaaren zu bestehen schien, schrieb ich einem Phänomen zu, ähnlich dem, an jeder Ecke Fahrschulautos zu sehen, wenn man selbst gerade den Führerschein macht, obwohl sie einem vorher nie aufgefallen sind: Man fokussiert immer das, was einen gerade beschäftigt. Und läuft dabei Gefahr, nur das zu sehen, was man sehen will.

Ich steigerte mich die darauffolgende Zeit daher total in das Gefühl der Einsamkeit und Frustration hinein, in die Sehnsucht nach einem Freund und danach, nicht mehr alleine schlafen zu wollen. Nach gemeinsamen Ritualen und der Gewissheit, für einen anderen Menschen die Welt zu bedeuten, nach einer Partnerschaft auf Augenhöhe, in der man nicht bei den Kumpels übereinander herzog, in der man ein Team war. Nach jemandem, dem ich nicht nur schreiben oder erzählen konnte, wenn mir etwas Lustiges passierte, den es auch *interessierte*. Weil *ich* ihn interessierte. Gleichzeitig war ich neidisch, fast schon wütend auf sämtliche Frauen, die es geschafft hatten, die sprichwörtliche Nadel im Heuhaufen zu finden: jemanden, der es mit ihnen aushielt und der über ihre Schwächen und Fehler hinwegsah. Der trotz aller Verlockungen, die beispielsweise Dating-Apps boten, bei ihnen blieb. Was war ihr Geheimnis? Wie schafften sie es, ihren Freund an sich zu binden? Wie hatten sie ihn kennengelernt? Besonders ärgerte es mich, objektiv deutlich weniger attraktive Frauen zu sehen, die einen Mann bei sich hatten. Beziehungsweise wenn ich einen Mann sah, der mir gefiel, der mich womöglich ganz ungeniert musterte oder mir hinterherschaute, und im nächsten Moment eine (mutmaßliche) Freundin neben ihm auftauchte, die aus meiner Sicht optisch überhaupt nicht zu ihm passte. War diesem Mann nicht bewusst, dass er sich unter seinem Wert verkaufte? War er anspruchslos, zufrieden oder am Ende einfach nur bequem? Oder nahm er gar die Vorzüge und die Sicherheit einer festen Beziehung in

Anspruch und vergnügte sich zusätzlich anderweitig? In dem Wissen, dass seine Freundin bei ihm bleiben würde, auch wenn es herauskommen sollte, weil sie sich dessen bewusst war, dass sie „so einen" nie wieder finden würde? Oder hatte er einfach nur seine Ansprüche heruntergeschraubt, da eine attraktivere Frau, um die er womöglich hätte kämpfen und sich hätte bemühen müssen, zu viel Aufwand bedeutet hätte? So sehr ich mir auch selbst eine Beziehung wünschte, so weit wollte ich es auf keinen Fall kommen lassen. Und auch, wenn es um andere als rein äußerliche Aspekte ging: Strebte man da nicht automatisch das bestmögliche „Match" an? Hatte man nicht den Anspruch, für den Partner interessant, anziehend und attraktiv zu bleiben? Fragen, die sich nur anhand von Eindrücken beantworten ließen, die ich allzu oft aus meinem eigenen Umfeld mitbekam: Frauen, die ihren Mann als selbstverständliches Inventar ansahen, die sich nach einiger Zeit keine Mühe mehr gaben, sich schlichtweg gehen ließen, sich im Winter nicht mehr die Beine rasierten, keinen Hehl aus ihrer mangelnden Lust auf Sex machten. Frauen, die ständig nur nörgelten, undankbar, kompliziert oder gegen alles allergisch waren. Warum wussten diese Frauen ihr Glück nicht zu schätzen und taten alles, um es zu würdigen und zu erhalten, kannten sie keinerlei Verlustangst? Vermutlich hätten sie nur bei einem einzigen schrecklichen Date oder einer einzigen Familienfeier ohne Begleitung in meine Rolle schlüpfen müssen, um ihr Verhalten grundlegend zu überdenken beziehungsweise zu ändern.

Die viel wichtigeren Fragen dabei aber lauteten für meine Begriffe: Was hatten sie, was ich nicht hatte? Warum war ausgerechnet *ich* alleine? Ich glaubte zu wissen, was Männer schätzten und schrieb mir selbst wenig Komplexität, dafür Vielseitigkeit zu. Ich lackierte gerne meine Nägel, konnte aber auch ohne Hilfe eine Wand streichen und meckerte nicht, wenn mir dabei einer abbrach. Ich aß fast alles gerne, dachte mir mit Vorliebe Überraschungen aus und ließ meinem Partner (wenn ich einen hatte) seine Freiheiten. Ich war nicht übertrieben eifersüchtig, kein Kontrollfreak, ich achtete auf mich. Wie konnte es ein, dass niemand da draußen all das ernsthaft zu schätzen wusste? Gar nicht erst zu schätzen wissen *wollte*? Natürlich gab es stets Stimmen, die mich damit zu trösten versuchten, dass ich wohl einfach zu selbstbewusst und zu stark wirke, dass ich eine Erscheinung sei, an die Männer sich nicht herantrauten, vor der sie zu viel Respekt, womöglich sogar Angst hatten. Das ergab jedoch schlichtweg keinen Sinn für mich. Auch wenn ich tatsächlich oftmals schon selbst die Erfahrung gemacht hatte, dass Männer einer Frau weniger gerne auf Augenhöhe begegneten, sie lieber die überlegenen in einer Beziehung waren – in jeder Hinsicht. Wenn das aber wirklich der Grund sein sollte, machte das meine Situation nicht besser, eher *noch* ungerechter. Außerdem befürchtete ich, es mir mit dieser Begründung womöglich zu einfach zu machen. Zumal es auch an mir Seiten gab, die mit Sicherheit gegen mich sprachen. Um es mit Carrie Bradshaws Worten zu sagen: Ich war mehr Coco Chanel als Coq au Vin. Was gleichermaßen bedeutete, dass ich zu viel Geld für Klamotten ausgab und nicht besonders gut kochen konnte. Außerdem war ich keine wirklich sportbegeisterte Person. Von meinem zeitweise übertriebenen Perfektionismus, meiner Rechthaberei und Diskussionsfreude ganz zu schweigen. *Ich* war mir, so meine Überzeugung, im Gegensatz zu vielen anderen meiner Schwächen zumindest bewusst. Und ich fand trotzdem, dass meine Stärken bei weitem überwogen. Es konnte doch nicht zu viel verlangt sein, einen Mann für mich gewinnen zu wollen, bei dem genau das auch der Fall war? Warum blieb ich Single?

Als ich mich darüber wieder einmal bei meiner besten Freundin Lena ausließ, die in einer ähnlichen Situation steckte, sagte sie nur: „Was nützt uns die Hand voller Asse, wenn das Leben Schach mit uns spielen will?" „Soll das heißen, wären wir einfach dumm und/oder hässlich, fänden wir spielend leicht einen Freund?", fragte ich mit hochgezogenen Augenbrauen belustigt. „Nein, dann doch lieber ein kompliziertes Leben", lachte sie und deutete mit einer Kopfbewegung zu unserem Nachbartisch. Eine stark übergewichtige Frau mit fettigen Haaren und Dreiviertelhose, die unrasierte Beine entblößte, biss erst genüsslich in einen Hamburger, um dann ihren Liebsten davon probieren zu lassen, dessen Bauch sichtbar wabbelnd über den Hosenrand hing. Hatte eine solche Ebenbürtigkeit aber nicht auch etwas durchaus Erstrebenswertes?

Wenn wir ehrlich zu uns selbst waren, wäre es ja kein grundsätzliches Problem gewesen, einen Partner als solchen zu finden. Das eigentliche Problem lag darin, einen zu finden, der uns zusagte und dem gleichzeitig wir zusagten. Und der die nicht unwesentliche Voraussetzung mitbrachte, eine ernsthafte Beziehung für sich nicht auszuschließen. Beziehungsweise nicht schon eine zu führen. Mit einer anderen. Gefühlt waren nämlich alle „Guten" schon weg. Mussten wir auf die sprichwörtliche zweite Runde warten? Auf den Zeitpunkt, an dem sich Männer dann doch nach langjähriger Beziehung trennten? An dem sie erkannten, dass sie mehr Anspruch an ihr Leben hatten, als es weiter in Unzufriedenheit verbringen zu wollen? Wie lange konnte das wohl bei den meisten (noch) dauern? Zumal wir ja auch einkalkulieren mussten, dass sich an die Trennung zunächst eine Phase der Bindungsunwilligkeit anschließen würde. Man(n) hatte ja zu viel verpasst, das es erst nachzuholen galt; hatte alle Zeit der Welt. Ein Mann kam ja schließlich erst mit Mitte vierzig ins beste Alter. So lauteten deren Profilbeschreibungen in meiner Dating-App: „Wenn wir bis fünfundsechzig arbeiten müssen, warum dann vor vierzig erwachsen werden?"

Ein sehr tröstlicher Gedanke, der mich bei all diesen Überlegungen weiterhin oben hielt und motivierte, war jedoch, dass ich einen entscheidenden Vorteil beziehungsweise eine verlockende Aussicht hatte; im Gegensatz zu all denen, die schon seit ihrer frühen Jugend in ein und derselben Beziehung steckten und darin vermutlich auch weiterhin steckenbleiben würden. Sollte sich meine Hoffnung irgendwann endlich und tatsächlich erfüllen, durfte *ich* den Anfangszauber, das berühmte Kribbeln, noch einmal erleben, von dem bei ihnen vermutlich schon lange kein einziger Schmetterling mehr übrig war.

Rächte sich das nicht irgendwann? Konnten Gewohnheit, Beständigkeit und tiefgreifendes Vertrauen, die nach gewisser Zeit an die Stelle von Verliebtheit traten, ein dauerhafter Ersatz sein? Für Begehren, Spannung, für die rosarote Brille? Ich sah trotz meiner Sehnsüchte und meines Neides nämlich glücklicherweise auch die kritisch zu hinterfragenden Aspekte jener Beziehungen, die allzu früh entstanden. Waren solche Partnerschaften dann in die Brüche gegangen, weil sie der Entwicklung einer der beiden Teile oder gar beider nicht standgehalten hatten, wurde nämlich meist genau das als Trennungsgrund formuliert: „Wir haben uns einfach zu früh kennengelernt." Anderenfalls mündeten sie in ein vor allem in ländlicheren Regionen übliches Szenario; folgten dem fragwürdigen Konservatismus früher Ernsthaftigkeit, der vermutlich aus dem Mangel an Auswahl und dem grundsätzlich wohlbemerkt nicht verkehrten Fokus auf vorherrschende familiäre, bodenständige Werte resultierte. Da lernte man sich im Alter von vielleicht dreizehn Jahren auf dem Volksfest kennen, blieb zusammen, absolvierte zum Beispiel eine Schreinerlehre beziehungsweise eine Ausbildung zur Sekretärin, baute auf dem Grundstück der Eltern ein Haus oder renovierte deren zufällig leerstehende Einliegerwohnung, heiratete mit einem Herz aus Wunderkerzen im holzgetäfelten Gemeindesaal und begann wenig später mit der Reproduktion. Da man nicht erst Zeit im Ausland verbrachte, zum Studieren die Heimat verließ und sich im Anschluss auf die berufliche Karriere konzentrierte, war man schon mit Anfang zwanzig bereit für eine frühe Version des heutzutage eher mit Ende dreißig üblichen Lebens. Würde diesen Paaren das später einmal zum Verhängnis werden? Was kam bei ihnen mit Ende dreißig, wenn der „eigentliche" Lebensabschnitt für all das schon Umgesetzte gekommen, es aber im Umkehrschluss für den Lebensstil Anfang 20-Jähriger zu spät war? Die vielgefürchtete Midlifecrisis? Würden sie dann verpasste Chancen bereuen? Würden sie auf einmal die nie erfahrene Bestätigung suchen? Sollte ich mich also darüber freuen, dass ich mit Mitte zwanzig (noch) Single war? Oder die Beständigkeit und Vorhersehbarkeit herbeisehnen? Fragen, auf die es wohl keine allgemeingültige Antwort gab. Nie mehr im Leben Verliebtheit zu spüren, das würde mir jedenfalls nicht passieren, so viel war ziemlich sicher. Deshalb, und um der Frage danach auszuweichen, ob ich in dieser Hinsicht überhaupt bereit für eine Beziehung sein sollte und wollte, verliebte ich mich – in die Vorstellung vom Verliebtsein. Warum gestaltete sich jedoch ausgerechnet das mit meiner Dating-App so schwierig? Zumindest, wenn man Verliebtheit auf Gegenseitigkeit zugrunde legte. War ich denn die einzige Nutzerin, die sich danach sehnte und die nicht völlig gestört war?

In diese Zeit jener trüben Gedanken und des unausweichlichen Wunsches nach Nähe und echter Zuneigung in einer verrückten Welt fiel die Diplomierungsfeier meiner Hochschule. Die heiße Phase des Studiums inklusive Abschlussprüfungen lag schon eine ganze Weile zurück, aber der dazugehörige festliche Akt der Diplomverleihung, gekrönt von einer weniger feierlichen als vielmehr eskalativen Party am Abend, stand noch aus. Dabei vergaß ich kurzzeitig die enttäuschenden Erfahrungen der letzten Monate und genoss einen feuchtfröhlichen Abend mit meinen ehemaligen Kommilitoninnen und Kommilitonen. Letztere waren dank astronomisch hoher Frauenquote schon immer weniger zahlreich vertreten gewesen, was auch die Frage beantwortete, warum ich während des Studiums keinen adäquaten Mann kennengelernt hatte. Oder zumindest keinen, der nicht eine andere geheiratet hatte. In jener Nacht aber feierte ich mit Menschen, die ich, ich war felsenfest überzeugt, in den vergangenen drei Jahren trotz zahlenmäßig kleinen Jahrgangs noch nie zuvor gesehen hatte. So fand ich mich plötzlich eng umschlungen auf der Tanzfläche wieder, mit einem Mann, der sich mir als Christian vorgestellt hatte. Am nächsten Tag hatte ich dieses kurze Intermezzo im Zuge meines gewaltigen Katers schon fast wieder vergessen, als mir besagter Mann eine Freundschaftsanfrage bei Facebook sendete. Ich beschloss, vor deren Beantwortung bei Janine nachzuhaken.

Janine und ich waren während des gesamten Studiums unzertrennlich gewesen, waren durch dick und dünn gegangen. Sie war der Typ lockere und unkomplizierte Frau, die man während einer besonders öden Lernphase als moralische Unterstützung zu seinem Intimpiercing-Termin mitnehmen konnte. Die die Absurdität der Situation und der Tatsache, einen noch nie zuvor nackt gesehen zu haben, weglachte; die sich einfach neben einen setzte und einem die Hand hielt. Was ich natürlich nur deshalb beurteilen konnte, weil es genauso auch wirklich passiert war.

Janine war wenig überrascht. „Klar erinnere ich mich, dem bist du ja gestern ziemlich nahe gekommen. Mit dem war ich mal in einem Seminar. Der hat nach meinem Wissen aber eine Freundin. Ist das überhaupt dein Typ? Brille ginge für mich ja gar nicht, das ist wie ein Rollstuhl im Gesicht", plauderte sie munter drauflos. „Vielleicht trägt er die ja nicht immer", antwortete ich desillusioniert. Eine Freundin. Natürlich. Die Guten waren ja immer schon weg. Ich beschäftigte mich intensiv mit den Profilbildern, die Christian auf Facebook von sich eingestellt hatte. Durchschnittliche Statur, hellgrüne Augen, leicht schiefe Nase, dunkle, kurzgeschorene Haare. Tatsächlich hatte Janine sogar Recht, er war so überhaupt nicht mein Typ. Schon allein weil er, wenn überhaupt, nur wenig größer als ich war. Und auch insgesamt entsprachen sein Haarschnitt und Kleidungsstil, die weniger schmeichelhaft als vielmehr altbacken und zweckmäßig zu nennen waren, nicht meinem Geschmack. Er machte keinen unsympathischen Eindruck, nur wirkte er ziemlich schüchtern und introvertiert. Nicht unbedingt die starke männliche Schulter, nach der ich mich sehnte.

Aber er wäre immerhin seit geraumer Zeit der erste Mann gewesen, den ich auf „normalem" Wege und nicht übers Internet kennengelernt hätte. Überhaupt eine höchst romantische Geschichte: Drei Jahre lang waren wir einander nicht aufgefallen und bei der letztmöglichen Gelegenheit...

Schon allein der Fakt, dass er nicht zu haben war, machte ihn selbstverständlich ungemein interessant. Frauenlogik.

Eine erneute Trotzreaktion ließ mich also nicht nur Christians Freundschaftsanfrage annehmen, sondern auch einen ab diesem Zeitpunkt nicht mehr abreißenden Chat mit ihm beginnen. Im Wissen, dass er eine Freundin hatte, dirigierte ich diese schriftliche Unterhaltung absichtlich ziemlich bald in eine zweideutige Richtung. Wenn, dann würde ich ihn nur über diese Schiene bekommen können, da war ich mir sicher. Dass das bei Marius nicht funktioniert hatte, musste ja nichts heißen. Ich setzte auf Christians mutmaßliche sexuelle Frustration, die, so hatte ich mir überlegt, sicher der Grund dafür gewesen war, weshalb wir auf der Party geknutscht hatten.

Diesmal landete ich einen Volltreffer. Sehr bald ließ er sich bei mir darüber aus, dass er seit Jahren nur Sex à la „Licht aus und Decke drüber" erlebt hatte. Mit diesem Hintergrundwissen gestaltete es sich in der Folge selbstverständlich noch weniger schwierig, ihn zu entzücken, ganz ohne dass ich das Kamasutra hätte zu Rate ziehen müssen. Moralische Bedenken ließ ich vollkommen außer Acht, nur ich selbst zählte. Ich verspürte nicht das geringste Mitleid mit Christians Freundin. In meiner blinden Sehnsucht und meinem Tunnel aus Egoismus empfand ich vielmehr Genugtuung. Ich fand, sie verdiente es nicht besser, wenn sie seine sexuellen Bedürfnisse so vehement ignorierte. Sie konnte sich doch unsagbar glücklich schätzen, überhaupt einen Freund zu haben; dann sollte sie gefälligst auch alles daran setzen, *ihn* glücklich zu machen! Oder er fand eben jemanden, der das konnte und tat. In Christians Fall war das offensichtlich meine Wenigkeit. Die Dinge nahmen unweigerlich ihren Lauf: versauter Chat, heimliches Treffen, leidenschaftliche Nacht, gemeinsames Frühstück, gemeinsamer Kurztrip übers Wochenende… Wohlweislich stellte ich nie die Fragen, wie hoch er das Potenzial unserer Liaison einschätzte und welche Aussicht das Ganze seiner Meinung nach hatte. Ich merkte schon allein an dem, was er sagte und an seinen Gesten, dass seine Begeisterung für mich grenzenlos war. Endlich. Christian erkannte meinen Wert nicht nur, er wusste ihn zu schätzen. *Er* war nicht bereit, auf ihn zu verzichten: Er nahm mich tatsächlich zum Anlass, sich zu trennen. Er zog *mich* vor, *ich* war ihm wichtiger als seine langjährige Beziehung; ich bekam meinen Willen. Und meine Bestätigung. Christian legte mir in dieser kurzen, aber intensiven, von mir daher zunächst als pures Glück empfundenen Zeit die Welt zu Füßen, tat und gab mir all das, was ich in den letzten Monaten schmerzlich zu vermissen geglaubt hatte und zeigte mir so auch das genaue Gegenteil dessen, was ich in meiner vorherigen Beziehung und den letzten Episoden erfahren hatte. Dieser krasse Kontrast verstärkte den Effekt natürlich zusätzlich. Ich verliebte mich. In die Illusion einer glücklichen Partnerschaft. In das Gefühl, aufgehoben zu sein und wertgeschätzt zu werden. Eine Verliebtheit, die reichte. In der ersten Zeit. Die mich auf Dauer aber nicht glücklich machte.

Was mir zunächst selbstverständlich überhaupt nicht bewusst war, was ich gar nicht merkte oder vielmehr: nicht merken wollte. Es gab anfangs auch genügend Umstände, die mich ablenkten. Zuerst waren da die Fragen, ob sich Christian für mich trennen würde, dann die, ob er mit mir zusammen sein wollte. Schließlich kam noch der Umzug von meiner WG in eine eigene kleine Wohnung dazu, selbstverständlich mit tatkräftiger Hilfe und Unterstützung von Christian. Die anzunehmen ich wohlgemerkt keine Sekunde hinterfragte. Mit der neuen Wohnung wurde mir dann aber auch nach und nach das Ausmaß meiner Handlungen bewusst beziehungsweise das Ausmaß dessen, was meine Handlungen in Christian ausgelöst hatten. Es wurde deutlich, dass seine Gefühlswelt eine andere Dimension als meine eigene hatte. Ich gefiel ihm, er war vollkommen hingerissen, begehrte mich, wollte alles für mich tun und mich jede Sekunde um sich haben. Ich hingegen empfand seine Gegenwart zunehmend als Belastung, ja Einschränkung und hatte nicht den Eindruck, dass unsere Begeisterung spiegelbildlich anmutete.

Da war die Situation, in der er – ich war gerade vollkommen damit beschäftigt, meine Umzugskisten auszupacken und meine Kleidung einzusortieren – plötzlich vor mir stand, mit wehleidigem Blick und ausgebreiteten Armen: „Du turnst hier die ganze Zeit vor mir in deinen Leggings herum, bekomme ich wenigstens eine schnelle Umarmung?"

Oder die, in der ich mit einer Blasenentzündung völlig ausgeknockt im Bett lag. Christian aber beklagte, in plötzlicher Entbehrung dessen, was er mit mir nicht geglaubt hatte, jemals wieder entbehren zu müssen, den Mangel an Sex und fragte, ob nicht wenigstens ein „Tittenfick" drin sei.

Ganz besonders nervte mich allerdings, wenn er meine Morgenroutine störte. Ich war von Natur aus ein sehr ausgeglichener Mensch, beileibe kein Morgenmuffel. Ich stand gerne etwas früher auf, um gemütlich in den Tag zu starten, in Ruhe zu frühstücken, mir Zeit lassen zu können. Mein neuer Freund, der sich dazu entschlossen hatte, noch weiter zu studieren, statt wie ich zu arbeiten, stand immer mit mir auf, wenn er bei mir war. Obwohl er sehr viel länger hätte schlafen können. Und war mir dabei ständig im Weg. Er machte mitten im Schlafzimmer seine Liegestütze, stahl mir den Platz am Toaster, blockierte das Badezimmer im falschen Moment. Oftmals bestand er auch darauf, mich zur Arbeit zu bringen und verabschiedete sich dann mit den Worten: „Ich weiß gar nicht, wie ich es jetzt acht Stunden ohne dich aushalten soll." Inklusive des mir schon bekannten wehleidigen Blickes. Ein Satz, der, wären wir Protagonisten eines Blockbusters gewesen, beim weiblichen Publikum bestimmt für pures Verzücken gesorgt hätte. In mir löste er Übelkeit aus. Genau wie der Geschmack des Karottenkuchens bei einem von Christian arrangierten Get-Together mit seiner Schwester. Sie war dazu erst bereit gewesen, als wir einem rein veganen Café als Schauplatz dafür zugestimmt hatten. Ich kann mich nicht erinnern, jemals derart abschätzig von Angehörigen meines Partners behandelt worden zu sein. Ganz offen konfrontierte sie mich mit der Unterstellung, ich kleide mich ausschließlich in Markenklamotten. Von geschickter Kombination und bedacht ausgewählten Accessoires, die ein Outfit leicht um einiges teurer aussehen lassen können, als es ist, hatte sie ganz offensichtlich noch nie etwas gehört. Toleranz und Familie definiere ich persönlich deutlich anders. Ich war fassungslos darüber, wie schnell Wunschvorstellungen sich in Albträume verwandeln konnten. Hatte ich es verlernt, mich anzupassen? War ich am Ende gar nicht mehr fähig zu einer so engen Beziehung? Ich verstand es selbst nicht mehr und wollte es nicht einmal mir selbst eingestehen. Aber bei allem, was wir taten, wurde mir wie aus der Position eines Beobachters heraus bewusst, dass es nicht das war, was ich wollte. Wenn das eine Beziehung war, wollte ich dann überhaupt eine? Hatte ich mir die ganze Zeit über selbst etwas vorgemacht? Es war nicht das, was ich mir wünschte, und es war nicht so, wie ich es mir vorgestellt hatte. Es fühlte sich auch nicht „richtig" an; da war kein Kribbeln. Aber war es nicht all das, was ich mir erträumt hatte? Da war jemand, der mich zu schätzen wusste, der mir Nähe und Zärtlichkeit, gemeinsame Unternehmungen und Aktivitäten in schöner Regelmäßigkeit, sowohl im als auch außerhalb des Schlafzimmers ermöglichte. Warum konnte ich das plötzlich so wenig schätzen? Warum waren da nur Enttäuschung und Hoffnungslosigkeit, sogar Abneigung, die ich mit Sicherheit auch nach und nach Christian spüren ließ, weil ich sie kaum mehr verbergen konnte. So gut es aber ihm und mir selbst gegenüber gerade noch funktionierte, Lena konnte ich nichts vormachen. Obwohl ich nur bruchstückhaft von meiner neuen „Beziehung" erzählt und sie uns nur einmal kurz zusammen erlebt hatte. „Das klingt nicht nach dir selbst und ich glaube, das weißt du auch, Anna. Das bist du nicht." Gut, dass es einen Menschen gab, der mir die Wahrheit sagte, der mich mit seinen Worten zum Nachdenken und Handeln zwang.

Ich konnte absolut nicht mehr nachvollziehen, was mich geritten hatte. Es war, als wäre ich plötzlich wieder zu mir gekommen, aufgewacht. Ich kannte die Person nicht, die all das getan hatte, die es so weit hatte kommen lassen, diese Anna war auch mir fremd. Die nur um ihretwillen eine Beziehung zerstört hatte. Ob sie nicht schon längst zerstört gewesen war, als ich ins Spiel kam, ob ich anderenfalls überhaupt ins Spiel hätte kommen können, war ja eine ganz andere Frage. Über meine Illusionen, meinen verzweifelten Wunsch nach Anerkennung, Wertschätzung und Bestätigung, nach Nähe und Geborgenheit hatte ich leider vergessen, worauf es wirklich ankam. Ich hatte den wesentlichen Aspekt, dass Christian mir rein äußerlich und auch charakterlich gar nicht gefiel, erfolgreich verdrängt. Ebenso wie die Tatsache, dass es nicht *er* war, in den ich mich verliebt hatte. Meine dänische Lieblingssängerin Tina Dico beschreibt es in einem ihrer Songs mit „No craftsmanship and poetry can keep a young girl happy forever [...]. You need someone to turn you on you need to let yourself have fun". Es hatte seinen Grund gehabt, warum Christian und ich in drei gemeinsamen Studienjahren nicht zueinandergefunden hatten. Vorgeschobene Romantik konnte nicht darüber hinwegtäuschen, dass er überhaupt nicht zu mir passte, vor allem nicht mit seinen unterwürfigen Allüren. Ich wollte und brauchte einen Mann als Partner, der mir auch einmal eine Ansage machte, der in den wichtigen Situationen dominant war, mir den Weg zeigte. Die richtige Mischung aus zu schwer und zu leicht zu haben, die die Spannung erhielt. Der zwar Gefühle zuließ und zeigen konnte, der jedoch äußerlich wie innerlich groß genug war, dass ich die Ernsthaftigkeit in ihm erkannte. Den ich begehrte, nicht nur weil er gerade verfügbar war und mein angekratztes Selbstwertgefühl aufpolierte. Christian und ich hatten beide etwas in uns und im jeweils anderen gesehen, das wir nicht waren, das wir nie sein konnten: ein harmonierendes Team aus zwei Polen, die sich vollkommen ergänzten. Hatten uns Hals über Kopf mit dem Glauben an die Illusion einer perfekten Beziehung in sie hineingestürzt. In seinem Fall primär aus körperlicher Sehnsucht, in meinem vor allem aus dem fanatischen Wunsch heraus, meinen Selbstwert durch einen Partner an meiner Seite zu verbessern. Dumm nur, dass nicht einmal unsere Sehnsüchte identisch gewesen waren. Meine eigenen hatte ich in Christian und eine konstruiert romantische Lovestory hineinprojiziert. Und hatte dabei auch mich selbst verraten. Meinen Anspruch, meine wirklichen Wünsche und Ziele und vor allem meinen Vorsatz, nicht um jeden Preis jemanden in mein Leben zu lassen, nur damit sich mein Beziehungsstatus änderte. Frauen, die das taten, hatte ich bisher immer verachtet oder belächelt. Wie hatte ich nicht bemerken können, dass ich in der anfänglichen blinden Begeisterung genau das getan hatte, was ich ihnen vorwarf? Ich hatte mir so sehr einen Freund gewünscht, dass ich den für mich kapitalen Fehler begangen hatte: nämlich von meinen Prinzipien abzuweichen und den Nächstbesten zu nehmen, nur um nicht mehr alleine zu sein und meinen derzeitigen Willen zu bekommen. In meinem Tunnel der Sehnsucht nach einer Liebesbeziehung hatte ich nicht gesehen oder einfach vergessen, dass nicht alles Gold war, was glänzte. Eine Partnerschaft bedeutete eben auch viel Ballast, Aufwand, Kompromisse, Abstriche und Zugeständnisse. Sie war nicht immer nur eitel Sonnenschein und leidenschaftliche Zweisamkeit. Um all das wettzumachen und um die Schattenseiten in Kauf nehmen zu können, reichte die Tatsache, der Status einer Beziehung als „Gegenleistung" nicht aus. Der Mensch allein, den man dafür in sein Leben ließ, der zu einem passte, der einen ergänzte, den man liebte, den man um jeden Preis haben und halten wollte, sollte alle nötigen Zugeständnisse wert sein.

Wäre Christian dieser Mensch für mich gewesen, der richtige, von dem ich so restlos begeistert hätte sein sollen, hätte ich mich wohl gar nicht erst gefragt, ob ich überhaupt eine ernsthafte Beziehung führen wollte oder konnte. Ob ich bereit war, den Luxus der Unabhängigkeit und der autonomen Entscheidungen aufzugeben; eben die wenigen Vorteile, die das Singleleben einerseits mit sich brachte. Für einen Menschen, den ich von ganzem Herzen wollte, wäre ich zu jeglichen Kompromissen, ohne auch nur überlegen zu müssen, bereit gewesen, er hätte mich nicht genervt, ich hätte ihn niemals als Störung empfunden. Ich hätte mich wahrscheinlich selbst gefragt, wie ich es auch nur acht *Minuten* ohne ihn hätte aushalten sollen. Und, noch wichtiger, ich hätte auch nicht alles an dem einen Wort „Beziehung" festgemacht, ihm so viel Bedeutung beigemessen und eingeräumt. Mir um jeden Preis eine gewünscht. War, wie man es nannte, nicht zweitrangig, wenn das Gefühl stimmte? Musste man immer alles totdefinieren und in Schubladen pressen? War nicht die Person, mit der man gemeinsam Zeit verbringen wollte, das Wesentliche und nicht, wie man diesen äußeren zeitlichen Rahmen betitelte?

All diese Gedanken machte ich mir und lernte so immerhin aus dieser unschönen Episode, an die ich heute nur mit Schaudern zurückdenken kann. Denn ich zog natürlich infolge dieser Überlegungen die Konsequenzen und den obligatorischen Schlussstrich. So strikt und gewissenhaft war ich dann doch. Ich konnte mir mein vorangegangenes Verhalten nur mit einer Winterdepression erklären und bezeichnete die Zeit mit Christian daher nur noch so, auch anderen gegenüber. Trotzdem hinterließ sie eine tiefe Verunsicherung, weil ich eine Seite an mir kennengelernt hatte, von deren Existenz ich bis dato nichts geahnt hatte und von der ich hoffte, sie würde nie wieder zum Vorschein kommen.

Ich befand mich also auch schon wieder auf einem neuen Standpunkt hinsichtlich der Erwartungen an meine Dating-App gepaart mit einem guten Vorsatz: weder krampfhaft nach einer festen Beziehung noch frustriert nach einer schnellen Nummer zu suchen. Ich wollte alles so nehmen, wie es kam; offen für alles sein, aber nicht naiv und von Illusionen geblendet. Ich nahm mir vor, den Menschen im Vordergrund zu sehen und nicht das, was er suchte, zu suchen vorgab und von dem ich im Vorfeld doch gar nicht sicher wissen konnte, ob es nicht doch auch meinen eigenen Vorstellungen entsprach. Ich hatte mich von dem isolierten Wunsch nach einer perfekten Beziehung verabschiedet, die es ohnehin nicht gab. Perfektion war in jeder Hinsicht etwas Subjektives, Individuelles, in dieser Hinsicht daher untrennbar an einen *für mich* perfekten Partner gebunden. Nur mit ihm würde ich glücklicher sein, als ich es alleine war. Daher wollte ich trotzdem versuchen, meine Ziele, Wünsche und Vorlieben nicht aus den Augen zu verlieren, nie wieder das aufgeben, was mir wichtig war. Vor allem aber wollte ich mich nicht mehr um jeden Preis daten und die Zahl meiner Sexualpartner unnötig in die Höhe treiben.

Irgendwo und irgendwann musste es doch zu finden sein, das Mittelding zwischen Geldstücken auf Genitalien und einem Richtfest mit der Jugendliebe.

VII DIE ZAHNSTOCHER-ERFAHRUNG

„Er will eine Freundin. Und so sucht er sie durch Annoncen. Er weiß, wenn es in einem Kilometer Umkreis auch nur einen weiblichen Klopfkäfer geben sollte, wird sie ihn hören und ihm antworten. So klopft er den ganzen Tag und die ganze Nacht; er klopft und lauscht und klopft und lauscht, weil Klopfkäfer in diesem weiten Gebiet sehr selten sind und er eine lange und einsame Suche vor sich hat."

Als ich an einem der Osterfeiertage zusammen mit meiner Familie den Film „Die lustige Welt der Tiere" von Jamie Uys ansah, stellte ich bei dem Teil über Klopfkäfer in der afrikanischen Namib-Wüste erstaunliche Parallelen zu meinem Liebesleben fest. Zwar hatte ich in meiner App einen größeren Umkreisradius als einen Kilometer eingestellt, aber „lange, einsame Suche" beschrieb es sehr treffend. Sie wischt und hofft, sie wischt und hofft.

Mit Beginn des Frühlings hatte ich die Winterdepression nämlich endgültig hinter mir gelassen. Zu verarbeiten hatte ich sie lediglich in dem Sinne, dass ich sie so schnell wie möglich vergessen wollte. Meine Dating-App hatte ich zwar länger nicht benutzt, aber auch nicht deinstalliert. Und so wischte ich mit dem des Klopfkäfers ähnlichem unerschütterlichem Optimismus wieder drauflos. Allzu lange und einsam war die Suche dann allerdings gar nicht; mein nächstes Match kam mit Dennis zustande, einem Architekturstudenten, dessen Lächeln von einer markanten, aber aparten Lücke zwischen den Schneidezähnen dominiert wurde. Ansonsten sah er auf seinen Fotos angenehm normal aus, was in diesem Zusammenhang und in dieser App keine Beleidigung, sondern ganz klar ein Kompliment darstellte. Ich hatte zum ersten Mal den Eindruck, richtig locker sein zu können. Es kam mir so vor, als könnte mich ohnehin nichts mehr wirklich erschüttern. Traurig, aber wahr. Daher sah ich es auch gar nicht ein, abzulehnen, als er nach wenigen Tagen intensiven Chattens vorschlug, dass er für mich kochen würde, und mich zu sich in seine Wohnung einlud. Ich hatte auch tatsächlich überhaupt kein schlechtes Gefühl. Sollte sich diese Essenseinladung als verkappter Lockruf in sein Bett herausstellen, konnte ich immer noch abhauen, sofern er mir in natura nicht zusagte, oder mich eben verführen lassen, falls mir danach war. Ganz easy. Ich wusste ja mittlerweile, dass es ohnehin gar nichts gebracht hätte, dahingehend im Vorfeld irgendetwas abzuklären, vor Lügen wäre ich dadurch auch nicht gefeit gewesen. Meine Bedenken erwiesen sich dann ohnehin als völlig unbegründet. Dennis öffnete mir in Kochschürze die Tür und begrüßte mich mit der gebotenen Mischung aus Distanz und Herzlichkeit, forderte mich auf, ihm in die Küche zu folgen, wo er das Eis, das ich als Nachtisch mitgebracht hatte, im Gefrierfach verstaute. Es duftete schon sehr lecker, gedämpfte Musik erzeugte eine lockere Atmosphäre, ich fühlte mich sofort wohl bei ihm. Meine angebotene Hilfe lehnte er entschieden ab, dirigierte mich an den Esstisch und bot mir Wein an. Dazu gab es erst grünen, dann einen Tortellini-Salat, den er angeblich eigens kreiert hatte, später Käse, gefolgt von meinem Eis. Das Essen war ausnahmslos köstlich, auch wenn wir es zwischenzeitlich immer wieder vergaßen, so angeregt unterhielten wir uns. Nach dem Nachtisch wechselten wir mitsamt unseren Weingläsern aufs Sofa, Dennis zündete Kerzen an. Er wohnte in einer ausgesprochen schönen Altbauwohnung mit Parkettböden und hohen stuckverzierten Decken, wie es sich für einen Architekturstudenten gehörte, und auch insgesamt schien er sehr viel Stil und Geschmack zu besitzen. Zumindest ließen die ausgesuchten Möbelstücke und ein flüchtiger Blick in seinen begehbaren Kleiderschrank im Vorbeigehen darauf schließen. „Wo ist wohl bei ihm der Haken?", überlegte ich. Bisher schien mir alles schon fast zu perfekt, er signalisierte mir durch Komplimente und Andeutungen, die weder anzüglich noch geheuchelt wirkten, dass ich ihm zwar gefiel, aber er unternahm einem ersten Date angemessen keinerlei Annäherungsversuche. Er sah sich sogar angehalten, mir zu erklären, dass es auf gar keinen Fall so wirken solle, als habe er mich unter einem fadenscheinigen Vorwand in seine Wohnung locken wollen, aber er empfinde die Atmosphäre zu Hause als viel angenehmer, ruhiger und persönlicher als in einer Bar oder einem Restaurant und man stehe nicht so auf dem Präsentierteller. Ich wusste genau, was er meinte. Es war ja nur natürlich, dass er sich in seinem vertrauten, täglichen Umfeld ganz anders verhielt und gleichzeitig ohne Worte sehr viel über sich erzählte. Außerdem hatte ich mir schon oft genug selbst den Spaß gemacht, mich in einem Lokal umzusehen und Mutmaßungen darüber anzustellen, welche Personen wohl in welchem Verhältnis zueinander standen, rein zu meiner Belustigung. Auch wenn ich jedes Mal inständig hoffte, dass das niemand außer mir tat, wenn ich selbst ein erstes Date hatte, das mir nicht zusagte. Ich war mir sicher, mein Mangel an Begeisterung ließ sich dann aus meinem Gesicht wie aus einem Buch lesen. Ich pflichtete Dennis daher bei und bedankte mich für das rundum perfekte Date, als ich mich sehr viel später schließlich verabschiedete. „Wo ist der Haken, Anna? Es gibt immer einen! Bitte, lass es nur die Zahnlücke sein!" Das waren die Gedanken, die mich auf dem Heimweg beschäftigten. Doch der Haken ließ auf sich warten. Denn Dennis meldete sich am nächsten Tag im gefühlt genau richtigen zeitlichen Abstand und bekundete, mich sehr gerne wiedersehen zu wollen. Da das Wetter wenig hergab, schlug er vor, ich könnte ihn noch einmal besuchen und einen Film mitbringen. Wollte er mich also doch nur rumkriegen? Die Masche mit dem Fi(lm gu)cken war ja durchaus nicht neu. Ich beschloss, es darauf ankommen zu lassen, wieder einmal. Ich wählte absichtlich einen Matthias-Schweighöfer-Film aus, der jeden Mann mit unehrenhaften Absichten vertrieben oder zu Ablenkungsmaßnahmen veranlasst hätte, den Dennis aber anstandslos bis zum Ende über sich ergehen ließ. Und annäherungsversuchslos. Obwohl ich die ganze Zeit über recht nah neben ihm gesessen hatte. Als der Abspann lief, schaltete Dennis aus, kam zurück zu mir auf die Couch und sah mir ganz fest in die Augen. Ich musste tief Luft holen. Er küsste mich. Ich küsste ihn. Es war der perfekte Moment dafür.

Wir knutschten den ganzen restlichen Abend und auch wenn er durchaus Lust in mir weckte, noch weiter zu gehen, fand ich es andererseits herrlich, dass wir es dabei beließen. Auch unser nächstes Date einige Tage später ging in eine ganz andere als in die horizontale Richtung. Wir trafen uns in einem Café und spazierten im Anschluss durch die Stadt. Der Frühling lag mittlerweile deutlich spürbar in der Luft. Vermutlich vornehmlich deshalb, weil es sich schon anfühlte, als wären wir ein Paar; wir hielten Händchen, blieben zwischendurch stehen, um uns zu küssen und Dennis hatte offensichtlich schon das gesamte verbleibende Wochenende auf mich ausgerichtet: „Wenn du magst, kannst du heute bei mir übernachten. Ich schlafe auch auf der Couch, falls es dir zu schnell geht. Dann frühstücken wir morgen früh ganz gemütlich, dafür habe ich sogar schon eingekauft und ich habe mir auch erlaubt, für ein paar Filme, die morgen Abend laufen, Karten zu reservieren, du kannst also aussuchen, was wir anschauen. Die übrigen Reservierungen lassen wir dann einfach verfallen", teilte Dennis seine Pläne mit mir. Wow. Er gab sich wirklich Mühe, eine ganz neue Online-Dating-Erfahrung. So ging es also auch. Es klang eher nach dem Gegenteil von schnellem Flachlegen oder generell rein sexuellem Interesse. Auf der Couch zu übernachten, fand ich allerdings tatsächlich übertrieben. Wir waren schließlich alt genug, Fehler zu erkennen, aber eben durchaus noch jung genug, sie trotzdem zu machen. Auch wenn ich selbstverständlich hoffte, dass mit ihm zu schlafen – wann auch immer es dazu kommen sollte – keiner sein würde.

Am Abend schlug ich dann erst relativ spät bei Dennis auf, da ich vorher noch zu einem Geburtstag eingeladen gewesen war. Eigentlich hätte ich ihn sehr gerne mitgenommen, hatte dann jedoch selbst eingesehen, dass es überstürzt gewesen wäre, ihn nach ein paar Tagen gleich meinen Freunden zu präsentieren. Ich durfte nicht den Fehler begehen, zu schnell zu viel zu wollen und den Mann damit womöglich zu verschrecken. Meine Mädels wussten natürlich trotzdem wie immer genauestens über den aktuellen Dating-Stand Bescheid. Sie gaben mir allerlei Ermahnungen und kontroverse Ratschläge mit zu meinem ersten Übernachtungsbesuch. Ich sollte „nichts überstürzen", „nichts tun, was sie nicht auch täten", „lieber aufs Ganze gehen, bevor der Sex mit ihm sich erst zu spät als schlecht herausstellt". Das volle Programm also. Mir selbst war Sex auch viel zu wichtig, als dass ich erst zu spät hätte herausfinden wollen, dass es in dieser Hinsicht womöglich gar nicht passte, so gut es in anderer auch harmonieren mochte. Deshalb wäre zu langes Warten auch ganz bestimmt keine gute Option gewesen. Ich hatte nämlich die Befürchtung, dass das der Haken sein könnte; am Ende war Dennis eine Niete im Bett? Oder – was ich allerdings noch von keinem Mann gehört hatte – Sex war ihm am Ende gar nicht so wichtig? Sein Angebot, auf der Couch zu übernachten, hatte mich irritiert. Als Nutzerin einer Online-Dating-App geriet ich, wie es aussah, ständig in den Zwiespalt, sehr viel Wert auf Sexualität zu legen, aber gleichzeitig auf keinen Fall darauf reduziert werden zu wollen. Nicht nur, dass ich ständig nach einem Weg suchen musste, die richtige, gewünschte Mischung aus prüde und Schlampe zu finden. Es führte ärgerlicherweise auch dazu, dass ich mich unwillkürlich fragte, was mit ihm wohl nicht stimmen mochte, wenn ein Mann nicht gleich mit mir in die Kiste wollte, statt mich darüber zu freuen. Ob Dennis überhaupt Lust hatte, mit mir zu schlafen? Ich hatte gerade wieder einmal mehr damit begonnen, sämtliche „Sex and the City"-Staffeln durchzuschauen und mir fiel spontan ein, wie Carrie sich in einer Folge darüber wundert, dass ihr neuer Freund nicht sofort mit ihr schlafen will. „Natürlich. Romantik. Erkannte ich Romantik nicht einmal mehr, wenn sie mich auf den Mund küsste?", schlussfolgert sie dann nach einem klärenden Gespräch mit ihrem Liebsten. Dennis gehörte womöglich einfach zu den Romantikern. Sollte das wirklich auch bei ihm der Grund für die bisherige Zurückhaltung sein, eine wohltuende Abwechslung. Die zu erkennen ich im Flammenmeer offensichtlich fast verlernt hatte. Oder von der ich schlichtweg vergessen hatte, dass sie existierte.

Meine Zweifel an Dennis' Lust auf mich sollten sich dann auch wirklich als völlig unbegründet erweisen. Kaum hatte er die Wohnungstür hinter mir geschlossen, drückte er mich mit dem Rücken dagegen und fing an, mich zu küssen. Wir knutschten uns durch den Flur und das Wohnzimmer, bis wir auf dem Sofa landeten. Es wurde immer wilder und leidenschaftlicher zwischen uns, die ersten Kleidungsstücke, mein Pulli und sein T-Shirt, fielen schnell. „Das sieht aber eher weniger danach aus, als würdest du heute alleine hier auf der Couch schlafen", murmelte ich an seinem Hals und küsste ihn dort. „Geht dir das zu schnell, Anna?", fragte er und schob mich ein Stück von sich weg. „Ich kann auf jeden Fall verstehen, wenn du dir weiter Zeit lassen willst, du hast mir ja erzählt, wie es dir bisher ergangen ist. Wir können auch einfach nur kuscheln?", fragte Dennis total süß. Tatsächlich hatte ich das Gefühl gehabt, ganz offen mit ihm über alles reden zu können und ihm in *sehr* abgespeckter Version berichtet, warum beziehungsweise wie sich in mir bisher der Verdacht erhärtet hatte, dass es den meisten Männern beim Online-Dating nur um rein körperliche Verhältnisse ging. „Ich hatte mich nur so auf dich gefreut und du siehst so heiß aus in diesem Rock, da ist es wohl kurz mit mir durchgegangen", erklärte er weiter. Ich streichelte seinen nackten Oberkörper und grinste ihn an. „Hattest du gerade das Gefühl, dass es nur mit *dir* durchgegangen ist? Wäre ja etwas anderes gewesen, du hättest das gleich initiiert, nachdem du mir letzte Woche das allererste Mal diese Tür aufgemacht hast!", antwortete ich in einer Stimmlage, von der mir schon oft unterstellt worden war, ich versuche damit, verführerisch zu klingen. In Wahrheit stellt die sich bei mir aber ganz automatisch ein, wenn ich mit einem Mann spreche, den ich heiß finde, ohne dass ich etwas dagegen tun kann. Mich ärgert es eigentlich immer, wenn mir das selbst auffällt, in diese Situation aber passte es. „Ich weiß nicht. Was muss ich denn machen, damit es mit dir auch durchgeht?", fragte er augenzwinkernd und öffnete meinen BH. Meine Antwort ging in seinem Kuss unter.

Ich saß mittlerweile mit gespreizten Beinen auf Dennis' Schoß und bewegte mich leicht hin und her. Ich ließ es mir nicht anmerken, aber es beunruhigte mich zutiefst, dass ich durch den Stoff seiner Jeans noch immer keinerlei Wölbung oder Härte spüren konnte. Ich fing deshalb an, mit meinen Händen von seinen Knien her entlang seiner Oberschenkel nach oben zu streichen. In seinem Schoß hielt ich inne. Nichts. „Oh Gott, ich errege ihn ja überhaupt nicht! So toll ist der Rock dann auch wieder nicht, oder wie? Ich schaffe es nicht, ihn heiß zu machen!", meine Gedanken rasten und waren voller Panik. Das war mir noch nie passiert. „Du machst mich so heiß, Anna!", flüsterte er mir just in diesem Moment ins Ohr. „Kommando zurück", dachte ich erleichtert. Warum spürte ich dann aber gar nichts? Vielleicht lag er auch einfach komisch? Oder die Hose saß in dieser Hinsicht unvorteilhaft? „Zieh doch die dumme Jeans aus", hauchte ich deshalb. Seine Hände waren zwischenzeitlich schließlich auch schon mehrmals unter meinen Rock und in mein Höschen gewandert. „Umso schlimmer, dass das keine offensichtlichere Reaktion bei ihm auslöst", schoss es mir durch den Kopf, als er auf diese Aufforderung hin nur noch in Boxershorts neben mir lag. Ich sah nicht die geringste Erhebung. Flachland. Es ist die Hölle, sich solche Gedanken zu machen, während man eigentlich seine volle Aufmerksamkeit und Leidenschaft dem Körper widmen sollte, den man gerade erkundet. Und dem Gefühl, das die Hände, die einen selbst gerade erkunden, im Normalfall auslösen würden. Eigentlich möchte man sich da fallenlassen, hingeben. Nicht von inneren Zweifeln zerrissen werden. Es ist schließlich – so lächerlich es auch klingt – für eine Frau normalerweise ein durchaus zufriedenstellender, beruhigender Anblick, die hochaufgerichtete, eindrucksvolle Folge der eigenen Reize präsentiert zu bekommen. Diesmal kam mir die Episode von Charlottes Hochzeit in den Sinn: „Trey kann keinen Steifen kriegen", platzt sie gegenüber Carrie heraus, kurz bevor sie zum Altar schreitet. Es war wie „Sex-and-the-City"-Tourette, ich konnte nichts dagegen tun. Was war, wenn das bei Dennis auch so war? Er ihn schlichtweg nicht hochbekommen konnte? Aber da gab es doch sicher Mittel und Wege, vielleicht musste ich nur härtere Geschütze auffahren? Bei ihm brauchte es offensichtlich mehr als wildes Herumknutschen und ein bisschen Fummeln. „Challenge accepted", dachte ich mir, nicht bereit, so schnell aufzugeben und gepackt von dem Ehrgeiz, ihn um jeden Preis erregen zu wollen. Als wäre es anderenfalls mein persönliches Versagen. Außerdem hatte ich ja wirklich Lust, mit ihm zu schlafen, und das durfte im derzeitigen Zustand schlecht möglich sein. Wohl wissend, dass meine Stärken eindeutig im mündlichen Bereich liegen, zog ich entschlossen seine Boxershorts herunter und beugte mich über ihn.

Vollkommen falsch gelegen hatte ich mit meinen Befürchtungen. Ich hätte gar nicht an mir zweifeln müssen: Dennis *war* erregt. Nur wunderte es mich, nun da ich das „Ausmaß" vor Augen hatte, nicht mehr, dass diese Erregung weder augenscheinlich noch spürbar gewesen war. So etwas hatte ich noch nie gesehen. Ich konnte das nicht. Es war mir zu viel. Ich war komplett überfordert. „Sorry, es geht nicht. Ich kann das nicht", so oder so ähnlich muss ich gestammelt haben, als ich vom Sofa aufsprang. Ich zog mich notdürftig an, raffte meine Sachen zusammen und verließ fluchtartig Dennis' Wohnung. Erst an der nächsten Straßenecke wagte ich es, stehenzubleiben und mich richtig anzuziehen, aus Angst, er könnte mir hinterherkommen. Ich stand unter Schock. Da war er gewesen, hatte sich mir präsentiert: der Haken. Winzig klein, aber genau da lag das Problem. Janine ging beim dritten Klingeln ran. „Bist du nicht bei deinem neuen Lover?", lautete ihre Begrüßung. „Janine, hast du schon mal einen Mikropenis gesehen?", fiel ich sofort gequält mit der Tür ins Haus. „Auf Bildern, in echt Gott sei Dank noch nie. Wie ist der Sex mit einem?", wollte sie neugierig wissen. „Keine Ahnung, ich bin abgehauen, als ich ihn gesehen habe, ich konnte nicht!" „Um Himmels willen, Anna, jetzt hat er bestimmt noch mehr Komplexe. Ich kenne das von meinem Ex-Freund. Der ist immer nach spätestens zwei Minuten gekommen, ich konnte tun, was ich wollte. Als ich mit ihm darüber reden wollte, hat er aus Wut ein Loch in die Wand geschlagen. Das war eigentlich der Hauptgrund für unsere Trennung. So etwas geht ja an keinem Mann spurlos vorbei!", verstärkte Janine mein ungutes Gefühl. „Jetzt mach mir nicht auch noch ein schlechtes Gewissen, ich bin gestraft genug. Schon wieder so eine Pleite, ist das ein Fluch? Da lerne ich endlich jemanden kennen, mit dem alles gut scheint, der zur Abwechslung einmal echtes Potenzial hat und dann... Irgendeinen Haken gibt es scheinbar immer...", machte ich meiner Enttäuschung Luft. „... Auch wenn er noch so winzig ist", lachte Janine. „Erinnert mich an Samantha in ,Sex and the City'. Die erlebt doch einmal was Ähnliches." Ich war offensichtlich nicht alleine. Weder mit dem Genital- noch mit dem Serienproblem. „Ich, James und sein winziger Penis. Zusammen sind wir eine schrecklich glückliche Familie", zitierte Janine und kicherte. „Kopf hoch, Süße! Erklär ihm das eben morgen irgendwie in Ruhe. Jetzt geh erst mal heim und schlaf drüber." Genau das tat ich. Mit der Folge, dass Dennis beziehungsweise ein leider nicht unwesentlicher Teil von ihm (zumindest im übertragenen Sinne) das Erste war, das mir am nächsten Morgen einfiel. Dreimal hatte er in der vergangenen Nacht noch versucht, mich anzurufen. Ich war nicht rangegangen. Das musste ich definitiv noch in Ordnung bringen, er hatte es überhaupt nicht verdient, so behandelt zu werden. Umso mehr tat es mir leid, wie ich reagiert hatte. Ich war wütend auf das Schicksal, über die Tatsache, dass ich wieder nicht den für mich Perfekten gefunden hatte, nicht auf Dennis. Wehmütig dachte ich an den versprochenen Kinobesuch. Immerhin war unser sonntagmittäglicher Mädels-Kaffeeklatsch dieses Mal in ein gemeinsames Abendessen umgewandelt worden, da sich meine werten Freundinnen, die am Vorabend noch vermehrt dem Alkohol zugesprochen hatten, noch nicht in der Lage fühlten, das Haus zu verlassen. So hatte ich nicht nur einen Plan für den Abend, sondern gleichzeitig auch noch ein wenig Gnadenfrist, bevor ich mich ihren neugierigen Fragen und der sicher darauffolgenden Kritik, ähnlich der von Janine, stellen musste. Egal, wie groß ihre Kopfschmerzen auch sein mochten, schonen würden sie mich nicht. Es war rückblickend und vor allem aus der Sicht eines Dritten betrachtet ja auch eine respektlose und theatralische Reaktion gewesen. Warum hatte mich ein zu kleiner Penis derart erschreckt und aus dem Konzept gebracht? Hatte es mich einfach nur zu unvorbereitet getroffen? Störte mich lediglich, dass ich nicht gewarnt worden war? Auch

Dennis konnte man ja einen Vorwurf machen; hätte er mich nicht vorbereiten können? Er hatte doch schließlich genau gewusst, was mich da unten erwartete. Und ich hatte, wie bereits erwähnt, bis dato das Gefühl gehabt, dass wir ganz offen über alles Wichtige miteinander hatten reden können. Hatte er das etwa gar nicht so empfunden? Aber warum hatte er dann nicht weiter abgewartet? Er hätte, wenn er es schon nicht ansprechen wollte, doch einfach darauf setzen können, dass ich mich verliebte und es mir dann womöglich egal war? Die Initiative für das, was sich angebahnt hatte, war schließlich ganz klar von ihm ausgegangen. Oder hatte er mich so eingeschätzt, dass es mir ohnehin egal war? Dass ich mich nicht daran stören würde? Dass ich großzügig genug war, über Kleinigkeiten – im wahrsten Sinne des Wortes – hinwegzusehen? Oder hatte ich durch meine Kritik, es gehe immer nur um das Eine, unterstrichen durch schon so oft angeprangerte tugendhafte Aura, den Eindruck erweckt, Sex sei mir gar nicht so wichtig und Dennis war deshalb ganz entspannt gewesen? Aber einmal davon abgesehen, hätten wir überhaupt Sex haben können? War das anatomisch möglich? Die Ästhetik außen vor gelassen, gespürt hätte ich mit an Sicherheit grenzender Wahrscheinlichkeit gesetzten Falles nicht das Geringste. Ganz bestimmt kam es in dieser Hinsicht grundsätzlich weniger auf die Größe eines männlichen Geschlechtsteils an; der Umfang, die Form und nicht zuletzt die Technik spielten die entscheidende Rolle. Aber ich zweifelte eben sehr stark daran, dass Technik bei Dennis überhaupt zum Einsatz kommen konnte. Dazu musste er ja erst einmal eindringen können. Und genau daran hatte ich meine Zweifel.

Ich ließ gedanklich meine bisherigen Sexualpartner Revue passieren und stellte fest, dass ich noch nie an einen mit wirklich kleinem Gemächt (Konnte das dann überhaupt so genannt werden?) geraten war. Dass ich bisher weder einen ausgesprochen Winzigen gesehen, geschweige denn in mir gehabt hatte. Im Gegenteil, ich musste zugeben, dass ich in dieser Hinsicht sehr verwöhnt war. Auch wenn ich mir darüber vorher noch nie ausführlich Gedanken gemacht hatte.

Es hatte auch keinen Grund gegeben. Selbst mein erster und einziger One-Night-Stand hatte seinen Abschluss mit einem Report an meine Mädels gefunden, der hauptsächlich aus Schwärmereien über die Stattlichkeit dessen, was sich in Bens Hose verbarg, bestanden hatte. Wir hatten alle zusammen ein Wochenende in Zürich verbracht, wo Amelie gerade studierte. Abends im Club hatte sie mir, wohl wissend, dass ich schon viel zu lange wortwörtlich auf dem Trockenen gesessen hatte, einen Kommilitonen vorgestellt und mir im nächsten Moment ins Ohr geflüstert, dass er nur „der Staubsauger" genannt werde, weil er Frauen der Überlieferung nach förmlich aufsauge, sobald er einen Nachtclub betrat. Er und ich hatten schnell zueinandergefunden und schon auf der Tanzfläche alles am anderen gefühlt, was es zu fühlen gab. Da ich aber sehr viel Wert auf Loyalität lege, wäre es mir trotzdem nicht im Traum eingefallen, mit Ben mitzugehen. Ich war schließlich mit meinen Freundinnen unterwegs gewesen. Doch ausgerechnet die waren mir in den Rücken gefallen, als ich ihm an der Garderobe gerade hatte erklären wollen, dass wir uns jetzt trennen mussten: „Anna, das ist aber viel praktischer, wenn du bei Ben schläfst, die eine Luftmatratze ist sowieso total unbequem", hatten sie argumentiert. Später hatten sie mir erzählt, sie hätten mir den Spaß einfach gönnen wollen und sich gefreut, dass jemand mal wieder „die Spinnweben entfernte". „Aber... Ich kann nicht bei dir übernachten, Ben, ich habe keine Unterwäsche an", war mein letzter, schwacher Versuch gewesen. Es hatte zwar gestimmt, unter meinen hautengen Catsuit hätten weder BH noch Höschen gepasst, ohne sich unvorteilhaft abzuzeichnen, aber ein dümmerer Grund hätte mir kaum einfallen können. Natürlich hatte er mich nach dieser Aussage dann erst recht mitnehmen wollen. Ich hatte es nie bereut, es war eine sagenhafte Nacht gewesen. Ben war fortan als „der stattliche Staubsauger" in unsere Memoiren eingegangen.

One-Night-Stands waren, wenn sie so befriedigend verliefen wie in Bens Fall, an sich eine schöne und legitime Möglichkeit, körperliche Sehnsüchte kurzzeitig zu erfüllen. Mich aber hätten sie wahnsinnig gemacht, hätte ich mich öfter auf welche eingelassen. Ich empfand es einfach als viel zu hart, plötzlich und für den Moment hinsichtlich Nähe, Zärtlichkeit und Sex all das zu bekommen, was ich mir so dringend wünschte, und es ebenso plötzlich wieder entbehren zu müssen. Man kam sofort auf den Geschmack, spürte erst wieder so richtig, was und wie sehr es einem fehlte, bekam die schon verblasste Erinnerung, mit der man zu leben gelernt hatte, wieder deutlich vor Augen geführt. Ich war nicht der Typ Mensch, der akzeptieren konnte, dass man Gutes einmalig beließ. Wenn ich von etwas begeistert war, wollte ich es immer, sofort und so oft wie möglich. Die wenigen Stunden, die ich in Bens Arm gekuschelt geschlafen hatte, hatten gereicht, mich eben dieses Nähegefühl in den ersten paar darauffolgenden Nächten wieder schmerzlich vermissen zu lassen.

Aber ungeachtet dessen, nicht einmal von einem Club-Aufriss war ich also unterhalb der Gürtellinie enttäuscht worden. Wahrscheinlich hatte mich der gestrige Anblick deshalb umso mehr erschreckt. Ich hatte in dieser Größenordnung einfach keinerlei Erfahrung oder Vergleichsmöglichkeiten.

Falls Dennis, der das selbstverständlich nicht hatte wissen können, tatsächlich davon ausgegangen war, dass Sex nicht besonders weit oben auf meiner Prioritätenliste stand, lag er damit so dermaßen daneben! Ich hatte ausgesprochen gerne Sex, vor allem in einer festen Beziehung. Es gab doch nichts Schöneres, als die viele Zeit, die man dann (im Optimalfall) gemeinsam verbrachte, dafür zu nutzen, den Körper des anderen in- und auswendig kennenzulernen, sich im Ergebnis vollkommen fallenlassen und hingeben zu können. Oder sich Alltagssituation zu versüßen: ein Quickie in der Waschküche hier, eine Nummer vor dem Frühstück, gleich nach dem Aufwachen da... Sex war doch die Quintessenz einer Beziehung, die den Funken erhielt. Wenn es im Bett funktionierte, funktionierte allermeist auch vieles andere. Dass diese Gleichung umgekehrt nicht automatisch aufgehen musste, war eine andere Geschichte. Sexualität war, was eine Liebesbeziehung von reiner Freundschaft unterschied, viel zu wichtig also meiner Meinung nach, als durfte man ihr deshalb in einer längerfristigen Partnerschaft zu wenig Bedeutung beimessen. Hemmungsloser, leidenschaftlicher Sex, auch noch nach Jahren so intensiv, aufregend und häufig wie in der allerersten Zeit, das war immer mein Anspruch an vergangene Beziehungen gewesen, was sich Gott sei Dank auch immer spielend leicht hatte umsetzen lassen. Vermutlich wären sie noch viel eher in die Brüche gegangen, hätte es im Schlafzimmer nicht so gut harmoniert. Selbst Christian, Protagonist meiner Winterdepression (nicht: letzten Beziehung, darauf lege ich großen Wert!), hatte mir als abschließenden Satz „Weil der Sex so gut war, habe ich über viel Negatives an dir hinweggesehen" mit auf den Weg gegeben. Diese Aussage glich einer mittelschweren Ohrfeige. Zum Glück wusste ich, dass sie einzig und allein auf seine Enttäuschung über die Trennung gegründet hatte. Grundsätzlich birgt es aber natürlich tatsächlich Gefahren, Sex *zu* viel Bedeutung beizumessen. Oftmals hörte ich jedoch leider genau gegenteilige Maßstäbe in Form von Geschichten befreundeter Pärchen in langjähriger Beziehung: Da wurde sich beispielsweise nackt auf der gemeinsamen Dachterrasse gesonnt, ohne den anderen auch nur eines einzigen begehrlichen Blickes zu würdigen, sich hinterher dann einfach wieder angezogen und zur Zubereitung des Mittagessens übergegangen.

Trotzdem bin ich fest davon überzeugt, dass sich guter Sex und eine Beziehung nicht zwangsläufig ausschließen müssen, warum auch? Der Rapper MIMS sieht das offenbar anders. In „This is why I'm hot" proklamiert er mit der Zeile „I like it dirty dirty but they just show me love" die wohl weitläufig vorwiegend beim männlichen Geschlecht verbreitete Ansicht, in einer Liebesbeziehung dürfe es nicht auch einmal schmutzig zugehen, dass Liebe und atemberaubender Sex sich folglich ausschließen. Das ergibt für mich absolut keinen Sinn. Ein Verhältnis voll unendlichem Vertrauen, Hingabe und Liebe ist doch die optimale Bedingung genau *dafür*. In welchem Rahmen sonst hat man ein derartiges Vertrauensverhältnis und unendlich viel Zeit und Möglichkeiten, Dinge gemeinsam auszuprobieren, zu experimentieren? Zumal frau sich doch meist sowieso erst unter diesen Umständen und mit dem richtigen Partner vollends fallenlassen kann. Vorausgesetzt sie kann beziehungsweise will es denn *überhaupt*. Genau da liegt nämlich das eigentliche Problem. Da ich selbst zu den Frauen gehöre, die locker über Sexualität reden können, die sich nicht dafür schämen, Lust zu empfinden und Geschlechtsverkehr nicht nur als ab und an unumgängliches, notwendiges Übel ansehen, erfüllt mich das Gegenteil regelmäßig mit Fassungslosigkeit. Es macht mich richtiggehend sauer, wenn andere Frauen ganz offen damit hausieren gehen, überhaupt nicht gerne Sex zu haben, darin eine lästige Pflicht sehen, nur dem Mann zuliebe mitmachen und es eben tun, um ihn zu halten. Mich erstaunt es, dass sie ihn mit dieser Einstellung überhaupt halten *können*. Meine Schwester erzählte mir einmal, ihre beste Freundin habe sich darüber beschwert, dass ihr Freund zu oft Sex wolle und sie „lasse es eben über sich ergehen". Für ihn. Kein Wunder denken die meisten Männer, in einer Beziehung stirbt das Liebesleben automatisch. Genauso wenig verwunderlich demnach, dass ich vor allem als Nutzerin von Online-Dating-Portalen Zeugin des Phänomens bindungsunwilliger Männer wurde, die „wenn überhaupt, nur was Lockeres" suchten. Natürlich, sie mussten sich erst vergewissern, ob die Auserwählte überhaupt gerne mit ihnen schlief. Vermutlich haben genau das auch schon viele Frauen außer mir durchschaut und spielen die Rolle der Nymphomanin genau so lange, bis sie den Mann sicher in der Falle wissen.

Ich kannte leider viel zu viele solcher Geschichten. Zum Beispiel die einer Bekannten, die mir im Alter von wohlgemerkt sechsundzwanzig Jahren offenbarte, noch nie einen Orgasmus gehabt zu haben, das habe bisher einfach noch kein Mann geschafft. Ich hatte mir die Frage danach verkniffen, warum es ein Mann hätte schaffen sollen, wenn sie es offensichtlich noch nicht einmal selbst geschafft und vermutlich gar nicht erst versucht hatte. Das wiederum kann man ja nun wahrlich keinem Mann der Welt zum Vorwurf machen: nicht zu wissen, welche Knöpfe er drücken muss, wenn die Frau es nicht einmal selbst weiß.

Oder die Geschichte einer Freundin, die gerne die bestimmende, nehmende Rolle gegenüber ihren Partnern einnimmt. Außerhalb des

Schlafzimmers. „Ich lasse Tim manchmal zwei Wochen ohne Sex, da leidet er richtig! Aber wenn ich abends müde bin, dann hat er das zu akzeptieren. Und ihm soll bloß nicht einfallen, mich nachts zu wecken…", erzählte sie mir mit triumphierendem Unterton in der Stimme. Als wäre es eine großartige Leistung, ihren Freund dermaßen im Griff zu haben. Sollte eine Beziehung nicht eine harmonische Partnerschaft auf Augenhöhe sein? Bei der keiner mit seinen Bedürfnissen hintenanstehen muss? Und vor allem, in der *beide* Lust aufeinander haben? Vermutlich gehen bei diesen Fragen mein Streben nach Perfektionismus, meine Wunschvorstellungen und meine Anspruchsfülle gleichermaßen mit mir durch. Traurigerweise. Ich schwanke zwischen Fassungslosigkeit darüber und Bewunderung dafür, dass sie trotz dieser Haltung heutzutage einen Mann an sich binden kann. Gerade weil sicher genügend Frauen neben mir partnerlos da draußen umherirren, schon an sich mitsamt ihren Fähigkeiten zweifeln und sich nichts sehnlicher wünschen würden, als nachts von einer Erektion geweckt zu werden. (Einer, die man auch spürt, versteht sich.) Und das nicht allein aus dem Grund, weil es keine leere Betthälfte neben ihnen bedeuten würde.

„Nils hat sich neulich von hinten an mich herangeschlichen und angefangen, mich auszuziehen, als ich gerade den Müll rausbringen wollte!" Janas Stimme war voller Empörung, als sie mir das erzählte. Ich sah sie sofort deutlich vor meinem inneren Auge: in Jogginghose und mit zerzausten Haaren, mitten bei der Hausarbeit. „Liebes, hast du schon einmal darüber nachgedacht, dass du dankbar sein könntest, dass er ausgerechnet in einer solchen Situation nach gefühlt tausend Jahren Beziehung trotzdem mit dir schlafen *will*, statt rauszugehen und dich eventuell zu betrügen?", hatte ich sie nur gefragt. Auf einmal war sie ganz still geworden. Die Zahl der Anekdoten, wie ich sie in dieser Art erzählen könnte, scheint endlos.

Für deren Protagonistinnen allesamt wäre mein Erlebnis mit Dennis sicherlich weniger schlimm gewesen. Sie hätten darüber hinweggesehen. Es über sich ergehen lassen, es hingenommen. Sie wären nicht weggerannt. Sie wären wahrscheinlich eher froh gewesen, nichts zu spüren. Solch eine Frau wäre die richtige für Dennis; ich brauchte jetzt sowieso nicht mehr bei ihm anzukommen und wollte es, wenn ich ehrlich zu mir selbst war, auch überhaupt gar nicht. Es ärgerte mich zwar einerseits maßlos, dass *ich* das bei einem Mann, mit dem abgesehen von seinem Geschlechtsteil offensichtlich alles stimmte, nicht auch einfach in Kauf nehmen konnte. Aber andererseits erleichterte es mich auch, dass ich scheinbar noch nicht vollkommen verzweifelt und noch insoweit ich selbst war, als dass ich bereit gewesen wäre, auf etwas für mich so Essentielles wie Spaß an und Ästhetik beim Sex zu verzichten und meine Ansprüche herunterzuschrauben. Ich hatte zwar in den vergangenen Jahren meines Singledaseins sehr viel Sex gehabt und auch sehr viel ausprobiert, aber eher im Hinblick auf meine potenzielle nächste und hoffentlich gleichzeitig letzte Beziehung. Aus Vernunftgründen quasi, damit ich nicht später eine Midlifecrisis bekommen und es womöglich bereuen würde, gewisse Dinge nicht ausprobiert zu haben, als ich die Gelegenheit dazu hatte. Dinge, die man eben während einer Partnerschaft nicht beziehungsweise nur schwer realisieren kann oder will, wie zum Beispiel Dreier in beiden Konstellationen, Sex mit der besten Freundin oder schlichtweg mehreren verschiedenen Männern. Das hatte ich allerdings nicht „auf Vorrat" getan, um dann in einer Beziehung keinen (guten) Sex mehr zu haben und auf Experimente zu verzichten, sondern als Vorbereitung. Denn allein durch Monogamie, die trotz aller Offenheit und Toleranz für mich zwingender Bestandteil einer ernsthaften Partnerschaft ist, muss man dann schließlich Abstriche machen. Dennis war ein toller Typ, zweifelsohne, aber so toll, dass ich für ihn auf meine Definition von gutem Sex und einem erfüllten Liebesleben verzichtet hätte, konnte er gar nicht sein. Dazu gehörte für mich nämlich auch ein ästhetischer Penis, der Lust in mir weckte, statt mich zu vergraulen. So toll konnte *kein* Typ sein.

Zu diesem Schluss kam ich für mich und merkte, dass somit weniger Dennis' Mikropenis selbst der Auslöser für meine Flucht und Missstimmung gewesen war, sondern die plötzliche Enttäuschung und der Schock darüber, den befürchteten Haken gefunden zu haben. Einen, mit dem ich nicht leben konnte, so leid es mir tat.

„Wie stellst du dir das denn vor?", fragte mich dann auch Sophia später beim Essen fassungslos, als ich gerade dabei war, die Karten auf den Tisch zu legen und die Frage, warum Dennis es wohl nicht für nötig gehalten hatte, mich zu warnen, offen in die Runde stellte. Ich hatte selbst keine Antwort darauf finden können, wie die Ehrlichkeit in diesem Fall hätte aussehen sollen oder können. „Stopp, Anna, bevor du mir die Buxe öffnest, ich hab nen winzig kleinen Schwanz! So?", kicherte Jana. „So in der Art, ja!", antwortete ich trotzig. „Dann hätte ich ihm wenigstens die Demütigung erspart, dass ich gehe, *nachdem* ich ihn gesehen habe. Oder ich hätte, wenn ich Zeit gehabt hätte, diese Information zu verdauen, vielleicht ausprobiert, ob mich das tatsächlich beeinträchtigt oder ob er das irgendwie auf eine andere Art wettmachen kann. Er hat ja schließlich auch noch zwei normalgroße Hände und eine Zunge. Mag sein, dass meine Reaktion überzogen war. Aber mich so zu überfahren, das war von ihm auch nicht ganz fair", teilte ich meine Überlegungen mit allen und merkte selbst, wie wenig überzeugend diese Argumentation klang und wie gering die Wahrscheinlichkeit war, dass ich mich darauf tatsächlich eingelassen hätte. „Kann ich irgendwie echt nachvollziehen", meinte Amelie. „Aber ich habe so etwas selbst noch nie gesehen, geschweige denn erlebt, wie darf ich mir das denn vorstellen, wie klein war er denn *wirklich*?", fragte sie mit Überwindung. Am gespannten Blick der anderen merkte ich, dass sie eine Frage ausgesprochen hatte, die sich jede einzelne meiner Freundinnen insgeheim stellte.

In Erinnerung an den Pflasterverband, den Dennis bei unserem ersten Date aufgrund einer Schnittverletzung beim Modellbau am Zeigefinger getragen hatte und der mindestens doppelt so groß und breit wie sein bestes Stück gewesen war, wollte ich erst meinen kleinen Finger in die Luft halten. Ich hatte dann aber einen besseren Einfall und griff nach dem Gläschen mit den Zahnstochern, das auf dem Tisch stand. Wieder hatte mich der Gedanke an eine Folge meiner Lieblingsserie überkommen, die ein schon fast lächerlich vergleichbares Szenario zeigt: Carrie bekommt unfreiwillig das beste Stück eines Freundes zu Gesicht und endet, als sie es zerknirscht dessen Freundin beichtet, mit dem Nachsatz: „PS: Man kann dir gratulieren!" Beim Essen mit ihren Mädels ist diese Geschichte selbstverständlich Thema, woraufhin alle wissen wollen, wie groß er gewesen ist. In diesem Moment tritt der Kellner mit einer überdimensional riesigen Mühle an den Tisch und fragt, ob eine der Damen frischen Pfeffer wünsche. Carrie wirft daraufhin einen vielsagenden Blick auf die Pfeffermühle und jener gesegnete Freund wird beim nächsten Zusammentreffen von der betrunkenen Samantha mit „Dich kenne ich! Du bist der Pfeffermühlenschwanz!" begrüßt. Entschlossen nahm ich einen der Zahnstocher und brach ihn in der Mitte durch, hielt ihn hoch. Die Blicke meiner Freundinnen hielten sich die Waage zwischen fassungslos und angewidert. „Im nicht erigierten Zustand möchte ich's gar nicht erst wissen", sagte ich bedeutungsvoll und damit war das Thema endgültig erledigt.

Was Dennis anging, erlebte ich an diesem Abend dann doch noch eine *große* Überraschung. Während ich nach wie vor mit mir haderte und nach den passenden Worten für eine Entschuldigung suchte, meldete er sich per Nachricht. Er hatte aus meiner Flucht in der vergangenen Nacht wohl die vollkommen falschen Schlüsse gezogen, da er mir mitteilte, er habe gemerkt, dass ich nach meinen bisherigen negativen Erfahrungen offensichtlich noch nicht so weit sei, mich wieder auf einen Mann einzulassen zu können und dass er mich nicht unter Druck habe setzen wollen. Ich solle mir alle Zeit der Welt nehmen und selbst wenn ich dann zu dem Schluss kommen sollte, dass ich wirklich nicht bereit für eine ernsthafte Beziehung sei, könne ich mich jederzeit melden und „für was Lockeres" vorbeischauen. Damit, den Fehler nicht bei mir selbst zu suchen, war ich offenbar nicht alleine. So glimpflich davonzukommen, hatte ich zwar eigentlich überhaupt nicht verdient, aber ich war überaus erleichtert, ihm, entgegen der Bedenken meiner Freundinnen, keine Komplexe bereitet zu haben. Auch wenn ich mich ernsthaft fragte und wunderte, warum er nicht schon längst welche hatte. Schließlich hatte er mir erzählt, jahrelang Fußball im Verein gespielt zu haben. Duschte eine Mannschaft im Anschluss an das Training nicht gemeinsam? Und fand im Zuge dessen nicht automatisch der berühmt berüchtigte „Schwanzvergleich" statt? Wie dem auch gewesen war, seinem Selbstbewusstsein hatte es wohl keinen Abbruch getan. Was mir wiederum die gewünschte Erklärung dafür lieferte, weshalb er keinerlei Veranlassung gesehen hatte, mich vorzubereiten. Oder war es vielleicht doch nur Selbstschutz? Lediglich Verleugnung? Ignoranz? Oder war er in der Vergangenheit womöglich ausnahmslos an jene Art Frau geraten, die wenig bis gar keinen Wert auf Sex legt und mithin auch nicht auf Penisse? Die Selbstzweifeln somit gar keinen Raum gegeben hatte?

Dann aber galt es schlussendlich für ihn genauso wie für mich: Allein auf das richtige Gegenstück kam es an. Deutschland und die Namib-Wüste lagen wohl doch näher beieinander als gedacht. Und deshalb ging sie schließlich auch weiter, meine lange und einsame Suche. Sie wischt und hofft, sie wischt und hofft.

VIII GUTE ZEITEN, SCHLECHTE ZEITEN

Dass man aus Erfahrung klug wird und aus Fehlern lernt, scheint für die allermeisten Lebensbereiche zu stimmen, jedoch in der virtuellen Welt, für Dating-Apps und hinsichtlich der Männer zumindest in meinem Fall keinerlei Gültigkeit zu besitzen. Innerhalb einer relativ kurzen Zeitspanne und unmittelbar hintereinander erlebte ich einen bunten Querschnitt so ziemlich aller zentralen Thematiken, Problematiken und Fragestellungen, denen man Dating-technisch so begegnen kann. Denen ich größtenteils sogar schon begegnet *war*. Offenbar ohne dass ich aus ihnen und den mit ihnen verbundenen, unmittelbar aus ihnen resultierenden Fehlern hatte lernen können. Noch schlimmer: Die Fehler und negativen Erfahrungen wiederholten sich zum Teil sogar, ohne dass ich sie hätte verhindern können oder sie mich im Einzelfall vollkommen überrascht, ganz unerwartet getroffen hätten. Als hätte es die letzten Monate nicht gegeben und als hätte ich aufgegeben. War ich so schnell dermaßen abgestumpft? Oder lernte ich, mit Enttäuschungen besser umzugehen? Erwartete ich gar nichts mehr anderes? War es gut oder schlecht, sich immer wieder vollkommen einlassen zu können, einhundert Prozent zu geben, zu versuchen, das Besondere zu sehen? Erfüllt von dem schier unerschütterlichen Glauben, diesmal sei alles bestimmt ganz anders? War es ein Fluch oder ein Segen, dass die Hoffnung immer nur kurzzeitig starb? Oder war es richtig so, weil man sich aus reinem Selbsterhaltungstrieb besser gedanklich gar nicht allzu intensiv mit den negativen Erfahrungen auseinandersetzen sollte, zumindest wenn es über Eigenreflektion hinausging?

Ich erinnerte mich in diesem Zusammenhang an einen Satz, den mein ehemaliger Klassenlehrer zu uns gesagt hatte, nachdem ein Mitschüler auf der Studienfahrt betrunken in die Straßenbahn gekotzt und er ihn hatte ins Bett bringen müssen. Wir hatten Sanktionen für die verbleibende Zeit gefürchtet, er aber hatte am nächsten Morgen einfach nur gesagt: „Über solche Erlebnisse darf man gar nicht so lange und genau nachdenken, sonst zerbricht man daran."

Die Zeit plätscherte also ziellos dahin, ich wischte immer munter weiter, traf Männer, die viele neue Fragen aufwarfen und Erfahrungen brachten, ohne dass sie mich abgesehen davon weitergebracht hätten. Im Gegenteil.

Da war zum einen Hannes, optisch am treffendsten mit einer Mischung aus australischem Surferboy und amerikanischem Footballspieler zu beschreiben. Wir verabredeten uns ziemlich spontan zu einem Spaziergang am Fluss, der sein Ende mit einem wunderschönen Kuss unter dem Regenschirm fand, denn es hatte urplötzlich angefangen, zu regnen. An den sich jedoch eine länger als vierundzwanzig Stunden dauernde Zeitspanne anschloss, in der ich nichts mehr von ihm hörte. Obwohl ich es mittlerweile besser wissen und entspannter hätte sehen müssen, trieb er mich damit fast in den Wahnsinn. Und stellte mich zum wiederholten Mal vor die Überlegung, ob beziehungsweise wie lange es in Ordnung war, sich nach einem Date nicht zu melden.

Legte man wieder einmal meine Lieblingsserie zugrunde, dann musste der Mann sich im direkten Anschluss an ein Treffen oder spätestens am nächsten Tag melden, wenn er wirklich begeistert war, er also gar nicht anders konnte, als sein Telefon in die Hand zu nehmen. War das nicht der Fall und war frau schon gezwungen, sich selbst Entschuldigungen und Erklärungen auszudenken (wie zum Beispiel, dass er ja von Handwerkern in der Wohnung gesprochen hatte und todsicher einfach viel zu beschäftigt war), nur um den Gedanken nicht zulassen zu müssen, bedeutete das eigentlich: „Er steht einfach nicht so auf dich!"

In Hannes' Fall war es – ich war mir im Nachhinein sicher – vielmehr eine ausgeklügelte Methode gewesen, sich interessant zu machen, die, so viel vorweg, leider auch noch funktioniert hatte. Am übernächsten Tag meldete er sich nämlich ganz brav, als hätte er einen Ratgeber der vergangenen Generation zu Rate gezogen, und lud mich ein, gemeinsam den Sternschnuppenregen anzusehen. Wir fuhren also mit der Seilbahn auf den Schlossberg und schon als er währenddessen „Schöne Aussicht. Und ich meine nicht die Aussicht draußen" sagte und ganz ernsthaft erklärte, der Regenschirm, den ich ihm nach dem Spaziergang für den Heimweg geliehen und den er mir nun zurückgegeben hatte, so dass ich ihn mitschleppen musste, sei von Vorteil, um Wölfe abzuwehren (er machte dabei auch tatsächlich eine fuchtelnde Handbewegung damit), ahnte ich, dass Kuss und Nichtmelden mich über seine merkwürdige Art hinweggetäuscht hatten. Auch im weiteren Gespräch stießen mir viele seiner Aussagen negativ auf. Ich fand, kein Sohn sollte von seiner Mutter behaupten, sie habe einen Schaden; für mich persönlich ging Familie über alles. Hier wurde wieder einmal überaus deutlich, dass Unterhaltungen beim ersten Date nur ein Bruchstück des wirklichen Charakters und der unverfälschten Art preisgeben und man sich niemals nur anhand dessen ein voreiliges Bild machen sollte. Der Vollständigkeit halber sei erwähnt, dass wir an diesem Abend keine einzige Sternschnuppe gesehen haben und Hannes mich stattdessen „als Entschädigung" zu einem Blowjob im Dunkeln überreden wollte.

Mich ärgerte insbesondere, dass ich mich an diesem einen, einzigen Tag, an dem er sich nach Spaziergang inklusive Kuss nicht gemeldet hatte, so intensiv in die Denkweise dieses Mannes hineingesteigert hatte. Warum funktionierte diese Masche so gut? Zumal ich es durchaus besser hätte wissen müssen. Ein Freund hatte mir schon vor langer Zeit verraten, dass es ihn verrückt machte, wenn er derjenige war, der zuletzt geschrieben hatte und die Unterhaltung so stehen blieb oder wenn nach langer Zeit dann lediglich ein Emoji als Antwort kam, der ihn in die Pflicht setzte, weiter anzuknüpfen. Wissen, das ich, zugegeben, schon einige Male selbst für meine eigenen Zwecke genutzt hatte. Es war auch wirklich ein leidiges Thema: anschreiben, zurückschreiben, melden, antworten, online sein, zuletzt online gewesen sein...

Ein Spieler des lokalen Fußballvereins, mit dem ich mich (deshalb) nur einmal getroffen hatte, war sogar noch auf dem antiquierten Standpunkt gewesen, man melde sich nach einem Treffen drei Tage lang anstandshalber nicht und hatte den Kontakt abgebrochen, nachdem ich am zweiten Tag den Vorstoß gewagt und ihn per SMS gefragt hatte, ob er gut nach Hause gekommen sei. Wortwörtlich ins Aus geschossen hatte ich mich damit. Seitdem versuchte ich, eine Regel zu befolgen, die ich selbst für mich aufgestellt hatte und die theoretisch super funktionieren sollte: Vor dem Absenden jeder Nachricht wollte ich mir zuerst überlegen, wie es wäre, sie selbst zu bekommen. Und zwar hinsichtlich Zeitpunkt *und* Inhalt.

Gerade bei Chats über einen längeren Zeitraum sehr hilfreich. Musste das obligatorische „Guten Morgen" jeden Tag um die gleiche Uhrzeit sein? Obwohl es womöglich nicht einmal ernst gemeint war? Aus halbherziger Höflichkeit, nur um sich beim anderen ins Gedächtnis zu rufen und den Kontakt nicht abreißen zu lassen?

Kurios fand ich auch Nachrichten, die mich via Facebook oder Instagram erreichten und die mit der Erklärung eingeleitet wurden, man(n) habe mich auf Tinder gesehen und wolle nun auf einem anderen Kanal sein Glück versuchen. Hatte der Verfasser das Prinzip dieser Dating-App nicht verstanden? War ihm nicht klar, dass es einen guten Grund hatte, wenn er mir dort nicht schreiben konnte, weil kein Match zustande gekommen war? Den nicht unwesentlichen Grund, dass er mir offensichtlich nicht gefallen hatte?

In die gleiche Kategorie fielen einseitige Nachrichten eines einstigen Chatpartners, die mit schöner Regelmäßigkeit eingingen, obwohl sie jedes Mal unbeantwortet blieben: „Hallo, lebst du noch?", „Du hast wohl kein Interesse mehr?", „Finde es ja wirklich schade, dass von dir nichts mehr kommt, ich hätte dich so gerne kennengelernt!", „Hey, wie war dein Tag? Lange nichts gehört!", „Hey, darf ich dich mal was Wichtiges fragen?" (Der allerletzte, klägliche Versuch, Interesse beziehungsweise Neugierde zu wecken.) Stand hier die Tatsache der ausbleibenden Antworten nicht für sich? Merkten sie nicht, wie unattraktiv sie sich machten, wie armselig das wirkte? Beharrlichkeit und offensichtliches Interesse in allen Ehren, aber hatten sie keinen Stolz?

Ich wusste allerdings genau, wie es sich anfühlte, eine Nachricht zu erwarten, aber keine zu erhalten; dass es einem dabei richtiggehend körperlich schlecht gehen, man an nichts anderes mehr denken konnte. Das Gefühl, minütlich in seinem Chatfenster den Online-Status überprüfen zu müssen. Die Frustration darüber, ihn dauerhaft online zu sehen, gefolgt von der ignoranten, gedanklichen Beruhigung an mich selbst, dass er *sicher* nur sehr lange Sprachnachrichten seiner Geschwister abhörte oder im Gruppenchat mit seinen Kumpels detailliert einen Wochenendausflug plante. Auf *keinen* Fall war er online, weil er mit einer anderen schrieb. Und auf keinen Fall meldete er sich deshalb nicht bei mir oder erst dann wieder, wenn die andere Frau Geschichte war oder ihm gerade nicht antwortete. Auf keinen Fall war er – checkte man am Sonntagnachmittag die Lage – samstagnachts zuletzt um fünf Uhr sieben online gewesen, weil er ein Mädchen mit nach Hause genommen hatte. Er schlief schließlich einfach gerne aus, das hatte er doch erzählt!

Das Gefühl, unbedingt etwas tun zu müssen, trotz der Gefahr, sich damit lächerlich zu machen. Das Gefühl, fieberhaft zu überlegen, ob man schreiben sollte, gegebenenfalls was man schreiben sollte, damit es nicht *zu* gewollt wirkte. Ob man vielleicht nur ein Foto schicken sollte („Schau mal, da musste ich gerade *zuuufällig* an dich denken…"). Das Gefühl, nachdem man sich überwunden hatte, wieder auf eine Antwort warten zu müssen. Die (trotzdem) nicht kam. Das Gefühl, sich fragen zu müssen, warum er sich nicht meldete, den ganzen Tag das Handy nicht aus den Augen zu lassen, auf ein Aufleuchten des Displays zu warten, nachts sogar wach zu werden, um das Gleiche zu tun. Das Gefühl des Triumphs und der Erleichterung, wenn er es dann doch tat. Das Gefühl, als wäre es die ganze Zeit über klar gewesen, als wäre es das Normalste der Welt, als hätte man keine Sekunde lang gezweifelt, wenn die ersehnte Nachricht dann endlich einging. Das Gefühl dadurch sofort verrauchten Zorns und vergessener, verziehener Anspannung, weil er sich ja immerhin gemeldet hatte, was ihm hoch anzurechnen war.

Ein Wunder, dass ich all das bei Hannes ausgesessen und meinen Hang zum Schreiben hatte unterdrücken können. Daran hätte ich es eigentlich schon merken müssen; die Intensität des Dranges, einem Mann zu schreiben, hatte sich nämlich als ziemlich gutes Indiz dafür bewährt, wie groß mein Interesse an ihm war. Am allerbesten war es natürlich, wenn ich abgelenkt oder beschäftigt war, also gar nicht zurückschreiben *konnte*, obwohl ich gerne gewollt hätte; die Hannes-Methode funktionierte schließlich auch andersherum. Umgekehrt unterstellte ich deren Anwendung somit aber auch unberechtigterweise, wenn mein Chatpartner seinerseits schlichtweg keine Zeit hatte, sich früher zu melden. Ich fand ganz einfach, dass es zwar zweifelsohne dem Spannungserhalt diente, aber insgesamt einfach keine schöne Geste war, sich nach einem Date länger nicht zu melden. Ich persönlich hielt das nur durch, wenn mir ein Mann tatsächlich gar nicht gefiel und ich gar nicht den Wunsch einer Nachricht, schon gar nicht den eines Wiedersehens verspürte. Genauso schob ich übrigens auch Antwortnachrichten darauf, ob es ein nächstes Date geben würde, hinaus, wenn mir der Mann nicht zusagte. Was nicht weniger unfair war, so viel war klar. Dann war nämlich der Mann womöglich derjenige, der sein Handy mit auf die Toilette nahm, um bloß keine Nachricht zu verpassen. Unbestritten war es jedoch die weniger aufreibende Variante, einfach nicht den ganzen Tag aufs Handydisplay zu starren, auf eine Antwort zu warten oder die Uhr zu hypnotisieren und den Zeitpunkt herbeizusehnen, zu dem man endlich auf die vorangegangene Nachricht reagieren konnte. Entspannung und Zurückhaltung waren die Zauberwörter, auch beim Sichmelden und Schreiben. Es einfach zu tun, wenn einem danach war und dadurch womöglich zu früh Rückschlüsse auf den Grad der eigenen Begeisterung zuzulassen, war, wie ich gelernt hatte, bei den meisten Männern der falsche Weg.

Apropos Schreiben. Dass Textnachrichten mich trotz oben Gesagtem intensiv beschäftigen und bewegen konnten, ließ mich spätestens

Hendrik wieder spüren. Dabei hatte ich ihn sogar zur Abwechslung tatsächlich im „wirklichen" Leben kennengelernt, bei einer Party am See. Ich war gerade erst angekommen, als er mir von einer gemeinsamen Freundin vorgestellt wurde. Dieses Gefühl von sofort höherschlagendem Herzen, von fast greifbarer Anziehungskraft, Elektrizität, Spannung und Chemie zwischen zwei Personen, das Hollywood-Streifen stets zu vermitteln versuchen, erlebte ich mit ihm zum allerersten Mal. Noch elektrisierender war, sehen zu können, dass es ihm genauso ging. Hendrik war groß, dunkelhaarig, grünäugig, durchtrainiert, studierte Latein und modelte nebenbei für Hollister. Eine Mischung, die vor allem den nerdig-angehauchten Teil von mir verzückte, der selbst mit Feuereifer das große Latinum gemacht hatte. Die Welt stand ab diesem Moment schlichtweg still und es gab für meine Begriffe nur noch zwei Gäste auf besagter Party – ihn und mich. Bis zu jenem Moment jedenfalls, in dem ich von der Existenz eines dritten erfuhr. Von Bea, Hendriks Freundin. Natürlich. Ihre zumindest generelle Existenz, denn sie war selbst nicht vor Ort, war es dann auch, die mich davon abhielt, an diesem Abend über enges Tanzen und endlose, intensive Gespräche hinauszugehen. Leider hat sie Hendrik nicht davon abgehalten, sich meine Handynummer zu besorgen, sich mit mir zu verabreden und dann schlussendlich doch jegliche Konventionen, Regeln und Tabus zu brechen, jegliche Vernunft zu vergessen. Mit mir. Dazu gehören schließlich immer zwei. Diesmal war es, ganz anders als bei Christian, eine Situation, in der ich zerrissen war. Zwischen schlechtem Gewissen und Mitleid gegenüber der Betrogenen einerseits und dem Egoismus und der schlichten Wut darüber, dass alle, die ich auf normalem Wege kennenlernte, schon vergeben schienen, andererseits. Und nicht zu vergessen der puren Begeisterung und Lust, von der ich wusste, dass sie verboten war. Letztere setzte sich schlussendlich durch und war der Grund dafür, dass ich mich entgegen anderslautender Bedenken auf Hendrik einließ. Es hatte mich wirklich schwer erwischt; ich wollte ihn so sehr und es lag auf der Hand, dass das auf Gegenseitigkeit beruhte. Viel zu lange machte ich das mit. Sah dabei zu, wie Hendrik die Beziehung aufrechterhielt, bei Bea übernachtete, mit ihr eine mehrwöchige Reise machte, aber während alledem nie eine Stunde ohne eine Nachricht an mich verstreichen ließ. Nachrichten, die mir überaus deutlich machten, dass seine Gedanken immer bei mir waren. Sex hatte er mit Bea, wie zu erwarten gewesen war, schon seit Weihnachten nicht mehr gehabt. Angeblich beschränkten sich derartige Aktivitäten in ihrer Partnerschaft auf Geburts- und Feiertage, wodurch mir wieder einmal klar vor Augen geführt wurde, dass der schönste Schein trügen kann. Bea war selbst Model, bildschön, studierte Anglistik. Von äußeren Faktoren darf man niemals auf eine intakte Bilderbuchbeziehung schließen. Meine Sehnsucht nach Hendrik, wenn er nicht bei mir war, die Zerreißproben, die es jedes Mal bedeutete, wenn ich wusste, dass er bei Bea war, permanent unterschwellig vorhandenes schlechtes Gewissen, all das hielt ich aus, in der festen Überzeugung und getrieben von dem Wunsch, er würde sich für mich von Bea trennen. Dabei konnte ich sogar nachvollziehen, dass er es nicht sofort tat, zumal er selbst – in seiner Kindheit Zeuge dessen geworden, dass sein Vater seine Mutter betrogen und schließlich verlassen hatte – unter seinem schlechten Gewissen litt. Die Sache mit uns musste sich für ihn wohl erst bewähren, aber ich zweifelte keine Sekunde daran, dass es dazu kommen würde. Es gab einfach diese unerklärliche, tiefe Verbundenheit zwischen uns, von der ich überzeugt war, dass es sie mit seiner Freundin keinesfalls geben konnte. Dass es bei ihr zumindest keine Akzeptanz für seine sehr speziellen sexuellen Vorlieben gab, wusste ich aus seinen Erzählungen außerdem sogar sicher.

So traf mich Hendriks Nachricht, die Antwort auf meine vorangegangene, dass er mir fehle und ich das so nicht mehr lange aushalten würde, völlig unvorbereitet. Ich hatte tröstende Worte, eine Erwiderung lesen wollen und nicht jenen Text, von dem mir erst bewusst wurde, wie lächerlich er war und was für einen gestelzten Blödsinn er mir da geschickt hatte, als ich ihn einige Zeit später mit halb ironischem, halb theatralischem Unterton meinen Freundinnen vorlas. Beim ersten Lesen jedoch hatten diese Worte eine Welt für mich zusammenbrechen lassen. Es war schlimm, wenn ein Mann einer Frau offenbarte, dass er sie nur ins Bett hatte kriegen wollen. Es war jedoch *schlimmer*, wenn er ihr eine Liebeserklärung machte und sich dann dennoch im selben Zug gegen sie und für seine betrogene Freundin entschied:

„[...] ich sollte per se und egal der Umstände überhaupt nicht auf solche Ideen/Vorstellungen kommen, da ich eine Freundin habe. Ich bin definitiv nicht der Vorzeigefreund und tue Dinge, die auch sie, genauso wie du, nicht verdient. Meine Handlungen verdient keiner. Ich betrüge meine Freundin und beginne eine Affäre mit einem Mädchen, das sich begründeterweise Hoffnungen macht, dass sich der Status quo einmal ändert, Hendrik = Arschloch, auf jeden Fall aus der Außenperspektive. Vielleicht sind das, was nun kommt, schwachsinnige Ausführungen, um mich nicht mit der Tatsache, dass ich ein Arschloch bin, konfrontieren zu müssen. Möglich, aber damit macht man es sich zu leicht. Prinzipiell bin ich nämlich sogar mit Bea glücklich. Natürlich haben wir unsere Streitthemen, auch Sex ist zwar kein offener Streitpunkt, aber nicht ideal. Welch neue Erkenntnis für dich! Aber ein großer Teil von mir kommt damit gut klar. Mehr noch, ist, wie gesagt, sogar glücklich, weil ich sie als Person liebe."

An diesem Punkt wurde mir übel und ich fragte mich ernsthaft, ob ich mir dieses Gefühl zwischen uns nur eingebildet hatte. Ob nur ich diejenige gewesen war, die es gespürt hatte. Zudem hätte ich ausrasten können, ob seiner Formulierung, „prinzipiell glücklich" zu sein. *Prinzipiell* glücklich? War das sein Anspruch? War dies das Gefühl, das man in einer Beziehung verspüren sollte? Prinzipielles Glück? Auch im Weiteren konnte ich seinen wirren Gedankengängen kaum folgen:

„Doch dann fühle ich mich teilweise wie schizophren, versuche das, was mich sonst nicht einmal stört, zu bekommen. Und dann kamst du: sympathisch, clever, sexy und offen... Dieser Tag am See war hart surreal für mich, es hat mega viel Spaß gemacht und meine extrovertierte

Seite hat sich vollkommen wohl gefühlt. Logisch habe ich den Kontakt gesucht und viel schneller als mir klar wurde, haben wir Handlungen vollzogen, die in meinem Leben keine Rolle spielen sollten, da ich vergeben bin. Doch jetzt kommt die Zerreißprobe. Ich wollte nie wie mein Vater werden: glücklich vergeben und doch auf sexuell-emotionalen Umwegen. Ich versprach Dinge, die ich nicht halten konnte, um die fast sichere Katastrophe hinauszuzögern und weil ich hoffte, dass doch noch alles irgendwie gut wird. Mir ist heute nicht einmal klar, wie das Gute hätte aussehen sollen und es wäre bestimmt weit davon entfernt gewesen, gut zu sein, aber ich wollte nicht wahrhaben, dass ich längst wie mein Vater geworden war. Ich hasse mich so sehr dafür, dass ich schon oftmals kurz davor war, den Kontakt zu dir abzubrechen, weil es an emotionaler Qual für uns reichte, aber ich hätte dich zu sehr vermisst, du bist schon längst von ,Wow, ist die heiß' zu ,Ich mag sie sehr' geworden. Es war von Anfang an zu gut, um es einmalig zu lassen. Ich rede nicht nur gerne mit dir, ich bin auch gerne in deiner Nähe und wir haben guten Sex miteinander. Verdammt guten. Ich mag alles an dir: deine Intelligenz, deine Schlagfertigkeit, deinen Humor, Offenheit, Provokation, aber auch deine liebenswürdige Art. Ich kann mit dir Spaß haben, auf jeder Ebene, unterhalte mich wirklich gerne mit dir – abgesehen davon, dass du nicht an Dinosaurier ,glaubst', das macht mich wahnsinnig, aber egal. Ich verbringe wirklich gerne Zeit mit dir. ,Wo ist dann das Problem?', fragst du dich vielleicht. Ich empfinde mehr für dich als für eine Freundin/einen Freund. Definitiv. Aber trotz aller deiner genannten Vorzüge gegenüber Bea empfinde ich mehr für sie. Warum ich mich dann überhaupt darauf eingelassen habe? Weil ich gucken wollte, ob da gefühlstechnisch noch mehr möglich ist, aber die momentane Gefühlssituation habe ich oben beschrieben und will dir nicht weiter Hoffnungen machen, dass sich daran etwas ändert. Ich hoffe, ich habe geschafft, Klartext zu reden. Nachdem du nun all das gelesen hast, überlasse ich es dir, ob du mich nun als Arschloch siehst, den Kontakt abbrichst, aufrechterhältst oder vielleicht auch sagst, dass ich dir nicht mehr schreiben und dich in Ruhe lassen soll, das wiederum schaffe ich selbst nämlich nicht."

Ich habe es dann aber schlussendlich tatsächlich geschafft, Gott sei Dank. An diesem Punkt stellte ich auch für mich selbst eine ganz andere Gleichung auf als die, die Hendrik vorgeschlagen hatte: Wer mich nicht will = Arschloch. Es war ein unvergleichlich frustrierendes Gefühl, nicht gut genug zu sein, so wie er es mir gab. Mit seiner Erklärung implizierte er ja, dass eine Trennung durchaus im Rahmen des Möglichen gelegen hätte, hätte ich ihn überzeugen können. Was bitte hatte dazu denn noch gefehlt? Ich verstand jeden, der es als Karma sah, der fand, es geschehe mir recht, da ich zugelassen, ja unterstützt hatte, dass Hendrik seine Freundin betrog. Aber war es nicht primär seine Entscheidung gewesen? Und hätte ich einer intakten Beziehung überhaupt gefährlich werden können? Klammerte man sich gedanklich nicht immer an jene Fälle, in denen der Mann es tatsächlich durchkämpfte? Eine Wendung in seiner Gefühlswelt anerkannte, einen Schlussstrich unter die Beziehung mit seiner Ex-Freundin zog? Nicht den einfacheren, bequemeren Weg ging, indem er beschloss, dass seine Gefühle schlicht nicht stark genug waren, auch wenn seine Handlungen eine andere Sprache sprachen? Ich fragte mich nämlich wirklich – wie auch von ihm in der Nachricht vorhergesagt – wo das Problem lag. Schließlich hätte ich ja gar nicht den Anspruch gehabt, dass er nach dieser kurzen Zeit mehr für mich empfinden sollte als für seine langjährige Freundin. Ich fand eher umgekehrt, dass er trotz langjähriger Partnerschaft und nach so kurzer Zeit so wie von ihm beschrieben für mich empfand/empfinden *konnte*, den wichtigeren Aspekt. War es nicht das, worauf es ankam? Im Endeffekt hatte es jedoch keinen Unterschied gemacht, wir hatten uns beide entschieden. Er sich dafür, den gewohnten Weg mit seiner Freundin zu gehen, und ich mich dafür, nicht länger die Nebenbuhlerin zu spielen, die undankbare zweite Wahl zu sein und mich damit zufrieden zu geben, auch wenn es mir das Herz gebrochen hatte. Natürlich auch schlussendlich eine Entscheidung dafür, mir nicht länger die Frage moralischer Vertretbarkeit von Betrug stellen zu müssen, die mich mehr belastet hatte, als gedacht.

Abschließend war zu Hendrik lediglich zu bemerken, dass er mir zum einen ein Höschen schuldig geblieben ist (er hatte mir per SMS befohlen, es in der Zugtoilette auf dem Weg zu ihm auszuziehen, es gleich nach meiner Ankunft eingefordert, daran geschnuppert, es dann in seiner Jackentasche verschwinden lassen) und dass zum anderen die Beziehung mit Bea vor kurzem dann schlussendlich doch in die Brüche gegangen ist, da sie ihn beim Fremdgehen erwischt hatte. Ob es stimmte, dass Untreue eine Wiederholungstat war? Oder konnte sie etwas Einmaliges sein, wenn das ihr zugrundeliegende Problem nicht mehr existierte? Hatte Untreue ihre Wurzeln in der Person des Betrügenden, in der des Betrogenen oder gar in einer individuellen dritten Person? In Hendriks Fall wage ich die Mutmaßung, dass das Problem Bea hieß, aber *er* sich die falsche Frau für seine Vorlieben und Bedürfnisse ausgesucht hatte. Viel zu viele Männer tun das. Womit das Problem wahrscheinlich gleichermaßen durch alle Beteiligten bedingt ist. Denn auch wer mitmacht, trägt seinen Teil der Schuld und Verantwortung.

Etwas, was dagegen meiner Erfahrung nach niemals – und so auch in Hendriks Fall nicht – einmalig bleibt, sind, unabhängig von Charakter und Vorgeschichte eines Mannes, die Anzahl seiner versuchten Kontaktaufnahmen: Egal, wie die Geschichte ausgegangen ist, egal, was die letzten Worte gewesen sind, egal, was frau ihm zum Abschied an den Kopf oder ins Chatfenster geknallt hat, er meldet sich mit Sicherheit wieder. Wie verzweifelt muss er sein? Zumindest verzweifelt genug, dass es ihn nicht stört, durch die Tatsache der Kontaktaufnahme seine Verzweiflung zu offenbaren. Oder sieht er darin lediglich den am nächsten liegenden Weg, wenn es in der Hose eng wird, auf eine Frau zurückzugreifen, bei der er den Fuß (oder welches Körperteil auch immer) schon in der Tür (oder wo auch immer) gehabt hat? Mein allererstes Online-Date Sebastian hatte das ja auch mehrfach auszunutzen versucht, wenn auch glücklicherweise erfolglos.

So meldete sich selbstverständlich auch Hendrik nach der Trennung von Bea, wodurch ich überhaupt erst davon erfuhr, reumütig und mit dem Vorschlag eines Wiedersehens. Glücklicherweise verhinderte ein zu diesem Zeitpunkt schon vorhandener potenzieller Nachfolger, dass ich darauf einging.

Komischerweise scheinen Männer, so wenig Feingefühl sie auch sonst besitzen mögen, ein besonderes Gespür zu haben und starten erneute Anknüpfungsversuche nämlich mit Vorliebe dann, wenn frau sich gerade „sicher" genug wähnt, nicht auf sie anzuspringen. Als könnten sie riechen, dass sie gerade mit einem anderen anbandelt und deshalb gar nicht ernsthaft darüber nachdenkt, ihm nicht doch eine zweite (oder dritte...) Chance zu geben, so toll sie ihn auch einmal gefunden hat. Aber sie möchte ja weder so weit denken, dass aus der neuen Geschichte womöglich nichts werden wird, noch sich gleichzeitig den anderen Mann warmhalten, weil sie im neuen schließlich die Ernsthaftigkeit sehen und nicht gleich mit einem „Betrug" beginnen will. Dann reagiert sie herablassend auf erneute Annäherungsversuche oder gar nicht, weil sie denkt, es sich endlich leisten zu können, sich für die frühere Schmach rächen zu können. Dies schließt dann leider allerdings in der Folge für sie auch aus, sich selbst wieder melden zu können, falls aus dem Neuen doch nichts werden sollte. Im schlimmsten Fall wird sie dann später auch noch virtueller Zeuge dessen, dass der Mann zwischenzeitlich eine Kehrtwende vollzogen hat und nun einer anderen Frau die Welt zu Füßen legt. In dieser Hinsicht sind Social-Media-Kanäle ja Fluch und Segen zugleich, sie befriedigen die Neugierde, schaffen Gewissheit, ersparen einem aber auch nichts. Da bleibt lediglich die wohltuende Spekulation, dass der Lebenswandel womöglich nur ebenso oberflächlich ist, wie die verliebten Pärchenfotos auf Instagram.

Auf diesen Ausflug in die Härte der realen Welt mit Hendrik folgte selbstverständlich wieder ganz klassisch die bereits mehrfach erprobte Wischtechnik. Leider verbunden mit einem ebenso harten wie klassischen Desaster: einem furchtbar schlechten ersten Date, das ich besser vorzeitig abgebrochen hätte.

Enricos Eltern kamen nicht etwa aus Italien, sondern hatten lediglich einen landestypischen Vornamen für ihren Sohn ausgewählt. Alles an ihm wirkte unglaublich durchschnittlich: seine Größe, seine Figur, seine straßenköterblonden Haare, seine Frisur und sein Kleidungsstil. Vermutlich suchte ich in dieser optischen Durchschnittlichkeit einen Mann, dessen Charakter und Leben ebenso wenige Abartigkeiten aufwiesen. Er und ich hatten ziemlich viel Zeit mit Chatten verbracht, besser gesagt verschwendet, bevor wir uns schließlich zum nicht weniger durchschnittlichen Cocktailtrinken verabredet hatten. Ich hätte ehrlich gesagt schon lange den Wunsch nach einem richtig coolen, interaktiven ersten Date anstelle dieser ermüdenden Essens- beziehungsweise Getränkeaufnahmen gehabt, wie zum Beispiel Schwarzlichtminigolf oder einer Fahrradtour. Nur komischerweise schien Enrico schwer für derartige Unternehmungen zu begeistern. Das Szenario, das ihn und mich dann in einer gehobenen Bar bei Cocktails zeigte, die rückblickend das mit Abstand beste an jenem Abend waren, hatte deutlich mehr Züge von einem Vorstellungsgespräch als von einem Date. Wohlgemerkt von einem Vorstellungsgespräch, bei dem schon währenddessen klar ist, dass man den Job nicht bekommen wird beziehungsweise dass man ihn auch gar nicht haben möchte. Enrico war selbst bei weitem kein Adonis, was ich überhaupt nicht schlimm oder erwähnenswert gefunden hätte, und trotzdem folgte auf seine Frage nach meinen dahingehenden Gewohnheiten eine Predigt über die Vorzüge von Gerstengrassaft und die Erklärung, dass er mir, wäre ich seine Freundin, meine heißgeliebten Mini-Zimtos zum Frühstück verbieten und mich stattdessen zum Joggen bewegen würde. An solchen Punkten rächte es sich doppelt, wenn man im Vorfeld schon so viel von sich preisgegeben hatte; so wusste er, dass Sport nicht zu meinen Lieblingsbeschäftigungen zählte. Denn unsere Hobbys hatten wir ja selbstverständlich schon vor dem Treffen anhand eines akribisch ausgetüftelten und auf Erfahrungswerten basierenden, gedanklichen Fragenkatalogs abgeklopft. Dieser erfreute sich vor allem bei Langzeitnutzern von Dating-Portalen sehr großer Beliebtheit, weil er eine Art Sieb darstellte. Ein Sieb von

Ausschlusskriterien und persönlichen No-Gos. Als wäre man dadurch vor jeglichen Enttäuschungen gefeit. Der Gegenbeweis hierfür saß mir gerade gegenüber und nippte an einem Moscow Mule (nicht an einem Gerstengrassaft). Zumindest in puncto Cocktail schienen wir uns einig zu sein. Nur so und nicht anders kannte ich das auch aus unserem wochenlangen Chat. Da war es um Vorlieben in Bezug auf Essen, Filme, Musik, Literatur und Freizeitgestaltung gegangen. Um Lebensziele und Charakterzüge, um negative Erfahrungen in vergangenen Beziehungen, um Wünsche und Erwartungen hinsichtlich eines potenziellen neuen Partners... Als hätten wir auf diese Weise so viele etwaige unliebsame Überraschungen ausschließen wollen wie irgend möglich. Als wäre ein in Realität nicht existenter kompatibler Humor nicht unliebsamer Überraschung genug. Es war wie verhext. Das Drehbuch und das Set waren nicht zu beanstanden. Nur hatte der Produzent die völlig falsche Besetzung gewählt. Wie konnten Chat und Treffen dermaßen divergieren? Mir wurde bewusst, wie unsinnig es war, ein persönliches Kennenlernen von gemeinsamen Hobbys abhängig zu machen, wenn man sich dann infolge dessen gegenübersaß und nicht recht wusste, was man miteinander reden sollte, die Pausen und die Züge aus dem Strohhalm immer länger wurden. Freizeitaktivitäten und Vorlieben waren doch nichts, was man, abgesehen von einer grundsätzlich vorauszusetzenden Toleranz, zwingend mit seinem Partner teilen musste? Unter Umständen erleichterte das vieles. Zweifelsohne, unterschiedlich wie Feuer und Wasser sollte man nicht unbedingt sein, aber stellte sich das nicht früh genug heraus? Wenn die Grundchemie erst einmal stimmte? Unsere geteilte Begeisterung für Filme, deren Handlung sich in einem Flugzeug abspielt, brachte Enrico und mich nämlich momentan so überhaupt gar nicht weiter. Und gerade wenn es um Bereiche wie Fitness und den damit verbundenen Lifestyle ging: Ich wusste sehr gut, dass man meiner Figur den Mangel an Sport keinesfalls ansah, sollte das nicht fürs Erste alles sein, was ihn dahingehend zu interessieren hatte? Dass Unsportlichkeit schlecht ankam, hatte ich jedoch schon in der Vergangenheit öfter gemerkt. Meine Nagellack- und Kosmetiksammlung dagegen stieß trotz meiner anfänglichen dahingehenden Bedenken stets auf Wohlwollen. Was sicher vor allem daran lag, dass das ein sehr weibliches Hobby darstellte und Männer das unwillkürlich mit Achtsamkeit und einem gepflegten äußeren Erscheinungsbild gleichsetzten. Auch wenn es ihnen, glaubte man den schriftlichen Beschreibungen ihrer Traumfrau, nicht darauf, sondern angeblich immer primär auf innere Werte wie Treue und Ehrlichkeit ankam. Trotzdem versuchte ich, meine von mir als solche eingeschätzten Macken stets so zu verpacken, dass sie positiv klangen, wenn ich nach ihnen gefragt wurde. Auch hier ließen sich erstaunliche Parallelen zu Verhaltensempfehlungen für Vorstellungsgespräche ziehen.

An diesem Punkt hätte Enrico mich ja schon aufgeben können, wenn mein Mangel an Sportlichkeit ein Ausschlusskriterium für ihn gewesen wäre, dafür machte man sich ja die Mühe des Nachfragens. Oder war da der hoffnungsvolle Gedanke gewesen, mich noch verändern zu können? So wie bei mir der unsinnige Ehrgeiz da war, den Abend noch retten zu können? Ich versuchte nämlich, ihn noch von mir zu überzeugen und die Stimmung aufzulockern, trotz meiner Enttäuschung. Diese ist in vergleichbaren Fällen ja nur deshalb so groß, weil man in der geheimen Fantasie schon geheiratet und den Nachnamen, sofern man ihn denn weiß, probeweise hinter den eigenen Vornamen geschrieben hat. Zumindest gedanklich. Man hat sich über eine zu lange Zeitspanne eine Illusion aufgebaut, genährt durch schriftliche Gemeinsamkeiten und scheinbare Kompatibilität, die sich real dann nicht erfüllt. Schlichtweg weil es beim Schreiben nun mal keine repräsentativen, allgemeingültigen Indizien für Art und Charakter gibt und weil zu viel Spielraum für Interpretationen ist. Letzteres stellt beim Schreiben ja ein generelles Problem dar, selbst wenn man sich schon kennt, es wird aber ein umso größeres, wenn das (noch) nicht der Fall ist. Bei einem realen Kennenlernen durch Aufeinandertreffen im Alltag hätten die wirklich wichtigen Faktoren: Stimme, Art, Geruch, dieses sogar wissenschaftlich belegte, wohl auch entscheidende „Sichriechenkönnen" ein derart unnötiges Treffen erspart. Man würde auch nicht so zwanghaft nach einem bestimmten Typ suchen, wäre viel eher bereit, von starren Kriterien und unrealistischen Ansprüchen abzurücken, die nur durch virtuelle Verzerrung des Realistischen entstanden sind. Im wahren Leben sind es zwischenmenschliche Belange, auf die es letztendlich ankommt. Bei der Nutzung von Dating-Apps ist es vielmehr die trotzige Einstellung, es ja auch für sich nutzen zu können, wenn man schon die Möglichkeit hat, den gedachten Ansprüchen und Wunschvorstellungen gerecht zu werden. Ist das ganze Schreiben vor einem Date also buchstäblich für die Katz'? Sollte man Tinder und Co. nur als Fotokatalog ansehen, als eine Plattform, um den Kontakt mit einem grundsympathischen Menschen herzustellen? Nur mit den Optionen „Verabreden" oder „Nicht verabreden", ein Ersatz für die Tanzstunden der vorangegangenen Generationen quasi? Wäre da nicht gleich wieder der Aufschrei von zu viel Oberflächlichkeit? Ist Kennenlernen nicht immer erst einmal oberflächlich? Sollte man das Wischen stattdessen nicht einfach vollkommen sein lassen? Dem Schicksal seinen Lauf lassen? Aber kann man sich dann nicht berechtigterweise den Vorwurf machen, nicht alles versucht, nicht alle zur Verfügung stehenden Möglichkeiten ausgeschöpft zu haben, um einen passenden Partner zu finden? Im Alltag hatte zumindest ich offensichtlich so meine Probleme damit, sonst hätte ich mein Profil doch wohl gar nicht erst erstellt.

Was ich bei derart scheinbar gegenseitig als solche (an)erkannten aussichtslosen Dates wie besagtem mit Enrico jedoch am allerwenigsten verstand, war, warum keiner von uns das Date einfach abgebrochen hatte. Aus Prinzip, weil wir zumindest etwas Positives für uns hatten mitnehmen wollen und sei es nur das Gefühl, nicht sofort die Flinte ins Korn geworfen zu haben? Weil wir es als persönlichen Triumph und Erfolg gesehen hätten, unser Gegenüber doch noch von uns zu überzeugen, auch wenn wir selbst gar kein Interesse an ihm hatten? Um derjenige zu sein, der keine Wahl gehabt, nicht der, der die Absage ausgesprochen hatte, weil es auf keinen Fall an einem selbst liegen sollte, nur am anderen? Oder im Gegenteil, weil wir bis zuletzt optimistisch geblieben waren, an das Gute in allem und jedem glaubten, so auch daran, dass die Gemeinsamkeiten doch noch in Form von Chemie zum Vorschein hätten kommen können? Weil die Bemühungen und Hoffnungen der vergangenen Zeit nicht umsonst gewesen sein sollten, weil wir, getrieben vom Optimismus, das Ruder doch noch herumreißen zu können, alles hatten geben wollen? Weil wir vor dem inneren Auge den gesamten Chatverlauf abgespult hatten und durchgegangen waren, uns an all die offensichtlichen Gemeinsamkeiten und Übereinstimmungen erinnert hatten, daran, wie gut wir uns schriftlich noch verstanden hatten? Dass das für die Wirklichkeit einfach überhaupt nichts zu heißen hat, hatten wir völlig ausgeblendet und vergessen und ebenso, wie gering die Chance tatsächlich ist, ausgerechnet in einer Dating-App auf seinen Seelenverwandten zu treffen.

Die Einsicht, dass man besser daran getan hätte, auf Abstand zu bleiben, war überaus bitter. Und so hatten wir in der Folge das Date einfach nur ausgesessen. Um vor uns selbst gut dazustehen, nicht als derjenige, der es versaut hatte? Hätte man nicht sogar letztendlich besser dagestanden, wäre man derjenige gewesen, der der unbequemen Wahrheit ins Auge blickte, aufstand und ging? Nur war es nun mal nicht angenehm, sich die Tatsache eines weiteren verschwendeten Abends, unnötiger Vorbereitung und Aufregung im Vorhinein einzugestehen. Und es war wohl auch schlichtweg eine Methode, den einsamen Heimweg, auf dem man sich all diesen frustrierenden, unbequemen Gedanken stellen musste, hinauszuzögern. Dass dieser Heimweg nicht einmal durch die Aussicht auf eine Nachricht versüßt wurde oder wenn überhaupt auf die, dass es wohl besser sei, es sein zu lassen und sich nicht wiederzusehen, kam noch erschwerend hinzu. Wobei letztere meist auf sich warten ließ, schlechte Botschaften schiebt man ja gerne auf. So auch die Nachrichten an Freunde, denen ich einen weiteren Dating-Fail berichten musste, be(r)ichten, dass es schon wieder nicht geklappt hatte, sodass sie zum wiederholten Male Zeugen eines wenig erfolgreichen Dates wurden. Es wäre weniger schlimm gewesen, sagen zu können, der Mann habe mir schlichtweg nicht gefallen. Dass ich falsch ausgewählt *und* offensichtlich keinen Weitblick dafür gehabt hatte, Geschriebenes auf die Realität zu übertragen und somit mitschuldig am Misserfolg war, machte im Endergebnis keinen Unterschied, fiel mir aber deutlich schwerer, zuzugeben.

Um solchen Desastern zukünftig möglichst wenig Raum zu lassen, empfahl es sich wohl, dem Date bewusst einen nur begrenzten zeitlichen Rahmen zu geben. Zumindest dann, wenn zu langes Chatten vor einem Treffen die begründete Befürchtung nahelegte, dass ich nicht ganz objektiv würde urteilen können und in der Folge nicht das Herz haben würde, Klartext zu sprechen. „Wie wäre es mit einem Kaffee vor meinem Termin um 17:30 Uhr?" sollte in diesen Fällen also zu meiner bevorzugten Taktik werden.

Ähnlich schlimm wie Dates, bei denen beide den Mangel an Harmonie und Chemie bemerkten, dann übereinstimmend eine Wiederholung ausschlossen, waren solche, bei denen nur *einer* von beiden einsah, dass er sich anhand dessen, was geschrieben und preisgegeben worden war, anhand der Fakten und Fotos eine völlig falsche Vorstellung seines Gegenübers gemacht hatte. Dies konnte dann in derartige Enttäuschung und Akzeptanzunfähigkeit münden, dass zwanghaft versucht wurde, die Seite zum Vorschein zu bringen, die man sich vorher so bunt ausgemalt hatte:

Fabian studierte sehr erfolgreich etwas Technisches und war ein vielgebuchter DJ auf höherklassigen Hochzeiten, wodurch er meiner Meinung nach gleichermaßen intelligent, locker und eloquent sein musste. Er hatte mir erzählt, dass er mit seinem besten Freund aus Kindertagen jedes Jahr als weihnachtliches Ritual gemeinsam Plätzchen backte, weshalb er für meine Begriffe automatisch Werte wie Tradition, Freundschaft und Familie schätzte, er auch eine weiche Seite hatte. Dass er viel Wert auf seine Fitness und Gesundheit legte, leitete ich aus den Fotos ab, die ihn beim Sport zeigten, und aus einer Andeutung, mit seiner letzten Freundin gemeinsam im Urlaub gewesen zu sein, schloss ich Reife und Souveränität im Umgang mit Frauen. Mir hätte vollkommen klar sein müssen, dass all das nur einen winzig kleinen Ausschnitt darstellte, der allenfalls vorsichtige Schlüsse auf etwaig vorhandene Charakterzüge zulassen sollte. Dass zu viel Interpretation in dieser Hinsicht geradezu sträflich war. In natura wirkte er auf mich nämlich eher unreif (unterstrichen dadurch, dass sein Köpfchen im Verhältnis zu seinem Körper drei Nummern zu klein aussah), eigenbrötlerisch, außerdem wenig herzlich, egozentrisch, fast schon eingebildet. Ich erfuhr zudem, dass er keine Geschwister hatte, was man ihm selbstverständlich keinesfalls zum Vorwurf machen konnte. Bei ihm jedoch bedeutete es leider Unverständnis dafür, dass ich selbst meine eigenen Geschwister als größtes Geschenk ansehe, das mir meine Eltern jemals gemacht haben. An sich hätte auch dieses Szenario einseitiger Enttäuschung ein weiteres gescheitertes erstes Date bedeutet, hätte ich mich nicht dermaßen in die Vorstellung hineingesteigert, wie ich Fabian gerne gehabt hätte, und verzweifelt versucht, diese Illusion, dieses Bild hervorzulocken. Es musste doch da sein, irgendwo, wenn so viel dafür gesprochen hatte! Dazu war mir sogar ein zweites Date als Mittel recht; so erlebte ich unnötigerweise den nächsten Teil von „50 Shades of Grey" im Kino. Mit Fabian. Als wäre es nicht desillusionierend genug gewesen, dass der Fabian, wie ich ihn mir vorgestellt hatte, einfach nicht zum Vorschein kam und ich mich in seiner Gesellschaft absolut unwohl fühlte, war beim zweiten Treffen zudem noch mehr Gelegenheit für unliebsame Entdeckungen, die in eine ganz andere Richtung als die meiner Fantasie gingen. Ich erfuhr, dass Fabian seine Abiturprüfung in Mathematik bereits nach der Hälfte der zur Verfügung stehenden Zeit abgegeben und im Ergebnis sogar einen Punkt mehr erzielt hatte, als es der Lösungsvorschlag hergegeben hätte. Diese respektable Leistung in allen Ehren, sie machte ihn mir so unglaublich unsympathisch. Mein eigener Erfolg im Mathematikunterricht hatte sich traurigerweise auf einen richtig geratenen Winkel beschränkt, mit dem ich bei der Hausaufgabenkontrolle darüber hatte hinwegtäuschen können, dass ich sie nicht gemacht hatte. Der gesuchte Winkel im Dachstuhl, Beta, hatte meiner geratenen Aussage nach dreiundfünfzig Grad betragen. „Zweiundfünfzig Komma sieben, kommt hin", hatte meine Lehrerin schnippisch zugeben müssen und meine Sitznachbarin hatte fast eine ganze Woche lang kein Wort mehr mit mir gesprochen, weil ihr eigener Rateversuch weniger erfolgreich geendet hatte. Fabians Mathe-Abi-Prahlerei, die auf dem Heimweg vom Kino bei einem Spaziergang durch den Schlosspark (Schauplatz *zu* vieler schauriger Dates) ihren Höhepunkt erreichte, zeigte mir wieder einmal, dass sich das Aufkommen von Romantik tatsächlich steuern lässt. So passend die Kulisse auch war, um nichts in der Welt hätte ich den Körperkontakt suchen oder ihm tief in die Augen schauen wollen.

Von einer ähnlichen Erfahrung berichtete mir auch meine Freundin Amelie. Sie hatte einen sehr großen Umkreisradius in ihrer App eingestellt und in der Folge zu lange mit einem Mann geschrieben, der ziemlich weit entfernt wohnte. Diese Tatsache hatte ein Treffen erschwert. Er hatte ihr im Chat und auf den Fotos allerdings so gut gefallen, dass sie den Kontakt nicht hatte abreißen lassen wollen. Schließlich war ihr Umzug in eine neue Wohnung der Anlass gewesen, ihn zu sich einzuladen. Es traf sich nämlich, dass seine Eltern ein Unternehmen führten, das mit Elektrogroßgeräten handelte, und in Amelies Wohnzimmer noch ein Fernseher fehlte. Er hatte sich sofort erboten, die Auslieferung persönlich zu übernehmen. Auf diese Weise war Amelie nicht nur zu einem unschlagbaren Preis an ein High-End-Fernsehgerät gekommen, sondern auch noch zu ordnungsgemäß befestigten Gardinenstangen, für die ihr Match gleich die Löcher gebohrt hatte, wo er doch schon einmal da gewesen war. Jedoch leider auch zu einem unterschwellig vorhandenen schlechten Gewissen, das sich jedes Mal meldete, wenn sie bei zugezogenen Gardinen im Wohnzimmer fernsah. Denn über Vorhänge und Fernseher hinausgehende Vorteile hatte sie aus diesem Treffen leider nicht ziehen können. Schon bei der Begrüßung hatte sie schmerzlich bemerken müssen, einem Selbstbetrug zum Opfer gefallen zu sein. Er war so ganz anders gewesen, als sie ihn sich vorgestellt hatte! Dieser erste Eindruck hatte sich auch im weiteren Tagesverlauf leider nicht mehr revidieren lassen.

Wenn Vorstellung und Realität auseinanderfielen, war das immer enttäuschend; diese Enttäuschungen hätte man sich jedoch ersparen können, hätte man nicht den unweigerlichen Drang gehabt, alles abzuklären und würde man so nicht der Fantasie im Vorfeld durch zu viel Hinterfragen, zu viel Interpretation, manchmal einfach schlicht zu langes Warten vor einem persönlichen Kennlernen zu viel Raum geben. Im fatalen Glauben, sich so vor bösen Überraschungen schützen zu können. Dass ich mich auch durch Fragen und Abstecken, es sei denn ich wäre überaus dreist gewesen, ohnehin niemals vor jeglicher Art böser Überraschungen hätte schützen können, hätte mir doch spätestens seit der Zahnstocher-Erfahrung bewusst sein müssen.

Es sei denn, es lief wie mit Gian-Sex-Luca und ich erfuhr, woran ich untenherum war, bevor ich irgendetwas anderes erfuhr. Gian-Luca gehörte zu der Art von Männern, wie sie mir beim Wischen virtuell oder, wie seinem speziellen Fall, persönlich beim Feiern im Club begegneten. Die keinesfalls offen proklamierten, eine feste Beziehung für sich auszuschließen, sondern die lediglich vorgaben, in ihrer vergangenen Beziehung unter zu wenig beziehungsweise zu wenig *gutem* Sex gelitten zu haben. Sodass sie vielmehr die Aussicht auf eine Beziehung ausschlossen, wenn vorher nicht die Kompatibilität im horizontalen Bereich abgesteckt worden war. Wir hatten die ganze Nacht auf der Tanzfläche immer wieder Blickkontakt gehabt, doch erst, als er schon am Gehen war, fragte er mich nach meiner Handynummer. Dass ich sie ihm gab, lag allein daran, dass er so groß und muskulös, so stilsicher angezogen war; dass er einfach unglaublich gut aussah. Er wirkte wie einem Modekatalog entsprungen. Nicht einmal seine Nase, die von der Form an die eines Schweinchens erinnerte, störte das fast zu perfekte Bild. Dieser Mann war für mich Sex am Stiel, um es mit Samantha Jones' Worten auszudrücken. Er zeigte mir dann durchaus, wie groß sein Interesse an einem weiteren Kennenlernen und persönlichen Treffen war, er lehnte jedoch klassisches Dating ebenso entschieden ab. Gian-Luca erklärte offen und ganz ohne Umschweife, dass eine Frau sich für ein gemeinsames Abendessen oder einen Kinobesuch quasi erst qualifizieren müsse, sich durch guten Sex sozusagen die Eintrittskarte „kaufe". Dass er es leid sei, erst eine gewisse Anzahl halbgarer Dates hinter sich zu bringen, sich womöglich falsche Hoffnungen zu machen, um dann, lande er schließlich mit der Frau im Bett, herauszufinden, dass es da für ihn so überhaupt gar nicht passe. Dieser Herr schien überaus hohe Ansprüche zu besitzen. Ich war hin- und hergerissen. Einerseits fand ich, dass eine große Portion Wahrheit in dem, was er sagte, steckte. Mir selbst war Sex ja auch wichtig genug, um in der Vergangenheit von einigen Erfahrungen am Ende enttäuscht worden zu sein. Es war ganz bestimmt nicht grundverkehrt, früh genug Gemeinsamkeiten in diesem Bereich abzustecken. Aber andererseits war da immer das Risiko, dass derartige Reden von Männern nur als Vorwand genommen wurden, eine Frau schnell und einfach flachzulegen, ohne im Anschluss anknüpfen zu müssen. Da wog man doch eher ab, um am Ende nicht als die billige Nummer dazustehen. Ich diskutierte, schriftlich versteht sich, sehr lange mit ihm und versuchte, einen Kompromiss zu finden. Womöglich wollte ich auch einfach nur einen Beweis dafür, dass sein Interesse an mir groß genug war, um für mich von seinen Prinzipien abzuweichen. Ich hatte mir eigentlich geschworen, mich auf derartige Forderungen nicht mehr einzulassen, weil sie mir – auch wenn die Lust auf Gegenseitigkeit beruhte und ich auch etwas davon haben würde – eben doch billig vorkamen und ich mich, erfüllte ich sie, doch auf eine Weise hergab. Natürlich konnte man es auch als beiderseitigen Benefit sehen und wenn im Anschluss nicht mehr daraus wurde, fein – dann hatte man wenigstens guten Sex gehabt. Trotzdem gönnte ich ihm auf irgendeine Weise diesen schnellen Triumph nicht, ich wollte es ihm nicht so einfach machen. Ich erzählte Amelie davon, als wir zusammen bei unserem Lieblingsjapaner aßen. Ich zeigte ihr – zur besseren, wohlüberlegten, ganzheitlichen Beurteilung der Situation – ein Foto von Gian-Luca. Sie spuckte mir fast das Lachsmaki ins Gesicht, das sie sich gerade hatte in den Mund schieben wollen. „Das ist Gian-Sex-Luca!“, lachte sie. Ich sah sie fragend an. „Ich kenne ihn nur als Gian-Luca?“ „Ja, ich habe ihn nur so getauft, weil ich vor ein paar Jahren mal mit ihm geschrieben habe und er da schon so drauf war. Das ist wohl echt so ein grundsätzliches Ding bei ihm, der datet nicht ‚normal‘. Er hat es konsequent abgelehnt, Eis essen zu gehen und wollte stattdessen sofort mit mir in die Sauna. Gehört wohl zu seinen Prinzipen“, erklärte sie. „Komische Geschichte“, antwortete ich, „zu mir hat er gesagt, dass das auch nichts damit zu tun habe, dass ich ein Abweichen davon nicht wert sein könnte, du weißt, mir ist Wertschätzung doch immer so wichtig, aber dass er sich einfach sicher sein möchte, dass ich nicht verklemmt bin. Irgendwie finde ich das alles sehr seltsam. Gerne Sex zu haben, gut und schön. Aber den Stellenwert so dermaßen hoch anzusiedeln...“„Vielleicht ist er ja wirklich traumatisiert“, meinte Amelie abschließend, „und es wäre einen Versuch wert, er hat seine Meisterin bestimmt nur noch nicht gefunden. Wenn ihm in der Hinsicht eine zeigen kann, wo es langgeht, dann du!“

Eine Aussage, die mich leider irgendwie aufstachelte, die meinen Ehrgeiz weckte, es ihm zu zeigen. Ihm zu zeigen, dass er mit mir sehr wohl auch erst hätte essen gehen können, dass ich keine bösen Überraschungen für ihn bereithielt, allerhöchstens unanständige. Trotzdem blieb ein Restwiderstand in mir. Ich war schon immer eher der sicherheitsliebende Typ gewesen. Der lieber im Vorhinein die Aussichten und die Möglichkeiten definierte, als womöglich enttäuscht zu werden. Das war bereits im Kindesalter so gewesen. Meine Mutter hatte sich jedes Mal aufs Neue gewundert, warum ich nicht einfach bei meinen Freunden vorbeiging und fragte, ob sie Zeit und Lust zum Spielen hatten, statt vorher lange herumzutelefonieren. Mir wurde die ungewollte Doppeldeutigkeit dieser Erinnerung bewusst: einfach vorbeigehen und herausfinden, ob er (nur) spielen wollte...

So bröckelte mein Widerstand, ganz untypisch an einem Sonntagmorgen. Ich war außergewöhnlich früh auf und beantwortete jene Kurznachrichten, die üblicherweise in einer Samstagnacht so auf dem Handy landeten. Gian-Sex-Luca war auch schon wach. Ich vermute, anfangs war seine schriftliche Aufforderung, doch zu ihm ins Bett zu schlüpfen und den Sonntag gemeinsam zu beginnen, gar nicht ernst gemeint. In dem Moment, in dem er am wenigsten damit rechnete, gab ich nach. Es klang wirklich verlockend und ich hatte Lust. Ich fuhr zu ihm. Nicht einmal als er mir die Tür öffnete, hielten wir uns dann auch nur eine Sekunde mit Smalltalk auf. Was vermutlich hauptsächlich daran lag, dass er nackt im Türrahmen stand. Statt einer Begrüßung verschloss er mir den Mund mit einem langen Kuss und dirigierte mich in sein Schlafzimmer. So bemerkte ich glücklicherweise auch erst viel später, als ich nach kurzweiligen, intensiven Stunden wieder einigermaßen klar denken und sehen konnte, wie schmutzig und unaufgeräumt seine Wohnung war. In die Staubschicht auf seinem Nachttisch hätte ich mit dem Finger „Sau" schreiben können. Die Bettwäsche hatte Flecken, deren Ursprung nicht in diesem Morgen liegen konnte. Wahrscheinlich hätte ich auf der Stelle kehrtgemacht, wären sie mir früher aufgefallen. Ähnlich verhielt es sich mit der Steroid-Akne auf Gian-Sex-Lucas fast schon *zu* durchtrainiertem Rücken. Mein forscher Auftritt zeigte jedoch seine Wirkung. Wir unterhielten uns und zwar wirklich gut. An dem, was er sagte, merkte ich, dass hinter der schönen Hülle ein durchaus intelligenter Mann steckte, der mit Begeisterung von seinem kleinen Neffen erzählte. Er konnte doch schwerlich liebevoller Onkel und berechnender Macho zugleich sein? Ich empfand es daher auch keineswegs als Rausschmiss, als er mich wenig später mit der Bemerkung, dass er jetzt zum Fußballtraining müsse, hinauskomplimentierte. Noch weniger, als er, schon im Treppenhaus, Anstalten machte, mich wieder aus- und zurück in die Wohnung zu ziehen, mich mit der Hand an meinem Hintern gegen seine Erektion presste und „Ich melde mich. Jetzt kriegst du auch dein Abendessen", zum Abschied in mein Ohr murmelte. Wäre ich Anastasia Steele in „50 Shades of Grey", hätte ich das Gefühl, das diese Worte bei mir auslösten, vermutlich mit „Meine innere Göttin tanzte" beschrieben. Ich hatte es geschafft, ich hatte mich qualifiziert. Diese Art des Kennenlernens hatte durchaus befriedigende Vorteile, wenn ich an die vorangegangenen Stunden dachte. Eine schöne Art, den Sonntag zu beginnen, war es jedenfalls. Abgesehen davon, dass Gian-Sex-Lucas Wohnung dringend gründlich geputzt und die Bettwäsche gewechselt werden musste, gab es wenig auszusetzen.

Ich fand dann auch später nicht mehr an ihm auszusetzen, weil er sich selbstverständlich, abgesehen von der textnachrichtlichen Bekundung, wie „geil" es mit mir gewesen sei, nicht mehr wie versprochen bei mir gemeldet hat. Es gibt leider einfach zu viele Arschlöcher, pardon Männer, die Frauen als Inventar ansehen, mit dem sie jederzeit nach Belieben verfügen wollen, nicht mehr und nicht weniger. Leider gibt es auch zu viele Frauen, die – wie ich – naiv genug sind, ihnen zu glauben und sich darauf einzulassen. Kürzlich erzählte ich einem befreundeten Pärchen diese Geschichte. Ich konnte mich überaus glücklich schätzen, dass Viki und Nik immer ein offenes Ohr für meine Männergeschichten hatten, sich alles geduldig anhörten, immer Klartext mit mir redeten und ich mich jedes Mal aufs Neue hinterher besser fühlte. Obwohl sie die Wahrheit keineswegs beschönigten, mir in ihrer Innigkeit vor Augen führten, was ich selbst vermisste, sie aber eben ehrliches Interesse zeigten. Und mit der nötigen Prise Humor gewürzt stets genau das Richtige sagten. So auch diesmal. Sie waren voller Erstaunen, vor allem Viki, der weibliche Part. Jedoch weniger über Gian-Sex-Lucas dreistes Verhalten (derartiges überrascht eine Frau traurigerweise kaum mehr) als vielmehr über meine Spontaneität. „Du konntest da sonntagmorgens einfach so mal eben hin? Ich hätte da erst mal zwei Stunden für Haarentfernung im Bad gebraucht!", fragte sie gespielt fassungslos. „Sie sagt die Wahrheit", fügte ihr Freund Nik mit hochgezogenen Augenbrauen hinzu, „und so lange bräuchte ich selbst übrigens auch."

Aussagen, zu denen mir nichts mehr einfiel. Ebenso wenig wie zu einem Anruf von Gian-Sex-Luca vor ein paar Wochen, mitten in der Nacht. Der im Wesentlichen aus der Frage bestand, ob ich ihm entweder live am Telefon dabei zuhören wolle, wie er sich einen runterhole, oder ob ich alternativ spontan Lust auf einen Dreier mit ihm und seinem besten Kumpel habe.

Wie schon gesagt, unabhängig vom letzten Stand oder der Art des Verhältnisses, Männer melden sich immer zweimal. Mindestens.

Seit dieser Erfahrung bin ich jedoch endgültig davon abgekommen, derartigen Versprechungen Glauben zu schenken, guter Sex als Trostpflaster hin oder her, und vor allem davon, mich im Vorfeld auf Diskussionen einzulassen, die Fragen danach beinhalten, warum ich es denn offenbar nicht wert bin, mir auch außerhalb des Schlafzimmers eine Chance zu geben. Die Gefahr, dass es sexuell nicht passt, ist schließlich immer da. Entweder der Wunsch, mich kennenzulernen, und das Interesse an mir sind groß genug, dieses Risiko einzugehen, oder der Mann hat schlichtweg Pech gehabt. Für mich gilt umgekehrt schließlich das Gleiche und ich tue es, wenn mein Interesse an ihm groß genug ist. Auch wenn das Risiko für ihn durch meine angeblich unschuldige Ausstrahlung um vielfaches erhöht scheint, was ich nun mal nicht ändern kann. Außer indem ich versuche, dieses Vorurteil so früh wie möglich durch meine offene Art auszuräumen.

Eine Leitlinie, die mir jedoch in anders gelagerten Fällen kaum helfen konnte.

Neben Männern, die ihr rein sexuelles Interesse derart deutlich machen und offen proklamieren, gibt es nämlich auch noch diejenigen, denen man wohlwollend unterstellen kann, noch gar nicht so genau zu wissen, was sie wollen. Beziehungsweise die gar nicht den Anschein erwecken, als würden sie irgendetwas für sich ausschließen. Wenn man sie danach fragt, was sie sich vorstellen und wünschen, ob sie irgendetwas ablehnen, geben sie die Antwort, vollkommen offen zu sein, nach dem Motto: „Alles kann, nichts muss." Mit dieser Aussage und Aussicht konnten sie mich in der Regel durchaus zufriedenstellen, sie entsprach ja grundsätzlich meiner eigenen Vorstellung. Mit dem winzig kleinen Unterschied, dass es bei mir auch die Wahrheit war.

Mit Thomas, der später bei meinen Mädels nur noch GZSZ-Thomas heißen sollte, verabredete ich mich zunächst zu einem Abendspaziergang. Dann zum Kaffeetrinken. Dass er nicht wirklich mein Typ war, mit seinem unterschwellig vorhandenen schwäbischen Dialekt, seinem Bubigesicht und sehr blasser Haut, machte er durch seine Art vollständig wett. Wir hatten denselben ironischen Humor, konnten uns super unterhalten, verstanden uns blendend. Warum also hätte ich ihn nicht in meine Wohnung einladen sollen? Sehr vorhersehbar folgten erst zaghafte Küsse, dann wildes Knutschen. Dieses Szenario wiederholte sich. Nicht nur einmal, sondern in schöner Regelmäßigkeit. Meistens besuchte er mich, um gemeinsam „Gute Zeiten, schlechte Zeiten" anzuschauen, sodass wir uns über die wenig tiefgründigen Dialoge und allzu vorhersehbaren Dramen lustig machen konnten. Fragwürdig, aber es war unser Ritual. Der Sex danach war selbstverständlich das wichtigere Ritual. Ich hütete mich, darüber hinausgehende Forderungen zu stellen, ich genoss, was wir hatten, beschloss, den Dingen ihren Lauf zu lassen, nichts zu forcieren. Zumindest so einigermaßen gelang es mir auch. Bis ich mit dem vorsichtigen textnachrichtlichen Vorschlag eines gemeinsamen Abendessens „bevor GZSZ anfängt" den zaghaften nächsten Schritt wagte. Statt einer Antwort darauf kam erst einige Tage später die schriftliche Ankündigung, er werde mich am Abend „wie immer" besuchen. Doch die Stimmung war nicht so gelöst wie sonst und für einen Mann ganz untypisch war Thomas dann derjenige, der es schließlich ansprach. Er sagte, er habe eigentlich gehofft, der Punkt wäre nicht so schnell erreicht worden, aber durch meine Nachricht habe ich ihm gezeigt, dass ich mich scheinbar mit dem, was wir hatten, nicht mehr zufriedengeben könne. Ich sei eine tolle Frau, kein Zweifel, er bedauere es zutiefst und er werde auch weiterhin gerne mit mir GZSZ schauen, nur den Sex müssten wir fairerweise aufgeben. Er wisse schon jetzt, er werde es einmal sehr bereuen, aber momentan sei er einfach nicht an dem Punkt, dass er bereit für eine Beziehung sei. Er sei mit sich noch nicht im Reinen und das habe mit mir persönlich gar nichts zu tun.

Eine jener Konstellationen, die ich bis heute am allerwenigsten verstehe. Wenn man doch schon weiß, die Frau ist es wert, sie nicht einfach gehen zu lassen, und dass man es später bereuen wird, warum arbeitet man dann nicht lieber an seiner grundsätzlichen Bereitschaft, statt das Gute vorbeiziehen zu lassen? Warum funktioniert das für diese Männer überhaupt so gut? Warum dürfen und können sie einfach beschließen, keine Gefühle zu haben, ja gar nicht erst aufkommen zu lassen und warum klappt das auch noch? Warum schließen sie im Vorhinein eine Beziehung, alles was über Sex hinausgeht und Zugeständnisse bedeuten würde, kategorisch aus? Ohne überhaupt zu wissen, ob es nicht vielleicht gut und das Richtige für sie sein könnte. Ohne einer Frau überhaupt die ernsthafte Chance zu geben, ihnen zu beweisen, dass es sich lohnen könnte. Warum ziehen sie scheinbar nicht einmal gedanklich in Erwägung, dass sie mehr wert sein, zu mehr taugen könnte als nur fürs Bett? Dass sie darüber hinausgehende Fähigkeiten und positive Eigenschaften haben könnte? Dass man auf anderen Ebenen ein ebenso perfektes Match und Spaß mit ihr haben könnte? Dadurch, dass sie sie oberhalb ihres Genitals, an Herz und Hirn, gar nicht erst heranlassen.

Bei jeder dahingehenden Erfahrung stellten sich mir die gleichen Fragen: Müsste ich nur gut genug sein und oft genug die Möglichkeit bekommen, ihn davon zu überzeugen, oder kann bei einem Mann, der nicht nur glaubt, nicht bereit zu sein, sondern es tatsächlich nicht ist, kommen wer will? Würde dieser Mann für die „Richtige" die Polygamie mit fliegenden Fahnen aufgeben? Ist es immer so, dass er nur *glaubt*, nicht bereit zu sein und dass lediglich die passende Person kommen muss?

Diese Fragestellung ist fatal, weil wir Frauen uns naturgemäß *immer* für diese eine, richtige Person halten. Somit glauben wir, mit Beharrlichkeit und Spielchen, mit Vorspiegelung falscher Tatsachen könnten wir das Kunststück vollbringen, ihn umzudrehen. Einen Mann wohlgemerkt, der eine längerfristige Bindung ausschließt, Angst vor mit einer Beziehung verbundenen Zugeständnissen hat, schlichtweg befürchtet, von einer Frau enttäuscht zu werden. Und sei es nur durch ihre Erwartungen an ihn als Partner, die er glaubt nicht erfüllen zu können oder zu wollen. Wir denken, der Mann weiß einfach (noch) nicht, was er eigentlich will, vor allem nicht, was er verpasst, und ausgerechnet *wir* könnten ihm das zeigen.

Schon im Film „Keinohrhasen" aus dem Jahr 2007 wird genau diese Problematik sehr plakativ erklärt: Anna und Ludo spazieren bei Sonnenschein am Spreeufer entlang. Meine Namensvetterin Anna, gespielt von Nora Tschirner, erklärt Til Schweiger aka Ludo Decker, einem Arschloch-Womanizer mit Herz für Kinder und Frauen mit großen Brüsten, ihre Cola-Theorie, nachdem er ihr gegenüber behauptet hat, dass rein sexuelle Beziehungen keinerlei Verantwortung für ihn nach sich zögen, da er mit den Frauen seine fehlende Bereitschaft zu ernsthafter Bindung vor dem Sex ganz offen abkläre:

„Ludo, man kann doch ganz viel vorher klären, aber Dinge verändern sich doch. Vielleicht gehe ich als Frau einmal mit einem Typen ins Bett und nichts entwickelt sich, super, neudeutsch: One-Night-Stand. Toll, da funktioniert es. Aber wenn es gut ist, dann mache ich es nochmal und dann mache ich es vielleicht weiter und irgendwann denke ich: ‚Hey, wenn das alles so gut ist, vielleicht gibt's noch was anderes, was an dem Typen gut ist'. Beim dritten, vierten, fünften Mal verknallen sich Frauen eh immer. Und da kannst du vorher abgeklärt haben, was du willst, dann ist es trotzdem keine Freikarte, dich wie ein Arsch zu verhalten und die Verantwortung für die Sache einfach abzugeben. Keine Frau kriegt es gebacken, sich nur auf Sex zu beschränken, das ist ja der Witz. Sie stimmt dir gegenüber zu, nur Spaß haben zu wollen, weil sie denkt: ‚Ist ja klar, dass der nur Spaß haben will, bei den Ischen, die der vor mir hatte. Der weiß ja noch nicht, dass *ich* die letzte Cola in der Wüste bin. Und wenn er das erst kapiert hat, dann sehen wir weiter'. Das heißt, während du bei deiner Ursprungsaussage bleibst, entwickelt sie sich in eine komplett andere Richtung und du, der nach wie vor nur Spaß haben will, bist wieder der Arsch."

Annas Aussage trifft es haargenau, auch wenn ich ihr in einem Punkt widersprechen muss:

Es konnte nämlich durchaus – wie ich aus eigener Erfahrung wusste – auch umgekehrt passieren, dass *der Mann* derjenige war, der mit einer lockeren Liaison auf Dauer nicht klarkam und sich verliebte. Prinzipiell hätte für mich nämlich gar nichts dagegen gesprochen, mich darauf einzulassen, was Thomas sich ja offensichtlich wünschte: eine reine „Fickbeziehung", wie man in flapsigem neudeutsch so schön sagte. Und einfach weiter abzuwarten, ob sich nicht doch etwas darüber Hinausgehendes entwickelte, im „schlimmsten" Fall einfach nur den regelmäßigen Sex mitzunehmen. Wenn ich nicht eben schon zuvor die Erfahrungen gemacht hätte, dass genau das auf Dauer nicht funktionierte, entweder für mich nicht oder für den Mann nicht.

Paul hatte ich direkt nach meiner letzten langjährigen Beziehung kennengelernt und ihn den „Orgasmusgaranten" getauft. Wie Madonna bin auch ich der Meinung: Junge Männer wissen zwar nicht, was sie tun, aber sie tun es die ganze Nacht. Und obwohl Paul um einiges jünger als ich gewesen war, hatte er ganz genau gewusst, welche Knöpfe zu drücken waren und mir so über die zumindest körperliche Seite meiner Trennung hinweggeholfen. Ich hatte es ehrlich bedauert, als er mir plötzlich selbstkomponierte Lieder auf der Gitarre hatte vorspielen und mit mir frühstücken wollen.

Hier musste ich mir ja an die eigene Nase fassen und mich fragen: War ich (hauptsächlich wegen der gerade erst verwundenen Trennung) einfach nur noch nicht bereit für eine Bindung gewesen oder hatte es an Paul gelegen? Und im Fall von Letzterem: War er nicht der Richtige gewesen, weil ich es gar nicht gewollt und zugelassen hatte? Indem ich mir die ihn betreffenden Fakten, die dagegen sprachen, vor Augen geführt hatte, sei es auch nur unterbewusst? Hatte ich ihn so gar nicht erst den Richtigen sein lassen, absichtlich? Oder hätte das auch nichts geändert und ich hätte es schlichtweg trotzdem gespürt, wäre er wirklich der Richtige und es wert gewesen? Auch entgegen meiner Bedenken und Befürchtungen, nicht bereit für eine erneute Beziehung zu sein? War es nicht immer so, dass mangelnde Bereitschaft allein darauf gründete, noch nicht der passenden Person begegnet zu sein, bei der alles, vor allem das Gefühl, stimmte?

Allesamt Fragen, die ich mir dann auch in der umgekehrten Situation wieder gestellt hatte.

Als *ich*, nach der Zeit mit Paul, diejenige gewesen war, die „mehr" gewollt hätte. Ich hatte monatelang eine rein sexuelle „Beziehung" geführt und hätte mir durchaus eine klassische mit dem zugehörigen Mann vorstellen können. Er sich jedoch nicht mit mir. In diesem Fall war aber noch die zusätzliche Frage hinzugekommen, ob ich mir nicht vielleicht nur deshalb „mehr" hatte vorstellen können, weil ich meinen Willen hatte haben wollen. Weil ich es als Bestätigung gesehen hätte, ihn von mir überzeugen zu können. Oder hatte ich tatsächlich *ihn* gewollt? Objektiv war er so gar nicht mein Typ gewesen und wir hatten überhaupt nichts gemeinsam gehabt, die perfekte Voraussetzung für eine lockere Bindung. Hatte mir die Psyche einen Streich gespielt? Wurde ein Mensch automatisch attraktiver, wenn der Sex gut war? Oder war ich nur von dem Wunsch, woher auch immer er rührte, besessen gewesen, durch ihn Wertschätzung zu erfahren? Sahen Frauen diese schon darin, einen Mann allein durch ihre Persönlichkeit, durch ihre Vorzüge, mit denen sie ihn dann geradezu überschütten, doch noch umdrehen zu können? Obwohl er es so vehement ablehnte, mehr in ihnen zu sehen? Ich fand keine allgemeingültigen Antworten auf all diese aufgeworfenen Fragen, so sehr ich sie mir auch gewünscht hätte. Jedoch kannte ich durch genannte Erfahrung das mit „Fickbeziehungen" verbundene Leid. Ich kannte das Grübeln, die verbissene Suche nach Möglichkeiten, ihn doch noch rumzukriegen. Ich kannte die Zugeständnisse, die zwangsläufig nötig waren, die schrittweise Aufgabe der eigenen Würde und Wünsche zu gut, als dass ich einen dahingehenden Versuch mit Thomas ernsthaft als Option in Erwägung gezogen hätte. Das Risiko, dass er bei seinem Standpunkt bleiben, ich dann diejenige sein würde, die mehr gewollt hätte, war erfahrungsgemäß einfach zu groß. Zumal er mir dazu auch erst einmal die nötige Zeit und Gelegenheit hätte einräumen und ich meinerseits hätte vorgeben müssen, auch zu einer „Freundschaft plus" bereit zu sein. Von solchen Spielchen hatte ich jedoch genug. Vor derlei Qual musste man sich irgendwann einfach schützen, wenn man sie schon (mehrmals) durchlebt hatte. Da war weiterhin die Einstellung „Er will mich nicht (oder nur fürs Bett) = Arschloch" die weniger leidvolle oder nur ganz kurzzeitig leidvolle Methode. Denn ich wusste noch genau, wie sehr ich mich im Nachhinein für meine Beharrlichkeit geschämt hatte, als ich mich nach dieser letzten dahingehenden Erfahrung unerwiderter Gefühle endlich aus den Körperlichkeiten hatte lösen können. Was schlussendlich sogar einen Umzug erfordert hatte („aus den Augen – aus dem Sinn" funktionierte tatsächlich!). Weil ich mich und meine Würde darüber, den Mann unbedingt von einer Beziehung mit mir überzeugen zu wollen, vergessen hatte.

Was in solchen Fällen vielleicht sogar als Grund dafür, dass man den Mann trotzdem nicht bekommt, mit hineinspielt. Männer wollen ja dann doch oft das, was nicht so einfach für sie zu haben ist. Nicht, was sie sowieso und auch ohne Beziehung, Verantwortung und Zugeständnisse schon im Bett haben.

So schlussfolgert auch Ludo in „Keinohrhasen": „Keine Beziehung funktioniert, wenn sich einer für den anderen zum Depp macht." Warum konnte man sich nicht einfach auf Gegenseitigkeit zum Deppen machen, sich gleichermaßen wollen und bereit sein? Warum war das so schwierig? Und warum konnte sich nicht auch einmal wieder ein Mann für *mich* zum Deppen machen? War *ich* das nicht wert?

Genau das ist nämlich die unweigerliche Konsequenz derartiger Zurückweisungen für uns Frauen: Am Ende stehen – obwohl wir es eigentlich besser wissen sollten – immer Selbstzweifel und die Frage, warum ausgerechnet wir es nicht wert sind. Den Fehler suchen wir immer bei uns, nicht bei den bindungsunwilligen Männern, die hätten wir ja schließlich bekommen, wären wir nur gut genug gewesen! Derartige Erfahrungen tragen nicht gerade dazu dabei, unser Selbstbewusstsein zu steigern; letztlich hat jede Frau für sich und die Welt ja nur den Wert, den sie sich auch selbst gibt.

Besonders schlimm daher die Konstellation, in der man sich als Frau mit dieser Tatsache mangelnder Bereitschaft gerade abgefunden, sie akzeptiert, einer reinen Bettgeschichte zugestimmt hat, um dann von einem Mann abserviert zu werden. Man ist nur die Übergangslösung gewesen und die Richtige, die offensichtlich nicht man selbst gewesen ist, hat sich spielend leicht nebenher auftreiben lassen. Oder die, in der eine Frau tatsächlich die Kraft aufbringt, sich lösen kann, aber dann im Nachhinein mitbekommt, dass dieser Mangel an Beziehungsbereitschaft wirklich nur ein temporärer, kein genereller gewesen ist und nur sie persönlich betroffen hat. Dann kommen zusätzlich zu den Zweifeln, warum sie wohl nicht gut genug gewesen ist, warum sie es nicht geschafft hat, ihn von sich zu überzeugen, ja nicht einmal die Gelegenheit dazu bekommen hat, Fragen wie: „Was hat diese Frau, was ich nicht habe?", „Warum sie? Warum kann er es bei ihr?" hinzu und machen alles nur noch schlimmer. Dabei vergisst sie jedoch den nicht unwesentlichen Aspekt, dass sich ein Mann, sobald er über den Punkt hinweg ist, bis zu dem er nichts Ernsthaftes gewollt hat, voller Bedauern an all die tollen Frauen erinnert, die er in der Vergangenheit hat vorbeiziehen lassen. Ihm wird womöglich bewusst, dass eine vergleichbare Frau nicht sofort wieder verfügbar und womöglich mit Aufwand verbunden sein wird, sodass er dann eben doch die erstbeste, einfachste nimmt.

So ist es eben: Wer nicht will, sucht Gründe. Wer will, sucht Wege. Und hätte Thomas mich ernsthaft gewollt, hätte er für mich einen Weg gefunden, mit sich ins Reine kommen. Ich wäre ja selbstverständlich auch bereit gewesen, es langsam angehen zu lassen, denn letzten Endes wünschte ich mir ja nicht direkt und sofort eine Beziehung, sondern wollte schlichtweg Wertschätzung, die mir über sexuelle Handlungen hinaus entgegengebracht wurde; wünschte mir gemeinsame Unternehmungen. Was viele Männer aber sofort mit dem Wunsch nach Änderung des Beziehungsstatus' auf Facebook gleichsetzen. Im Endeffekt haben sie vielleicht sogar Recht, das eine ergibt in den meisten Fällen zwangsläufig irgendwann das andere. Somit sind Männer wohl sogar konsequenter, ehrlicher und weitblickender, machen sich weniger vor, auch wenn wir Frauen das selbstverständlich niemals zugeben würden.

In den meisten Fällen kommt es wirklich allein auf die innere Einstellung an, auf die generelle Bereitschaft und Offenheit. In Verbindung mit der individuellen, zur richtigen Zeit richtigen Person Es *kann* sich aus Sex mehr entwickeln, keine Frage, aber die übereinstimmende Beziehungsbereitschaft beider ist letzten Endes entscheidend. Ist man grundsätzlich offen dafür, dann will man auch eine Beziehung auf Dauerhaftigkeit und Regelmäßigkeit, sobald man *den Menschen* will. Da braucht man folglich nichts auszuschließen und nichts abzuklären, dann ist es die Person einem wert, sich zu binden, man will es ganz einfach. Zumindest endet „Keinohrhasen" so. Mit einem Happy End für Anna und Ludo.

Auf meines wartete ich weiterhin. Wobei meine Entscheidung gegen Thomas beziehungsweise eine reine Freundschaft mit ihm zugegeben nicht so strikt und abrupt ausfiel, wie sie jetzt klingen mochte. Damit ich nämlich, wenn schon auf guten Sex, dann nicht auch noch auf ihn als Freund verzichten musste, kam er noch ein paarmal zu Episoden von GZSZ vorbei. Da wir es aber einfach nicht schafften, währenddessen und danach angezogen zu bleiben, ließ ich diese Treffen schließlich schweren Herzens einschlafen. „Three: Don't be his friend, you know you're gonna wake up in his bed in the morning. If you're under him you ain't getting over him." Auch die dritte und letzte ihrer „neuen Regeln" hat Dua Lipa vollkommen zu recht aufgestellt.

So kam ich dann tatsächlich auch wieder an den altbekannten Punkt der Frustration, an dem ich meine grundsätzliche Einstellung kritisch hinterfragte. An dem ich mir selbst vorwarf, zu oberflächlich, selbst schuld an den Misserfolgen der vergangen Zeit zu sein. An dem ich mich selbst davon zu überzeugen versuchte, dass ich einfach die falschen Männer auswählte, anhand zu oberflächlicher Kriterien die richtigen wegwischte. Dass es mein Fehler war und ich schon längst glücklich fündig geworden sein könnte, in welcher Form auch immer, wenn ich es geschafft hätte, meinen Drang zur Perfektion herunterzuschrauben. Und mehr Raum für Gefühle zu lassen, die – so wusste ich eigentlich auch aus Erfahrung – unabhängig von Äußerlichkeiten sind, zumindest auf den zweiten Blick. Außerdem wären objektiv weniger attraktive Männer vielleicht automatisch nicht von der Gattung „nur für Sex zu haben", war meine Überlegung.

Indem ich mir also immer wieder damit zusprach, Elyas M'Barek sei schließlich auch nur eins fünfundsiebzig groß, verabredete ich mich mit Jens. Er war unglaublich sympathisch und ich verbrachte, überzeugt von meiner neuen inneren Einstellung, mehrere schöne Dates mit ihm. Sogar die ersehnte Fahrradtour mit anschließendem Picknick. Es stellte sich dabei aber trotzdem – oh Wunder – nicht das gewünschte Gefühl ein, nicht einmal das sexueller Anziehung. Obwohl wir uns auf freundschaftlicher Ebene blendend verstanden.

Warum versuchte ich immer wieder, durch Vernunft und logikbasierte Faktoren Gefühle zu forcieren, ja zu erwarten? Kam beim ersten Date kein offensichtlicher Haken zum Vorschein, setzte es bei mir aus, ich verzerrte das Bild des Mannes aus reiner Erleichterung. Das Gefühl musste sich doch aber nicht automatisch deshalb einstellen, nur weil es passen *könnte*, nur weil es die generelle Chance auf einen Funken gab! Warum lernte ich das nicht endlich? War ich mittlerweile überzeugt, dass nur eines von beidem möglich war? Dass ein Mann, der mir optisch gefiel, automatisch keine ernsthafte Beziehung wollte, aber dass er sich, sobald er nicht ganz meinen optischen Vorstellungen entsprach, sicher in mich verlieben musste und ich mich im besten Fall auch in ihn? So wie ich einmal für mich herausgefunden zu haben glaubte, dass ein Mensch – von Natur und Elternhaus aus, wohlgemerkt – nur immer eines oder maximal zwei von dreien sein konnte: entweder überaus wohlhabend, überaus intelligent oder überdurchschnittlich gutaussehend? (Wer gedanklich anhand mehrerer Personen aus seinem Umfeld die Probe macht, wird merken, dass das stimmt.) Hatte ich meinen Wunschtraum, dass ein Mann, der mir gefiel, sich in mich verliebte und ich mich gleichzeitig in ihn, begraben, nur weil es (zu) oft nicht funktioniert hatte? Was zur Hölle stellte diese Flamme mit mir an? Ich war müde. Ich war erschöpft. Ich war mit meinem Tinder-Latein am Ende.

Als wären alle diese unschönen Erfahrungen und unbefriedigenden Erlebnisse nicht schlimm genug gewesen, begann ich mich als deren Resultat auch noch zu fragen, was meine Freunde und meine Familie wohl wirklich dachten. Hatten sie Mitleid? Waren sie voll Unverständnis? Dachten sie, dass es an mir lag? Wunderten sie sich insgeheim gar nicht über mein langes Single-Dasein, weil sie den Fehler in *mir* statt in den Männern sahen? Fanden sie meine Ansprüche zu hoch, meine Vorgehensweise falsch? Hörten sie sich meine Geschichten weniger aus ehrlichem Interesse oder Mitgefühl, viel mehr zur Belustigung an? Unterstellte ich ihnen das berechtigterweise? Oder stellte ich mir alle diese Fragen, weil ich tief im Inneren selbst zeitweise so über mich dachte und mich insgeheim oft genug fragte, ob es an mir lag, dass ich trotz unbestritten zahlreicher, wenn auch oftmals rein virtueller, Bekanntschaften alleine blieb? Gerade für meine Eltern, deren Erfahrungswerte völlig verschieden von meinen und die Teil einer anderen Generation waren, musste es doch – vollkommen verständlich – umso schwieriger sein, nachzuvollziehen, dass ein mutmaßlich neuer Partner womöglich nur einmal zum Essen mit nach Hause gebracht und deshalb nicht automatisch zum Schwiegersohn in spe oder zum Vater ihrer Enkelkinder wurde. Und dass das *nicht* meine Schuld war. Dass ich ihn nicht gar verschreckt oder schlecht behandelt hatte; sondern umgekehrt, *er* mir aus nicht nachvollziehbaren Gründen den Laufpass gegeben hatte, kaum dass die Familienzusammenführung vorbei gewesen war. Dass es in der heutigen Zeit traurigerweise eher der Normalfall war, ewig zu prüfen, statt sich ewig zu binden und am Ende womöglich doch nichts Besseres zu finden.

Ich ging immer öfter dazu über, mein Umfeld aus meinen Dates herauszuhalten. Ich entschuldigte es mir selbst gegenüber damit, es nicht „beschreien" zu wollen, das Schicksal nicht herausfordern zu wollen, den Erfolg nicht dadurch beeinträchtigen zu wollen, dass ich (zu früh) von einem Mann erzählte. Insgeheim aber wusste ich, dass es vielmehr daran lag, dass ich mich schämte. Dass ich mich selbst schon fast als Schlampe ansah. Dass ich mich oftmals dafür verurteilte, jedes Mal aufs Neue daran zu glauben, das alles gut werden würde, jedes Mal aufs Neue begeistert zu sein, jedes Mal aufs Neue an ein Arschloch oder an den für mich Falschen zu geraten und so am Ende auch jedes Mal wieder zugeben zu müssen, enttäuscht worden zu sein. Das konnte man mir nämlich – so weit dachte ich sehr wohl – auch als Naivität und Leichtfertigkeit auslegen, nicht als bewundernswerten, nie sterbenden Optimismus. In Situationen wie meiner neigt man unweigerlich dazu, immer weniger zu erzählen, fühlt sich vor allem in überwiegend aus Paaren bestehender Gesellschaft als Krüppel. Als Krüppel, dem es an einem wichtigen Glied fehlt, in meinem Fall an einem Glied *mit* einem Glied. Als solchen begann ich mich vor allem bei Feiern und Festen zu sehen, statt zumindest nach außen hin die stumme Botschaft zu tragen: Ich alleine bin eben auch genug, ich brauche nicht zwingend jemanden an meiner Seite, schon gar nicht den Falschen. Entgegen einer etwaigen anderslautenden Annahme, schränkte ich deshalb bei solchen Gelegenheiten auch meinen Alkoholkonsum eher ein, statt ihn zu erhöhen. Weil ich ganz genau wusste, dass sich das Gegenteil sonst spätestes auf dem geleitlosen Nachhauseweg (hinter allen Fenstern verbargen sich sicher glückliche Pärchen, nur *ich* war alleine), allerspätestens bei Vorfinden eines leeren Bettes, doppelt gerächt und in Melancholie geendet hätte. Wenn mich die Einsamkeit sonst nur umso härter getroffen hätte. So lief ich zeitweise auch Gefahr, mich aus Enttäuschung immer mehr zurückzuziehen. Ich hatte zwischendurch primär online gelebt, denn in Realität waren meinem Empfinden nach alle vergeben. Dadurch wurde der Schritt nach draußen immer größer und sogar zum Teufelskreis, da ich mich in Gesellschaft so erst recht alleine fühlte, unglücklich wurde, das sicher auch ausstrahlte und in der Folge auch weiter alleine blieb. Wohin sollte das führen? Musste ich mich ernsthaft fragen, ob das immer so weitergehen würde? Wenn ich alle genannten Erfahrungen schon im als bieder geltenden Süddeutschland machte, wie wäre es dann erst etwa in Berlin mit seinen grenzenlosen Möglichkeiten und seiner pulsierenden Schnelllebigkeit?

Zumal sich langsam aber sicher eine zusätzliche Schwierigkeit einstellte: Ich merkte, dass, nicht nur real, sondern auch virtuell in meiner App, die Auswahl an „passenden" Männern viel kleiner war, als es die Vielzahl der Nutzer zunächst vermuten ließ. Nicht allein wegen meiner strengen, starren Ausschlusskriterien. Es ergab sich die Gefahr von Dopplungen; gerade wenn man über einen längeren Zeitraum hinweg regelmäßig und in verschiedenen Städten wischte, verlor man sehr leicht den Überblick. Manchmal wusste ich schon gar nicht mehr, weshalb mir ein Profil bekannt vorkam. War dieser Mann das Match einer ebenfalls fleißig wischenden Freundin gewesen, die mir einen Screenshot seines Profils geschickt hatte? Oder gar mein eigenes? Wenn ja, hatte bereits eine Unterhaltung stattgefunden? War sie dann einfach eingeschlafen oder wo war der Haken gewesen? Im Zweifel ließ ich es meist besser nicht darauf ankommen.

Wischen während der Semesterferien oder um Feiertage herum konnte ebenfalls sehr frustrierend enden. Es kamen viel zu viele zunächst vielversprechende Matches mit Menschen zustande, die nur auf Heimatbesuch in der Stadt waren und mittlerweile ganz woanders lebten. In neunundneunzig Prozent der Fälle am anderen Ende Deutschlands.

Zur erneuten Vergrößerung meiner Auswahl wagte ich vorübergehend das Experiment, die von mir vormals festgelegte Altersgrenze hochzusetzen. Dabei wurden jedoch gravierende Unterschiede offenbar, die mir Angst machten: Ich sah 28-jährige Männer, die, aufgedunsen und mit Geheimratsecken, aussahen, als wären sie neununddreißig, und 36-Jährige, deren Profile die Unreife von Zwanzigjährigen nahelegten. Außerdem merkte ich ziemlich schnell, dass meine geheime Hoffnung, ältere Männer erhöhten automatisch die Aussichten auf Ernsthaftigkeit, bitter enttäuscht wurde. So verwarf ich den Versuch, nachdem ich in der Kommentarspalte des Profils eines 40-jährigen

Nutzers „Wo sind die Frauen, die nicht gleich eine Beziehung wollen, denen ONS aber zu oberflächlich sind? Man kann es doch erst einmal langsam angehen lassen!" gelesen hatte, so schnell wieder, wie ich ihn begonnen hatte. Das schien nicht die gewünschte erfolgversprechende Option auf dem Weg zu meinem Traummann gewesen zu sein.

So hatte ich am Ende des Sommers schlicht das Gefühl, alle Abartigkeiten und Konstellationen hinter mir zu haben und mit meiner erprobten Dating-App vorerst durch zu sein. Sie hatte zu viele Fragen in mir aufgeworfen, auf die ich einfach keine Antworten fand. Sie frustrierte mich. Ich las auf Empfehlung einer Freundin hin schließlich das populäre Buch eines jungen Autors, das sich mit der Beziehungsunfähigkeit meiner Generation beschäftigt, fand jedoch auch in ihm nicht die erhofften Antworten und Verhaltensempfehlungen. Obgleich er die Probleme und Absurditäten unvergleichlich treffend zu beschreiben vermag, die auch ich nur allzu gut nachvollziehen, ja sogar bestätigen konnte. Ich fühlte mich in der Folge unbestritten weniger alleine, da ich immerhin merkte, dass ich nicht alleine *war*; dass ich mich mit Problemen einer gesamten Generation herumschlug. Manchmal reicht es ja schließlich schon, zu wissen, wo das Problem liegt. Trotzdem hatte ich das ohnmächtige Gefühl, nichts dagegen tun zu können, nichts zu verstehen, *die* Männer nicht zu verstehen. Ich wusste keinen Ausweg, nur, dass ich aus dem „Feuer" herausmusste. Was aber die Konsequenz war, sollte ich noch erfahren.

IX

ES LIEGT NICHT AN DIR!

Es war dann ausgerechnet Janine, die mir die Frage beantwortete, was eine annehmbare Alternative zur App mit der Flamme für mich wäre. Unverhofft und indirekt, indem sie mir bis über beide Ohren verliebt von ihrem neuen französischen Freund erzählte, den sie in einer vergleichbaren App mit buntem Herzchen als Logo kennengelernt hatte. „Ich hätte niemals gedacht, dass ich nochmal jemanden treffen würde, der so gut zu mir passt", schwärmte sie. Meine eigene dahingehende Hoffnung strebte mittlerweile auch gegen minus unendlich, aber Janines Geschichte gab mir neuen Auftrieb. Und sie bewahrte mich vor einer anderen Möglichkeit, die ich nicht einmal mehr gedanklich in Erwägung ziehen wollte: nämlich die der Akademiker und Singles mit Niveau, von denen sich angeblich alle elf Minuten *einer* verliebte.

Als ich nach der letzten miesen Männererfahrung mit meinen Freunden Viki und Nik wieder einmal ein ernstes Gespräch geführt und sie nach ihrer ehrlichen Einschätzung gefragt hatte, waren sie übereinstimmend der Meinung gewesen, genau diese kostenpflichtigen Portale seien meine letzte Chance. Sie fanden es weniger abwegig als vielmehr legitim, für Partnervermittlung bezahlen zu müssen. Harte, aber faire Worte.

„Du solltest vielleicht auch einmal über deinen Kleidungsstil nachdenken, der ist... nun ja... recht extrovertiert", hatte Nik noch hinzugefügt. „Ich weiß nicht, ob ich eine Frau ansprechen und/oder daten würde, die mit deutlich zur Schau gestellter Überzeugung einen gelben Mantel trägt. Irgendwie sendet das die falschen Signale", hatte er gesagt und auf das Kleidungsstück über meiner Stuhllehne gedeutet. „Vielleicht gibt es auf einem solchen Portal ja aber auch Männer, die damit besser umgehen können", hatte er hastig grinsend erklärt, als er meinen Blick bemerkt hatte. Nur er schaffte es, Kritik an meinem Verständnis für Mode so zu verpacken, dass ich sie ohne Kränkung aufnahm. Ich wusste, dass sein Nachsatz optimistisch hatte klingen sollen. Und wenn mein Mangel an erfolgsgekrönten Bekanntschaften wirklich daran liegen sollte, dann konnte ich das sehr gut akzeptieren. Einen Mann mit derart kümmerlich entwickeltem Modebewusstsein konnte ich nicht gebrauchen. Für nichts und niemanden würde ich mich ändern, auf das verzichten, was *mir* gefiel, um möglicherweise dann jemand anderem zu gefallen. So weit war ich definitiv noch nicht. Weit genug, um über ein kostenpflichtiges Dating-Portal nachzudenken, allerdings schon. Auch wenn ich es eigentlich so gar nicht einsah, in entsprechende Dienste investieren zu müssen. Ich schätzte meinen Marktwert trotz aller anderslautenden Erlebnisse schlicht als hoch genug ein. Warum bezahlten nicht die Männer dafür, eine Frau mit vergleichbaren Qualitäten kennenlernen zu dürfen? Es gab ja schließlich nicht einmal eine Garantie, dass sich dort nicht die gleichen Idioten herumtrieben wie anderswo. Geld und Bildungsstand beziehungsweise Niveau in diesen Bereichen ließen keinen automatischen Schluss auf ebenso im Umgang mit Frauen vorhandenes zu. Da es jedoch gerade eine kostenfreie Probeversion der elitären Partnervermittlung im Angebot gegeben hatte, hatte ich den Versuch dennoch gewagt. Und ihn genauso schnell auch wieder beendet, als einer der ersten Männer, die mir angezeigt wurden, – man glaubte es kaum – der Zahnstocher gewesen war. Es hatte wohl also einen wirklich guten Grund, wenn man bei diesem Portal angemeldet war, wenn man tatsächlich Geld in die Hand nahm. Da musste irgendetwas gewaltig nicht stimmen. Einen solchen Grund sah ich in mir selbst einfach eher weniger. Panisch, weil ich nicht gewusst hatte, ob ich ihm nicht umgekehrt auch sofort angezeigt worden war, hatte ich mein Benutzerkonto wieder gelöscht und war in der Folge für Janines Inspiration, es sein zu lassen, umso dankbarer und erleichterter. Erleichtert, dass es noch andere Möglichkeiten gab. Zwar sagte man der App mit dem bunten Herzchen nach, das genaue Gegenteil von einem Mehr an Niveau zu sein, unterste Kajütte quasi, aber ich konnte mich ja immerhin selbst einmal davon überzeugen, ob das nicht möglicherweise nur ein Vorurteil war. Nach besagtem virtuellen Ausflug konnte ich sehr gut mit weniger Niveau vorlieb nehmen als mit zu viel, wenn es automatisch ein Weniger in der Hose bedeutete.

Die ersten Erfahrungen mit meiner neuen App waren dann jedoch weniger vielversprechend als erhofft. Lovoo funktionierte nämlich im Gegensatz zu Tinder so, dass man zwar auch die Möglichkeit zum Wischen hatte, es jedoch zusätzlich die Option gab, sich Singles in der Umgebung anzeigen zu lassen und diese unabhängig von einem Match anschreiben zu können, als sogenannter „Icebreaker". Das war zwar einerseits äußerst bequem, da ich aktiv nicht zwingend etwas tun musste, sondern einfach darauf warten konnte, dass ein Mann, dem ich gefiel, mich anschrieb, aber andererseits schrieben mich auf diese Weise selbstverständlich auch zu viele Männer an, die *mir* so gar nicht gefielen. Und es erreichten mich bei weitem zu viele Nachrichten, die den Mangel an Ernsthaftigkeit durch einen Mangel an Rechtschreibung und Zeichensetzung nur allzu deutlich zur Schau stellten. Nachlässigkeit beziehungsweise unzureichende Kenntnisse und Fähigkeiten in diesem Bereich störten mich zwar generell, hier aber vor allem deswegen, weil sie so repräsentativ für die halbherzige Einstellung der Nutzer zu dieser App standen: Warum sich Mühe geben? War doch sowieso nur Spaß, aus dem nichts werden würde, lohnte sich also gar nicht, unnötig zu investieren, nicht einmal die paar Sekunden, die es gedauert hätte, die Nachricht vor dem Versenden noch einmal durchzulesen.

Abgesehen davon, dass mir selbst das nie passieren würde, egal, wie niedrig ich die Erfolgschance einschätzte, einfach weil ich es zu sehr verinnerlicht hatte, von ihr unabhängig immer mein Bestmögliches zu geben, gaben mir solche Nachrichten ein derart schlechtes Gefühl, dass ich um nichts in der Welt dem zugehörigen Mann eine Chance geben wollte. Was konnte der Kontakt schon für ein Potenzial haben, wenn das Gespräch mit „Schön, *das* wir ein Match haben" begann oder

mit der Frage: „Warum bist du Single, du bist viel attraktiver *wie* ich?"
In diesem Fall konnte ich mir ein schlichtes „Als ich!" als Reaktion nur
schwer verkneifen und letzten Endes dann auch nur, weil das dem
Mann indirekt womöglich die Antwort gegeben hätte. Als hätte ich mir
diese leidige Frage nach dem Warum nicht ohnehin schon oft genug
gestellt und sie trotzdem nicht beantworten können.

Der Allererste, der es schaffte, „das Eis zu brechen", fuhr den Kahn
dann schlussendlich selbst wieder gegen den Eisberg. Die Geschichte nahm glücklicherweise ihr Ende, bevor es zu einem Date kommen
konnte. Benni, ein wie es schien bodenständiger Polizist, erweckte zunächst einen sehr guten Eindruck bei mir. Dass er ziemlich schnell vorschlug, zu telefonieren, war für mich zwar ungewohnt, aber ich ließ
mich darauf ein. Bis ich merkte, dass er wohl insgesamt der schnelle
Typ zu sein schien. Vor allem einer, der sich schnell keine Mühe mehr
gab. Er machte schon beim ersten Telefonat den Vorschlag, ich könne
bei ihm einziehen, und für unser Date, das ich nach diesem Angebot
überhaupt nur noch in Erwägung zog, weil ich es als Scherz abgetan
hatte, dachte er an, „wir könnten in eine Kneipe gehen und zusammen
das wichtige Endspiel schauen", das dürfe er nicht verpassen, nicht
einmal für mich. Man könne ja „beides miteinander verbinden". Die
Nachricht mit diesem Vorschlag überhaupt noch zu beantworten, sah
ich dann schon als überflüssig an.

Ich machte zudem wieder vermehrt die Erfahrung mangelnder
Kompromissbereitschaft und überhaupt eines Mangels an Ernsthaftigkeit. Und die Bekanntschaft mit Ziel- und Orientierungslosigkeit, mit
schlichter Unkenntnis der eigenen Wünsche und Vorstellungen für die
Zukunft. In der Realität hatte ich all das schon selbst oft genug erlebt
und hörte gerade zu dieser Zeit auch wieder vermehrt dahingehende
Geschichten aus meinem direkten Umfeld. Meine beste Freundin, meine Schwester, mehrere gute Bekannte und engere Freundinnen von
mir, es waren ausnahmslos wunderschöne, intelligente, gebildete, unabhängige junge Frauen, die alleine und erfolglos auf der Suche waren.

Die sich mit Begeisterung einließen und immer wieder aufs Neue Zurückweisung erfuhren. Eva, die sogar eine Fernbeziehung nach Japan in Kauf genommen hätte, Amelie, deren Ex-Freund es nicht zu schätzen gewusst hatte, dass sie während seines langwierigen Studiums im Ausland anstandslos in Deutschland ausgeharrt und ihn vermisst hatte, sie schlussendlich zum Dank sogar betrogen hatte, meine Schwester Lara, nach der sich alle Männer auf der Straße umdrehten, die jedoch ausgerechnet immer an solche geriet, die sie nach anfänglicher Begeisterung mit halbgaren Entschuldigungen sitzen ließen...

Sie alle wie ich waren schon zu oft von Typen abgespeist und abgewiesen worden. Mit fadenscheinigen Erklärungen und der Ausrede, noch nicht bereit zu sein, noch nicht wirklich zu wissen, wo sie im Leben hinwollten, dass es sich (gerade) einfach „nicht richtig" anfühlte, dass die Gefühle nicht ausreichten. An ihnen und mir, den Frauen, das schien den Männern immer sehr wichtig, zu betonen, habe es jedoch selbstverständlich nie gelegen.

Als würde diese lächerliche Aussage eine Frau ernsthaft davon abhalten können, den Fehler in ihrer Person zu suchen und sich alleine als Grund dafür zu sehen, dass es sich für den Mann nicht richtig anfühlt. Besonders in den Fällen, in denen sich eine Frau die größte Mühe gegeben und sich nicht damit zurückgehalten hat, ihm ihre Zuneigung und Begeisterung zu zeigen, gleicht dieser Satz „Es liegt nicht an dir" einem Schlag ins Gesicht. Schließlich stellt sich eine Frau ja auch genügend Herausforderungen, nimmt genügend Unannehmlichkeiten in Kauf, damit es eben *nicht* an ihr liegt. Für den Mann muss es immer möglichst bequem und unkompliziert sein, man darf ihn auf keinen Fall belasten, weder durch zu häufige Nachrichten, am allerwenigsten durch Ansprüche und Forderungen. Wehe, es lässt sich nicht vermeiden, dass er zufällig unsere Familie kennenlernt oder wir besitzen die Dreistigkeit, ihm ein Souvenir aus dem Urlaub mitzubringen! Als Selbstmord gelten zudem vorsichtige Fragen danach, „was das denn jetzt eigentlich ist" oder „wie das denn jetzt eigentlich weitergeht, längerfristig, mit uns". Auch die behutsame Andeutung, dass es sich komisch anfühlt oder er sich zu distanziert verhält, sollte uns besser nicht herausrutschen. Damit kann man Monate regelmäßiger, unverbindlicher Treffen und unweigerlich damit verbundener Anstrengungen und Bemühungen binnen Sekunden zerstören und liegt schneller wieder alleine in seinem Bett, als man sich's versehen kann. Zurückhaltung, die unglaublich viel Disziplin erfordert. Gerade wenn man schon vermehrt Zurückweisung erfahren hat und schon gar nicht mehr weiß, wie man sich verhalten soll, hinter jeder mehrminütig unbeantworteten Nachricht den Schlussstrich vermutet, in dieser Hinsicht schlicht und ergreifend paranoid wird.

Es setzte sich langsam aber sicher für uns das Gefühl durch, bei einem Mann nur Erfolg haben zu können, wenn man ihm keinerlei Anlass zu der Annahme gab, aus unserer Person folgten Verpflichtungen, Erwartungen oder Zugeständnisse. Selbst wenn es faktisch schon vorbei war, durften wir auf gar keinen Fall damit nerven, dass wir gerne wissen wollten, *warum* es vorbei war. So sah sich meine beste Freundin Lena tatsächlich in der Pflicht, bei ihrer australischen Affäre die Frage danach, warum er nicht wie versprochen vorbeigekommen war, mit dem (zähneknirschend) scherzhaften Zusatz „I know you got 99 problems and I won't be one" aufzulockern.

Warum sind es immer wir Frauen, die nachts wach liegen und uns fragen, wie es weitergehen wird? Die es den Männern rechtmachen und sie mit Samthandschuhen anfassen müssen, aus der puren, begründeten Angst, dass sie sonst einfach wieder aus unserem Leben verschwinden? Weil sie es dem Anschein nach ganz einfach und ohne Bedauern können. Warum muss sich ein Korb für uns doppelt schmerzhaft anfühlen, wenn uns durch unser von Natur aus fürsorglicheres und zugeständnisreicheres, kompromissbereiteres Verhalten zudem noch unterstellt werden kann, dass wir selbst daran schuld sind, weil wir zu viel gewollt beziehungsweise erwartet haben?

Warum waren alle diese großartigen Frauen offen, bereit zu weitgreifenden Kompromissen, brachten so viel mit, hatten so viel zu geben und so viel zu bieten und es wurde so oft nicht nur gar nicht wertgeschätzt, sondern auch noch mit Füßen getreten? Allein dadurch, dass kein Mann bereit war, im Gegenzug für all die gebotenen Annehmlichkeiten etwas von seiner Freiheit und Bequemlichkeit aufzugeben? Sich einzuschränken oder auch nur einmal etwas zurückzugeben, ohne gleich Angst davor zu haben, die Frau interpretierte womöglich wahre Zuneigung hinein? Warum war es ihnen mehr wert, sich alles offenzuhalten? Woher kam die Angst vor zu viel Bindung mit einer Frau, mit der alles stimmte, der man keinen Vorwurf machen konnte, abgesehen von der bodenlosen Unverschämtheit, einen Mann ernsthaft gewollt und ihm das auch noch deutlich gezeigt zu haben? Worüber sie sich doch auch einfach glücklich hätten schätzen können! Gerade bei Lenas australischer Geschmacksverirrung, pardon australischem Liebhaber, der nur eine einzige Hose besaß, die er niemals wusch, sagte ich ihr nach dem letztendlichen Scheitern, dass dieser Typ dreimal täglich auf die Knie gehen und dem Herrn hätte danken müssen, dass ein Goldstück wie sie ihm so viel zu geben bereit war, statt sie einfach mit der jämmerlichen Erklärung wegzuschicken, er verdiene sie gar nicht und sei deshalb auch nicht in der Lage, ihr etwas zurückzugeben.

In der virtuellen Welt beim Schreiben und Wischen zeigten sich dieses Fehlen von Kompromissbereitschaft und die Ziellosigkeit auf etwas andere Weise. Ich selbst konnte mich davon nicht einmal ausnehmen. Man hatte sich nach langjährigem Singledasein einfach so bequem in seinem Leben eingerichtet, dass an den Menschen, für den man diese gemütliche Routine und Autonomie aufgab, einfach astronomisch hohe Anforderungen gestellt wurden. Dieses Verhalten legte man nicht etwa deshalb an den Tag, weil man keinen festen Partner, der einen liebte, herbeigesehnt hätte, sondern weil man sich eben genau dieses „Endprodukt" wünschte. Man wusste nur leider aus Erfahrung, wie hart und steinig der Weg zu diesem Ziel war, wie vielen Gefahren man auf ihm begegnen, was dabei alles passieren konnte, wie anstrengend und weit dieser Weg unter Umständen sein konnte. So kostete es dann eben auch doppelt Überwindung, sich überhaupt zu treffen; weil teilweise schon vorher die Furcht davor da war, den anderen vielleicht so toll zu finden, dass man sich wieder auf ihn und die mit ihm verbundene Gefahr einer weiteren Enttäuschung einlassen würde. Manchmal wusste man auch schon zu Beginn des Chats genau, dass daraus nichts werden würde, weil schon schriftlich und faktisch zu viel dagegen sprach, sei es Distanz oder inkompatible Lebenssituationen. Oder weil man, so sehr man sich womöglich auch das Gegenteil gewünscht hätte, gerade einfach zu viel Stress und eigentlich überhaupt gar keine Zeit, keinen Kopf für ein Date hatte. Dann blieb es bei der vagen Aussage „man müsste sich mal treffen", machte vielleicht sogar einen Termin dafür aus, obwohl man wusste, dass nie etwas daraus werden würde beziehungsweise dass man ihn absagen würde, im schlimmsten Fall verschob man das Treffen auch auf unbestimmte Zeit. Um des Kontakterhalts willen, als Hintertürchen, um jemanden zum Schreiben zu haben. Man sah darin eine Notlösung, einen Hoffnungsschimmer und konnte sein Singledasein beruhigenderweise auf zu viel Stress und widrige Umstände schieben; musste sich nicht mit dem Gedanken quälen, dass man keine Optionen oder Chancen hatte, dass das Leben und/oder das Schicksal einfach ungerecht waren und nichts für einen bereithielten. Man hätte ja die Wahl, die Möglichkeiten gehabt, es quasi selbst so gewollt. Damit ließ es sich deutlich leichter leben. Ob es tatsächlich besser war, blieb dahingestellt. Ebenso wie die Frage, was diese Verhaltensweise überhaupt brachte oder wohin sie führte; wenn man sich in Dating-Apps herumtrieb, um den eigenen Marktwert und die Auswahl zu checken und anderen Nutzern grundlose, unnötige Hoffnung machte. Obwohl man genau wusste, entweder nicht bereit oder zu beschäftigt zu sein, gar nicht genügend Zeit für einen Partner zu haben. Wenn man sich aber gleichzeitig so sehr einen wünschte, dass man das gar nicht wahrhaben wollte.

Oder aber, wenn man zwar mit gefühlt ernsthaften Absichten angemeldet war, jedoch lieber zum nächsten überging, sobald der kleinste Haken das bis dahin perfekte Bild des Gegenübers zerstörte, weil sich Torschlusspanik und Bindungsangst meldeten. Das konnte doch nicht schon alles gewesen sein? Warum sich damit zufriedengeben bei so viel Auswahl?

Kompromissbereitschaft setzt eben immer eine auch generelle Bereitschaft voraus. Nicht zuletzt dazu, die Vergangenheit auszublenden. Sowohl die des potenziellen Lebensgefährten hinsichtlich dessen erlebter Erfahrungen und vorangegangener Sexualpartner als auch die eigene. Ein gewisser Erfahrungsschatz ist ab einem bestimmten Alter schließlich zwangsläufig vorhanden, oft sogar vorteilhaft.

Wie, wenn nicht durch Ausblenden des Vergangenen, soll man denn sonst in einem neuen Partner wieder das Besondere sehen können? Und bereit sein, mit ihm noch einmal all die Erfahrungen zu durchleben und Zugeständnisse zu machen, obwohl sie in der letzten Beziehung auch nicht zur Ewigkeit beigetragen oder zum Erfolg geführt haben?

Ebenso wenig erfolgreich wie die dargestellten schriftlichen waren dann auch meine ersten beiden Dating-Erfahrungen mit der neuen App. Es war zudem fast schon unheimlich, wie sie sich glichen, zumindest was deren Ausgang anging.

Mit Stephan, der eine krankhafte Passion für Markenturnschuhe hatte und deshalb bei Erscheinen limitierter Kollektionen tagelang vor Ladengeschäften campierte, traf ich mich zum Essen beim Japaner und erlebte einen rundum gelungenen Abend. Mit Martin von Lessing, dessen wohlklingender Nachname bei den meisten Frauen bestimmt schon die halbe Miete war, verabredete ich mich zunächst im Zoo (wobei ich es im Nachhinein als schlechtes Omen ansah, dass wir dort gemeinsam Tiere beobachtet hatten, die ihren eigenen Kot gefressen hatten), ein paar Tage später sogar ein zweites Mal, zum Eis essen.

Beide Männer waren positive Überraschungen für mich gewesen, mit beiden hatte ich schöne Treffen erlebt, bei beiden hatte ich ein gutes Gefühl und nicht die üblichen Befürchtungen gehabt. Und trotzdem gaben mir beide im Anschluss einen Korb, ohne nähere Angabe von Gründen. Noch zu diesem Zeitpunkt empfand ich einen Korb allerdings als doppelt unbefriedigend und frustrierend, wenn er mit der meiner Meinung nach widersprüchlichen Aussage gepaart wurde, das Date sei aber sehr schön gewesen. Und selbstverständlich auch, wenn er durch den altbekannten Nachsatz „Es liegt nicht an dir" ergänzt wurde. Wenn es aber nicht an mir lag, woran dann? Warum hatte ich es nicht verdient, die wahren Gründe zu erfahren, um besser mit der Absage umgehen und sie verarbeiten zu können? Eben weil ich dann *sicher* gewusst hätte, dass es wirklich nicht an mir gelegen hatte. Und selbst wenn doch *ich* der wahre Grund gewesen war, warum konnte man mir nicht in Form von konstruktiver Kritik sagen, wo das Problem lag, damit ich wenigstens *etwas* Positives für mich aus dieser Erfahrung ziehen und es das nächste Mal besser machen konnte?

Gerade Martin, der mir anvertraut hatte, dass die letzte Frau, mit der sich über längere Zeit getroffen hatte, einfach ohne ein Wort umgezogen war, sodass er eine leere Wohnung vorgefunden hatte, als er sie hatte abholen wollen, hätte doch eigentlich wissen müssen, wie unbefriedigend es war, nie die Wahrheit zu erfahren? Den Grund eines „schlechten Bauchgefühls" konnte ich keinesfalls als solchen anerkennen und akzeptieren, weil ich darin schlicht einen Vorwand sah, sie mir nicht sagen zu müssen.

Apropos Bauchgefühl: Diese Erfahrungen stellten mich natürlich auch erneut vor die berechtigte Frage, ob ich meinem eigenen Bauchgefühl, im Hinblick darauf, wie gut ein Date gewesen war, überhaupt noch trauen konnte. Ich hatte ja offensichtlich ganz anders empfunden als beide Männer. Dabei spielte es für mich auch keine Rolle, ob ich nicht vielleicht selbst noch im weiteren Dating-Verlauf, bloß eben nicht so schnell wie Martin oder Stephan, gemerkt hätte, dass es nicht passte. *Ich* wollte schließlich die Wahl haben. Und vor allem nicht aus von mir nicht nachvollziehbaren Gründen einfach abserviert werden.

Ich fragte mich außerdem im Nachhinein, ob ich den Mangel an Begeisterung und Interesse nicht zumindest bei Martin schon daran hätte erkennen können, dass er mir vor unserem ersten Date abgesagt hatte. Absagen verunsicherten mich jedes Mal. Es konnte zwar immer etwas dazwischenkommen, aber ein ungutes Gefühl hinterließen sie dennoch. Sagte man nicht primär Dinge ab, die einem nicht so wichtig waren, oder weil womöglich sogar etwas Besseres (eine Bessere?) dazwischenkam? Sollte man überhaupt auf ein weiteres Treffen eingehen, wenn man einmal versetzt worden war? Wobei es wohl auch darauf ankam, wie gut die Ausrede war. In Martins Fall war es das Netz gewesen, das er laut seiner Aussage seit einem Leistenbruch im Bauch hatte und das angeblich Probleme machte. Ein medizinisches Phänomen, mit dem ich mich zu wenig auskannte, sodass ich erst bei einer Ärztin in meinem Freundeskreis nachgefragt, mich dann fatalerweise zum Verschieben hatte hinreißen lassen.

Nach diesen anfänglichen negativen Erlebnissen passierte jedoch etwas für mich Einmaliges: Ich bewegte mich zum ersten und einzigen Mal aus meiner Komfortzone heraus und hatte genau damit Erfolg. Ich tat etwas, das ich noch nie getan und bis dato strikt für mich abgelehnt hatte. *Ich* schrieb einen Mann an. Schon auf den Fotos hatte Manuel mir so gut gefallen mit seinen dunklen Haaren, den strahlenden braunen Augen und seinem umwerfenden Lächeln, dass ich schlichtweg nicht anders gekonnt hatte. Eine weitere Premiere für mich folgte dann bei unserem ersten Date, obwohl es eines dieser Standard-Dates war, nämlich Cocktailtrinken: Ich verliebte mich in ihn, in dem Moment, als ich an diesem Abend zur verabredeten Uhrzeit vor ihm stand. Mit ihm war alles anders. Er machte mir ein Kompliment für den von Nik kritisierten gelben Mantel, er bewunderte meine von ihm als solche bezeichnete Stilsicherheit, was ich aufgrund seiner nebenberuflichen Tätigkeit in einer Modeboutique als ultimative Bestätigung ansah. Er hatte einen Studienabschluss in Maschinenbau und war entgegen anderslautender Vorurteile trotzdem besser gekleidet als alle Männer, mit denen ich mich bisher getroffen hatte. Ich wusste auf dem Nachhauseweg nicht einmal mehr, was ich getrunken hatte, geschweige denn wie lange wir in der Bar gesessen hatten. Ich wusste nur, wie begeistert ich von ihm war. Da wir vor dem Date ausschließlich über die App kommuniziert hatten, ließ seine prompte nachrichtliche Frage nach meiner Handynummer, kaum dass ich zu Hause war, die wohltuende Mutmaßung zu, dass es ihm nicht anders ging. Und dass es ein Wink des Schicksals war, die App direkt nach Beantwortung seiner Nachricht zu löschen. Ich brauchte sie nicht mehr. Manuel hatte meine Nummer und ich hatte in ihm und dem Gefühl, das er in mir auslöste, gefunden, wonach ich so lange gesucht hatte. Bis zu unserem nächsten Date lief ich ausschließlich singend und summend herum, so dermaßen hatte es mich erwischt. Manuel entschädigte mich für meine schlechten Erfahrungen, er bewies mir, dass Männer sich sehr wohl auch Mühe geben und mit dem Sex warten konnten. Er verwöhnte mich mit einem Picknick, für das er ausschließlich Delikatessen besorgte und bei dem wir uns zum ersten Mal küssten. Er überraschte mich mit Karten fürs Freilichtkino und wir ließen uns mehrere Wochen intensiven Datings und Herumknutschens Zeit, bis wir das erste Mal miteinander schliefen. Und das, obwohl wir sogar einen ganzen Tag voll herausfordernder Zurückhaltung gemeinsam im textilfreien Bereich eines Bade- und Saunaparadieses verbracht hatten. Eine durchaus prickelnde und verheißungsvolle Erfahrung übrigens. Es schien einfach alles perfekt mit ihm zu sein, so wie ich es mir immer vorgestellt hatte. Warum hatte Janine mir nicht viel früher zu dieser anderen App geraten?

Allerdings gab es natürlich auch mit Manuel einige Hürden zu überwinden. Er arbeitete lediglich in der Stadt, in der ich wohnte, er war Pendler, was ihn zeitlich ebenso einschränkte wie das Schreiben seiner Doktorarbeit (auch in kostenfreien Portalen fand man offensichtlich Akademiker), weshalb wir uns nicht so oft sehen konnten, wie ich es mir gewünscht hätte. Aber er schaffte es spielend leicht, mir ein gutes Gefühl zu geben, sodass keinerlei Zweifel in mir aufkamen und ich mich nie nach den Zukunftsaussichten fragte. Es gab keine Ich-melde-mich-nicht-Spielchen, stattdessen stundenlange Telefonate. Wir trafen uns, so oft es seine Zeit zuließ, oftmals auch in der Mittagspause zum Essen.

So waren wir auch an diesem einen schicksalsträchtigen Tag gemeinsam beim Italiener gewesen. Da ich noch etwas Zeit hatte, schlug ich vor, ihn zu Fuß zurück ins Büro zu begleiten. Händchenhaltend schlenderten wir durch die Stadt, setzten uns auf eine Bank in die Herbstsonne. „Was würdest du dir gerade am meisten wünschen?", fragte ich ihn zwischen zwei Küssen. „Ich würde gerne ein paar Tage mit dir wegfahren. Ich möchte ein Hotelzimmer mit dir verwüsten, ich will dich ungestört genießen", flüsterte Manuel mir ins Ohr. „Und warum machen wir das nicht einfach? Wo würdest du am liebsten hin?", wollte ich daraufhin wissen. „Ich schaue gleich mal im Büro nach Angeboten für Venedig", zwinkerte er mir zu. Ich hätte platzen können vor überschäumenden Gefühlen. „Weißt du, dass du seit sehr langer Zeit der erste Mann bist, an dem mich nicht das Geringste stört?", brach erstmals das offene Bekenntnis aus mir heraus, als wir weitergingen. Tatsächlich hatte ich den vielgefürchteten Haken bei ihm bisher einfach nicht entdecken können. Anfangs hatte ich noch gedacht, dass es für ihn schwierig sein würde, sich zu öffnen, weil seine letzte Beziehung, die über neun Jahre gedauert hatte, erst ein halbes Jahr vorbei gewesen war, als wir uns kennenlernten. Das aber hatte glücklicherweise nie ein Problem dargestellt. Statt eines Kusses als Erwiderung kam von Manuel jedoch eine ungewohnt ruppige Reaktion: „Woher willst du das denn wissen, Anna? Du kennst mich doch überhaupt nicht!" Er ließ meine Hand los und raufte sich die Haare. Dann fuhr er fast schon trotzig fort. „Hast du denn gar nicht gemerkt, wie ich meine Prioritäten setze? Meinst du nicht, dass wir uns sehr viel öfter hätten treffen können, wenn ich gewollt hätte? Aber mir ist meine Arbeit nun mal wichtiger!" Ich verstand die Welt nicht mehr. Wie hatte die Stimmung zwischen uns so schnell umschlagen können? Ich kam nicht mehr mit. „Den Anspruch, wichtiger als deine Arbeit zu sein, hatte ich doch auch gar nie, das wäre ja anmaßend, nach so kurzer Zeit die Nummer eins auf deiner Prioritätenliste sein zu wollen", sagte ich deshalb versöhnlich. Er blieb stehen und drehte sich zu mir. „Ich habe das aber schon länger gemerkt, dass das alles viel mehr von dir ausgeht als von mir. Für *mich*", sagte er und sah mir dabei direkt in die Augen, „bist du einfach kein ‚Wow'." Ich konnte nichts dagegen tun, dass mir bei diesen harten

Worten die Tränen in die Augen schossen. Ich stand wie versteinert da, von seiner Aussage vollkommen betäubt und konnte mich daher auch nicht dagegen wehren, dass er mir einen letzten langen Kuss auf den Mund drückte, bevor er hinter der nächsten Ecke verschwand. Auf Nimmerwiedersehen und -hören.

Ich habe lange gebraucht, um zu verstehen, dass auch in Manuels Fall Bereitschaft das Problem gewesen war. Es lag nicht an mir. Wie hätte er auch nach einer so langen, nur so kurz zurückliegenden Partnerschaft bereit sein sollen? Ich wusste ja aus Erfahrung, dass man im Normalfall nicht einfach so aus einer Beziehung in die nächste springen, sich nicht sofort von der Vergangenheit lösen konnte. Schon gar nicht ohne andere zu verletzen. Ich fand es eher immer verstörend, wenn ich das Gegenteil mitbekam; wenn Paare sich nach Ausspruch der Trennung nicht einmal mehr auf der Straße grüßten, nachdem sie über Jahre hinweg ein Bett geteilt hatten. Dass Manuel ganz sicher Vergleiche gezogen hatte, wo er sie nicht hätte ziehen sollen und bei denen ich klar verloren hatte, konnte man ihm nicht vorwerfen, lediglich, dass er sich nicht die Zeit gegeben hatte, die Trennung zu verarbeiten, stattdessen Trost beim Online-Dating gesucht hatte. Vielleicht hatte er es sogar ernsthaft gewollt und versucht und erst in dem Moment, in dem ich mich ihm offenbart hatte, gemerkt, dass meines nicht seinem eigenen Empfinden entsprach. Nur so und nicht anders konnte ich mir diesen plötzlichen Handlungs- und Verhaltensumschwung möglicherweise erklären. „Der Wolf zeigt nicht sein wahres Gesicht, solange man ihn zappeln lässt", hatte er einmal zu mir gesagt. Was das genau bedeutete, hatte ich erst gemerkt, als ich durch meine unbedachte Aussage aufgehört hatte, ihn zappeln zu lassen. Ich hätte es wissen müssen. Eine gemeinsame Freundin erklärte meiner Schwester Lara und mir einmal, sie befürchte, dass Männer sich, solange sie uns nicht kannten, ein falsches Bild von uns machten. Sie glaubten uns hart und unnahbar. Bis sie uns und unsere weiche, verletzliche Seite kennenlernten, bis wir uns in sie verliebten und uns ihnen offenbarten, sie dann jedoch im gleichen Zuge das Interesse verloren.

Mir ging auf, dass ich die ganze zurückliegende Zeit mit Manuel über unterschwellig das Gefühl gehabt hatte, dass es fast schon zu perfekt gewesen war. Eine stets unterbewusst vorhandene Angst, es könnte wieder etwas passieren, ich könnte ihn verlieren, war das gewesen. Angst, die mit Sicherheit aus meinen Erfahrungen der Vergangenheit resultierte. Eine Furcht, die verhindert hatte, dass ich mein Glück unbeschwert hatte genießen können. An jede seiner haltlosen Versprechungen und Aussagen hatte ich mich festgeklammert, als wären sie eine Garantie und kein unüberlegtes, dahingesagtes Geschwätz gewesen, wie es bei Männern allzu oft vorkommt: „Wir könnten ja zusammen aufs Oktoberfest", „Bald koche ich dieses oder jenes für dich..."

Männer begreifen einfach nicht, was Worte für uns Frauen bedeuten können und wie sehr wir gedanklich an diesen mit den Worten verbundenen Vorstellungen festhalten. Einfach weil sie uns sonst nichts geben, woran wir uns klammern und womit wir unsere Sehnsucht nach Sicherheit und Beständigkeit, nach einer lohnenswerten Perspektive in Schach halten könnten. Außerdem ist jene Art von Geschwätz, das uns eine verheißungsvolle Zukunftsaussicht verspricht, für uns Frauen allein schon deshalb quasi unmöglich als solches zu erkennen, weil es ein Mehr darstellt. Für uns scheint sonnenklar, dass es die Wahrheit sein muss, denn warum sonst sollte er es sagen? Es handelt sich dabei schließlich um Aussagen, die nicht sein müssten, die keine Antworten auf Fragen darstellen, die nicht auf Nachfrage oder im Zugzwang getätigt werden, die einfach so aus einem Mann herausgesprudelt kommen, wo er genauso gut auch gar nichts sagen könnte. Warum hält er nicht einfach die Klappe, statt uns mit leeren Worten zu verwirren, von denen er bestimmt denkt, wir nehmen sie genauso wenig ernst, wie er selbst, und damit ein falsches Bild zu malen? Statt uns den Eindruck zu vermitteln, er denke schon weit in die Zukunft voraus und beziehe uns mit ein? Was unserer Ansicht nach ja zwangsläufig tiefgreifende Gefühle bedeuten muss! Wenn dann der letzte Vorhang fällt und man den Mann auf sein Geschwätz anspricht, erinnert er sich entweder schon gar nicht mehr daran – will sich zumindest nicht daran erinnern – oder es wird mehr als deutlich, dass für *ihn* in seinen Versprechungen keinerlei Bedeutung gelegen hat, dass er deshalb auch in keiner Weise nachvollziehen kann, dass es für uns so gewesen ist und warum *wir* Bedeutung hineingelegt haben. Ein Mann, ein Wort – von wegen!

Nun da sich dieses Gefühl unterschwelliger Angst vor Enttäuschung bewahrheitete, mischten sich das Gefühl grenzenloser Enttäuschung und der Liebeskummer in ein weiteres Gefühl: Erleichterung. Erleichterung darüber, dass ich Gewissheit hatte, wie es weiterging. Nämlich gar nicht. Und Erleichterung darüber, dass die Ungewissheit vorbei war und ich endlich wusste, woran ich war, auch wenn ich es nun lieber weiterhin nicht gewusst hätte. Jedoch merkte ich, dass ich tief im Inneren trotz der rosaroten Wolken der letzten Monate genau das und nichts anderes erwartet hatte. „Do you know the feeling of not knowing something and knowing it at the same time?" Diesen Satz hatte ich einmal in einem englischen Roman gelesen und ihn nie wieder vergessen, da er dieses Gefühl so wunderbar treffend beschreibt. Wir können uns bei zwischenmenschlichen Belangen einfach immer auf unser Inneres verlassen, auf unser Gefühl; es trügt uns nicht, wir dürfen ihm vertrauen. Egal, ob es darum geht, eine Person treffen, sie wiedersehen, ihr eine Chance geben (obwohl sie nicht unser Typ ist), sie küssen, mit ihr schlafen oder ihr den Laufpass geben zu wollen. Oder ob es darum geht, sich mit einer Person gut zu verstehen oder es sich womöglich nur einzubilden. Es gibt uns immer die richtige Antwort. Das Schlimme ist aber, dass wir ihm oftmals trotzdem absichtlich nicht vertrauen, weil wir nicht wollen, dass es da ist und schon gar nicht, dass es Recht hat. Wir wollen, dass wahr wird, was wir uns wünschen und nicht, was die Realität uns spüren lässt.

Dieser Gefühlscocktail aus Enttäuschung und Erleichterung allerdings war zu viel für mich. Ich konnte und durfte nicht zulassen, dass ich ihn in voller Härte spürte, sonst würde er mich vollkommen umwerfen, das war mir klar. Ich handelte wie Scarlett O'Hara, Protagonistin meines Lieblingsfilms „Vom Winde verweht". „Ich kann jetzt nicht darüber nachdenken. Verschieben wir's doch auf morgen", ist stets ihr Mantra, wenn ein Schicksalsschlag oder eine Enttäuschung zu groß ist, als dass sie so einfach damit fertig werden könnte. Sie ignoriert ihre Gefühle, blendet sie aus. Genau das tat ich auch. In einer Kurzschlusshandlung lud ich, kaum dass ein Tag nach Manuel vergangen war, erneut die Herzchen-App auf mein Smartphone. Ich tat unwissentlich genau das Gleiche, das Manuel getan hatte: Ich versuchte, meinen Schmerz durch Ablenkung, durch einen anderen Mann, zu betäuben und mich zu trösten, obwohl ich ganz genau wusste, dass es nicht möglich war. Dadurch, dass ich mir im Zuge eben dieser Kurzschlussreaktion gar nicht die Zeit zum Trauern und Verarbeiten nahm und mich direkt in das nächste Abenteuer stürzte, fand ich mich schlussendlich selbst in der Situation wieder, einem Mann einen Korb geben zu müssen. Einem Mann, gegen den nichts sprach, mit dem alles stimmte, der sich Mühe gab, der es sicher nicht verdient hatte. Einen Korb ohne Angabe von Gründen, ohne konstruktive Kritik, die ihm weiterhalf und die ich mir selbst im umgekehrten Fall immer so entrüstet gewünscht hatte. Weil es schlichtweg keine gab.

Ich hatte immer gedacht, dass es an mir, in meiner Person liegen musste, wenn ich nach einem objektiv schönen Date abserviert worden war. Wie es stets schien ohne großartiges Bedauern des anderen. Dass der andere aber so indifferent hatte sein können, hatte weniger daran gelegen, dass ich so furchtbar und er in der Folge froh gewesen war, mich los zu sein. Sondern allein daran, dass ich ihn – so gut ich und das Treffen mit mir auch waren – subjektiv einfach nicht hatte berühren können. Niemand hätte das gekonnt. Und selbst wenn es subjektiv und objektiv gut gewesen wäre: Gut zu sein, reicht manchmal nicht; gut zu sein, ist keine Garantie für ein gutes Gefühl bei unserem Gegenüber. Das Bauchgefühl ist eine gute (weil wahre) Erklärung. Das Bauchgefühl liegt immer richtig, in Bezug auf Personen sowie auch auf Situationen. Nur kann man es nicht in Worte fassen, so unbefriedigend es für denjenigen, der es nicht hat und der nichts damit anfangen kann, auch sein mag. Es ändert nichts daran, dass wir uns von Natur aus immer nach einer nachvollziehbaren, greifbaren Erklärung sehnen, weil wir immer verstehen wollen. Und wir ignorieren es oftmals absichtlich, handeln gegenteilig, um uns so auch das Gegenteil unseres Gefühls zu beweisen. Aber das funktioniert leider nie und rächt sich am Ende immer.

„Mein Kleiderschrank ist groß genug für zwei." Hauptsächlich dieser Satz in Jans Profilbeschreibung hatte mich dazu bewogen, seinen eisbrecherischen Mut zu belohnen. Jan machte schon beim ersten Date alles richtig. Er wartete zum verabredeten Zeitpunkt neben seinem Auto, hatte mir auf dem Weg einen Kaffee nebst Auswahl an Milch und Zucker mitgebracht, entführte mich zu einem romantischen Spaziergang, überlegte sich für das nächste Date einen ganz besonderen Ausflug in eine andere Stadt, war unglaublich aufmerksam, brachte sogar eigens vorbereiteten Proviant und meinen Lieblingstee für die Fahrt mit. Das nächste Date sollte in seiner Wohnung stattfinden. Und – die Frage sollte in der Folge ungeklärt bleiben – vielleicht wäre er tatsächlich mein Mister Right gewesen? Er war groß, breit gebaut, muskulös, dunkelhaarig, hatte sanfte, funkelnde Augen. Er war interessiert, schien einfühlsam, ehrlich und verständnisvoll. Aber ich konnte nicht. Ich konnte einfach nicht. Vor allem aber konnte ich es nicht in Worte fassen, nicht ihm gegenüber. Weil ich anfangs nicht einmal mir selbst gegenüber ehrlich zugegeben hätte, dass ich einfach noch nicht so weit war. Ich konnte mir einbilden, dass ich bereit war, für einen solchen Mann doch ganz einfach bereit sein *musste*, aber ich konnte es in der Realität nicht beschließen. Es lag nicht an ihm. Ich lernte es endlich. Ungeachtet der Verwerflichkeit meines gedankenlosen, egoistischen Weiterwischens, das mich zu Jan und in diese Situation geführt hatte, das ihm gegenüber einfach nur unfair war, weil er niemals auch nur annähernd für mich an Manuel heranreichen, geschweige denn mich ihn vergessen lassen konnte. Es half mir, *endlich* zu begreifen. Zu begreifen, was für die meisten Menschen bestimmt sonnenklar ist, ich aber erst schmerzvoll hatte lernen müssen.

Weder Wissenschaft noch Logik, noch Algorithmen in einer Dating-App, weder Vernunft noch Verstand, noch Trotz, nicht einmal eiserner Wille schaffen es, Gefühle, zu generieren, zu erzwingen, zuzulassen, zu ändern oder zu verdrängen. Egal, ob sie da sind, nicht da sind, einfach nicht aufkommen oder man sie schlichtweg nicht zulassen kann. Auch wenn wir viel zu oft versuchen, Einfluss auf unser Gefühl zu nehmen, es ist sinnlos. Unser Herz hat keinen Verstand. Nur lassen sich Gefühle eben auch äußerst selten erklären, noch seltener (be) greifen, oftmals einfach nicht verstehen. Wir verstehen unsere eigenen oft selbst nicht, einem Außenstehenden ist das dann erst recht nicht möglich.

Jan gegenüber nahm ich deshalb den dankbaren Grund, dass er mir verschwiegen hatte, Raucher zu sein, als Vorwand. Um mit den Worten meiner Mutter zu sprechen, die – das sei bemerkt – schon seit fast dreißig Jahren nicht mehr raucht, hätte ich mir lieber aus einem Einhunderteuroschein eine Zigarette gedreht und angezündet, als mit einem Raucher zusammen zu sein. Dabei war ich mir vollkommen sicher, dass es mich zwar gestört hätte, hätten wir uns zu einem anderen Zeitpunkt und unter anderen Umständen kennengelernt, ich den Kompromiss aber womöglich eingegangen wäre. So jedoch mündete mein Mangel an genereller Bereitschaft in einen vorgeschobenen Mangel an Kompromissbereitschaft. Das ergab für mich am Ende ein zwar umso schlechteres Gewissen, aber auch wenigstens einen Grund zur Absage, den Jan – wenn auch nicht verstehen – so immerhin nachvollziehen konnte. Besser als die allseits beliebte, noch weniger befriedigende Aussage, es liege nicht an ihm, sondern an meinem Bauchgefühl. Dann hätte er sich zwangsläufig vollkommen zu recht gefragt, warum zur Hölle ich es nicht auf die Reihe bekam, mein verdammtes Bauchgefühl zu beeinflussen, wenn doch mit ihm selbst alles stimmte. Dass ich schlichtweg noch nicht bereit für ein neuerliches Wagnis und er die Person war, die darunter leiden musste, wäre noch weniger leicht für ihn zu verarbeiten gewesen. Dies war nämlich genau der Fall, in dem die Wahrheit nicht unbedingt half, Enttäuschungen besser zu verarbeiten. Wie oft ich mich bei für mich nicht nachvollziehbaren Absagen danach gesehnt hatte, die Wahrheit zu erfahren, weil ich mir eingebildet hatte, dann besser mit ihnen klarzukommen...

Doch mir wurde bewusst, dass in diesen Fällen die Wahrheit und die Ehrlichkeit, nämlich schlichtweg die Offenbarung, noch nicht so weit zu sein, noch dem letzten Partner oder Beinahe-Partner hinterherzutrauern, in Wirklichkeit keine adäquate, befriedigende Alternative zu „Es liegt nicht an dir" ist. Weil sie ebenso wie dieser leidige Satz vor allem bei einer Frau dazu führt, auch hier den Fehler trotzdem bei sich selbst und der eigenen Person zu suchen, indem sie sich einredet, der Mann wäre ja todsicher über die letzte Enttäuschung hinweggekommen und hätte – wenn überhaupt – nur für sie sprechende Vergleiche gezogen, wäre sie nur gut genug gewesen. In „Es liegt nicht an dir" sieht man ja letztendlich trotzdem immer gerne eine Lüge, die einem aufgetischt wird, um einem das Leid zu ersparen, das es nach sich zöge, würde das Gegenüber aussprechen, dass es tatsächlich an einem selbst liege und daran, was für ein furchtbar schrecklicher Mensch man sei. Dabei vergisst man zudem, dass man auch dann dem eigenen Gefühl vertrauen und nicht erwarten darf, dass es automatisch funkt, nur weil man grundsätzlich bereit ist. Nur weil man sich einem sympathischen, attraktiven Menschen ohne offensichtlichen Haken bei einem schönen Treffen gegenüberfindet. Denn schon wenn es sich für uns nicht so anfühlt, wie wir uns das gewünscht oder vorgestellt haben, fühlt es sich automatisch schlecht an, schlicht nicht so, wie es sich anfühlen *sollte*.

Ich begriff, meinem Gefühl konnte, sollte, durfte und musste ich vertrauen. Ich erinnerte mich an immer mehr Situationen, in denen ich besser daran getan hätte, genau das auch zu tun, statt dagegen anzukämpfen. Nur weil es erfahrungsgemäß die besten Abende wurden, wenn ich vorher gar keine Lust gehabt hatte, feiern zu gehen, galt das nicht automatisch auch für Dates. Wenn ich bereits auf dem Hinweg am liebsten umgedreht hätte oder insgesamt lieber im Bett geblieben wäre, war auch nie etwas Gutes dabei herausgekommen. Auch wenn sich natürlich nicht feststellen ließ, ob es an meinem unterschwellig spürbaren Mangel an Motivation gelegen oder mich mein Gefühl tatsächlich vor einer Enttäuschung hatte bewahren wollen.

Alles in allem sind Gefühle nun mal subjektiv und liegen somit selten in der Person des Zurückgewiesenen. Insgesamt auch eine überaus erleichternde Erkenntnis, weil es im umgekehrten Fall wohl oftmals die Wahrheit gewesen war und *wirklich* nicht an mir gelegen hatte. Ich hätte die Zurückweisungen in der Vergangenheit daher auch gar nicht als Angriff gegen mich persönlich sehen müssen. Trotzdem oder genau deswegen waren sie nicht weniger verletzend oder enttäuschend für mich gewesen. Besonders dann, wenn sie auf den schlichten Mangel an Bereitschaft gegründet hatten, den der andere bei sich hätte erkennen und akzeptieren müssen. *Bevor* er sich mit mir traf und mir Hoffnungen machte. Es machte ja einen großen, wesentlichen Unterschied, ob er ganz offen damit umging und von vornherein nur nach körperlichen Bekanntschaften suchte oder ob er vorgab, vor sich selbst und anderen, offen für alles zu sein und es in Wahrheit eine glatte Lüge war.

Ich hatte meine Lektion gelernt, weshalb ich für mich beschloss, die App zu löschen und es für mich gut sein zu lassen. Darüber hinwegzukommen, die Vergangenheit ruhen zu lassen, Abstand zu gewinnen. Meine Wunden heilen zu lassen. Es wäre sonst ganz einfach unfair gewesen. Ein schlechtes Bauchgefühl bei einem Mann, unabhängig von seinen faktischen Vorzügen, würde zukünftig immer akzeptabel für mich sein. Jedoch jedenfalls inakzeptabel, wenn es schon automatisch deshalb schlecht war, weil ich noch nicht mit der Vergangenheit fertig war, ich ungerechtfertigte Vergleiche zog und er niemals gut genug sein konnte. Ungeachtet dessen, wie gut oder sogar wie viel besser als der letzte Mann er tatsächlich war. Ich merkte zudem, dass all dieses virtuelle Dating und Kennenlernen eine zusätzliche, nicht zu unterschätzende Gefahr mit sich brachte, da es so fernab der Realität schien: Es vermittelte mir das Gefühl, dass dadurch die Zeit stehen blieb. Mehr noch, dass ich zusätzliche Zeit dadurch gewann. Dass das Gegenteil der Fall war und vor allem, dass die Zeit für alle anderen keinesfalls stehenblieb, merkte ich spätestens, als mir zu Ohren kam, mein Ex-Freund habe sich erfolgreich getröstet, sei wieder glücklich vergeben und lebe schon mit der Neuen zusammen. Gerade wenn man selbst Schluss gemacht hat, erwartet man unterbewusst, dass der Ex-Partner noch auf ewig an demselben Punkt bleiben wird, an dem man ihn verlassen hat, für immer an einem hängen und der gemeinsamen Zeit hinterhertrauern wird, sodass man notfalls mit fliegenden Fahnen zurückkommen könnte und dankbar aufgenommen würde, sofern man wollte. Ich bekam unweigerlich und mit doppelter Härte zu spüren, dass alle sich weiterentwickelten, ihren Weg und ihr Glück zu finden schienen. Und ich? Ich blieb übrig, war gefühlt keinen Schritt weitergekommen, nur zigfach enttäuscht und zurückgewiesen worden. Damit galt es zunächst, klarzukommen, mich auf das Leben, das eben doch *offline* stattfand, zu konzentrieren und Abstand zu gewinnen. Mich zu sortieren, meine persönlichen Wünsche, Ziele, Leitlinien, Prinzipien und Glaubenssätze vielleicht wiederzufinden, vielleicht neu zu definieren, die ich unterwegs auf dem Weg durch den Irrgarten des Online-Datings irgendwo verloren hatte. Ich erinnerte mich, wie glücklich ich alleine mit mir selbst auch ohne Beziehung gewesen war, bevor ich mich so intensiv und krampfhaft mit der Suche nach meinem Traumprinzen beschäftigt hatte, der schlussendlich doch nie vorbeigeritten war und wenn doch, dann im falschen Moment oder verkleidet, sodass er mir nicht aufgefallen war. Nur glücklich*er* hatte er mich machen sollen, war ich ganz zu Anfang überzeugt gewesen. Dass ich zwischendurch damit angefangen hatte, die Gesamtheit meines Glücks vom Finden dieses Mysteriums abhängig zu machen, war weder geplant noch wünschenswert gewesen. Ganz sicher das Gegenteil einer positiven Entwicklung. Immerhin, Erfahrungen hatten mir meine Erlebnisse gebracht. Auch wenn ich auf einen Großteil im Nachhinein gut und gerne hätte verzichten können. Auf die Frage, ob alles so richtig gewesen war, ließ sich dennoch dieselbe Antwort geben wie auf die, ob es die richtige Entscheidung gewesen war, mich von meinem Ex-Freund zu trennen: Es war wichtig gewesen, für meine gesamte Entwicklung. Dass diese keine rein positive gewesen war, das erkannte ich nun wenigstens und hatte so die Chance, daran noch etwas zu ändern. Für Einsicht ist es schließlich nie zu spät.

Ich würde also versuchen, wieder zu mir zu finden und mich um mich selbst zu kümmern. Diese Selbstfindung würde ich auch gleich dafür nutzen, an den Punkten zu arbeiten, von denen ich mir immer wieder eingeredet hatte, dass sie gegen mich sprachen und dass ich sie noch verbessern konnte (auch wenn es noch kein Mann offen zugegeben hatte). Wenn ich mich dann wieder bereit fühlen sollte, würde ich erneut auf die Suche gehen, ganz entspannt und locker. Dann vielleicht auch wieder eine Dating-App herunterzuladen, wollte ich nicht ausschließen. Es würde aber sicher nicht mehr die mit dem bunten Herzchen werden, denn sie hatte weder mir Glück gebracht noch Janine, die sich inzwischen schon wieder von ihrem Franzosen getrennt hatte. So gut hatte es dann doch nicht gepasst. Als sie mir davon berichtete und mich voller Verzweiflung fragte, was denn bloß los sei auf dieser Welt, fiel mir als Trost nur ein passender Satz ein, den ich für mich gelernt und verinnerlicht hatte: „Es liegt nicht an dir!"

Es lag ja oftmals wirklich nicht an uns.

X

VON ANNA
UND IHRER APP

Inzwischen war es – wieder einmal – Sommer geworden. Mit den steigenden Temperaturen hatte sich glücklicherweise auch mein inneres Gleichgewicht wieder eingestellt. Langsam aber sicher kam ich zurück an den Punkt, an dem ich schon vor Jahren, nach meiner letzten Trennung und vor dem zurückliegenden Dating-Marathon, gewesen war. Bevor ich angefangen hatte, elektronische Hilfsmittel als Möglichkeit in Erwägung zu ziehen. Bevor ich mich zeitweise auf den Gedanken eingelassen hatte, mein Gegenstück, der berühmte Deckel für mich als Topf, lasse sich in einem kleinen leuchtenden Kästchen finden. Vor all diesen negativen Erfahrungen, zeit- und nervenraubenden Konversationen, Dates, Diskussionen, Enttäuschungen, Abschieden, Offenbarungen (an mich selbst und andere) und schlussendlich jedes Mal der Einsicht, dass es wieder einmal nichts geworden war.

Ich selbst stand wieder an erster Stelle. Mein Seelenfrieden, meine Selbstzufriedenheit, mein Wohlbefinden und der Luxus, den Tag für mich selbst nach eigenem Belieben gestalten, nach bestem Wissen und Gewissen leben zu können, hatten Priorität. Ich trieb mehr Sport als jemals zuvor und hatte Männerbekanntschaften, virtuell wie real, komplett aus meinem Leben inklusive meiner Gedanken verbannt. Als hätte ich für mich akzeptiert, dass es sowieso keine andere Option für mich gab, dass ich alles – leider ohne Erfolg – versucht hatte, dass es unendlich viele Tränen, Herzschmerz, Frustration und Mühe gekostet hatte, ich zwar um wertvolle Erfahrungen reicher war, es sich aber im Endeffekt auch für nicht mehr gelohnt hatte. Es war eine zugleich schmerzvolle wie erleichternde Erkenntnis: Ich kam klar. Ich brauchte nicht zwingend jemanden. Ich konnte auf mein Handy schauen, ohne dass es mich wie ein harter Schlag traf, wenn darauf keine Nachricht des anderen Geschlechts eingegangen war. Innerlich nagte zwar zeitweise eine unterschwellige Enttäuschung, so als sei es mein persönliches Versagen, dass ich es, trotz aller Anstrengungen und meiner viel gepriesenen Vorzüge, nicht geschafft hatte, einen Mann an mich zu binden. Ich war in dieser Hinsicht einfach müde. Und desillusioniert. Dabei konnte ich aber immer öfter wieder die Vorteile meines Single-Daseins erkennen; es gab nur mich. Niemanden, der mich enttäuschte, betrog, einengte, zu Kompromissen zwang. Keine trüben Gedanken, die mich nachts wach hielten. Vielmehr gehörten sie mir alleine, mein Kopf war frei. Nichts lenkte mich ab oder verdarb mir die Stimmung. Dieses Gefühl von Überlegenheit wurde natürlich immer dann genährt, wenn es aus der Klatschpresse oder dem erweiterten Bekanntenkreis Geschichten von Seitensprüngen, vollkommen überraschenden Trennungen oder sexuellen Flauten inklusive nächtlicher Beziehungsstreits zu hören gab. Genau das gegenteilige Gefühl stellte sich jedoch selbstverständlich bei Neuigkeiten über geplante Hochzeiten ein, wenn ich nachts nach Hause kam und ein verwaistes Bett vorfand oder wenn befreundete Pärchen Bilder aus dem kürzlich gemeinsam verbrachten Liebesurlaub zeigten. Ich wusste schon gar nicht mehr, wie es war, Teil einer Beziehung zu sein. Ich kannte das Gefühl nicht mehr, für jemand anderen die Welt zu bedeuten. Es kam mir völlig irreal und unvorstellbar vor, dass es auf partnerschaftlicher Basis einen Menschen geben könnte, der *gerne* viel Zeit mit mir verbrachte. Weil er es wollte. Weil er *mich* wollte. Der sich meldete, der Dinge mit mir unternahm, den es ehrlich interessierte, wie es mir ging. Und zwar nicht nur, um abschätzen zu können, ob eventuell noch Sex drin war. Dass jemand tatsächlich mich als Partnerin auserkor, mich ehrlich und wahrhaftig wollte. Sich in dieser Welt voller mannigfaltiger Optionen für *mich* entschied. Ich erwischte mich sogar dabei, wie ich unwillkürlich, wenn ich Pärchen auf der Straße sah, sofort und ohne zu überlegen davon ausging, dass es der Typ ja mit dem Mädel sowieso nicht ernst meinte. Dass er sie eh nicht wollte. Dass er nur auf eine bessere wartete und sowieso unzufrieden war. Das hatten die letzten Jahre und Monate aus mir gemacht: Ich hatte den Glauben an die Liebe verloren, so dramatisch es sich auch anhörte. Gleichzeitig wünschte ich mir insgeheim aber genau das, wenn ich ehrlich zu mir selbst war. Egal, wie gut ich alleine klarkam, diese unerschütterliche Hoffnung und Sehnsucht, die ich mir selbst gar nicht eingestehen wollte oder bewusst machte, sie war da. Unterschwellig. Das merkte ich spätestens bei einem vietnamesischen Abendessen mit Viki und Nik, als sie mich fragten, ob ich in einer Beziehung eher Action- oder Strandurlaub bevorzugen würde. Ich sah Nik ungläubig mit glänzenden Augen an. „Weißt du, was mir gerade bewusst wird?", fragte ich ihn. „Es wäre mir vollkommen egal. Es ist für mich gerade genauso unvorstellbar, zum Mond zu fliegen, wie dass jemand *überhaupt* gerne mit mir Urlaub machen möchte." In Erinnerung an Manuel fügte ich trotzig hinzu: „Der Letzte, der gedanklich schon Tickets nach Venedig für sich und mich gebucht hatte, hat mir zwei Minuten, nachdem wir über eine gemeinsame Reise gesprochen hatten, mitten ins Gesicht gesagt, dass ich in seinen Augen kein ‚Wow' bin und er seine Zeit lieber mit Arbeit als mit mir verbringt. Okay?" Viki bot mir daraufhin betreten eine weitere Sommerrolle an und wir wandten unsere ganze Aufmerksamkeit wieder unserer Pho zu. Irgendwann gab es schlichtweg einfach nichts mehr zu diesem Thema zu bemerken.

Es war, wie ich fand, trotzdem richtig gewesen, sämtliche Dating-Apps zu löschen und mich zu resetten. Eigentlich war ich nun wieder an genau dem Punkt, den ich anfangs für mich selbst als Wunsch-Grundvoraussetzung an die Nutzer von Dating-Apps formuliert hatte beziehungsweise den ich mir generell als Ausgangslage für das Eingehen zwischenmenschlicher Beziehungen vorstellte: Ich hatte Erfahrungen gemacht, die mich geprägt hatten, die ich nicht auslöschen konnte und die sicher in mein Verhalten mithineinspielten. Ich war jedoch trotzdem offen für Neues und es gab keine Altlasten, nicht einmal in Form von Gedanken an oder Nachrichten von jemandem, die mich in meinem Alltag tangierten. Ob ich es wieder wagen sollte? „Eigentlich sind das gerade die besten Voraussetzungen für einen neuen Versuch", meinte Lena, als ich ihr am Telefon meine Situation schilderte. „Außerdem auch irgendwie cool. Du kannst nochmal ganz von vorne anfangen, weißt genau, worauf du achten musst, und wirst aus den alten Fehlern lernen können. Du hast Dating-technisch schon ungefähr jeden abgefahrenen Scheiß erlebt, den es zu erleben gibt. Du kennst die Signale. Du kannst jetzt vollkommen entspannt sein. Vor allem weißt du ja auch, dass du auf die Mistkerle nicht angewiesen bist und du sowieso mit allem fertig wirst. Mach es!" Kaum hatten wir aufgelegt, tat ich es dann auch: Ich ließ die lodernde Flamme wieder mein Handy verbrennen. Im übertragenen Sinne. Ich re-installierte Tinder darauf. Meine beste Freundin hatte, wie fast immer, Recht. Ich hatte jetzt den nötigen Weitblick und reichen Erfahrungsschatz. Ich war entspannt und selbstzufrieden. Was konnte passieren? Ich würde nur noch diejenigen liken, deren Profil einer wirklich, wirklich kritischen Überprüfung standhielt. Und ich würde trotz allem offline leben. Diese App sollte lediglich dazu da sein, dass ich mir nicht später einmal vorwerfen konnte, es nicht auch auf diesem Wege versucht und sie nicht doch als Möglichkeit in Erwägung gezogen zu haben. Weder sie noch ihre Nutzer sollten aber jemals wieder eine Art Lebensinhalt werden und die Macht besitzen, mich herunterzuziehen.

Es funktionierte erstaunlich gut. Ich benutzte die App mit einer Lockerheit und Distanz, die ich mir für mich selbst immer gewünscht und den Männern, mit denen ich in der Vergangenheit über sie kommuniziert, angekreidet hatte. Ohne dass es mich die geringste Mühe kostete oder ich mich verstellen musste, war ich distanziert, unnahbar, fast schon gelangweilt, ging keinen Schritt auf meine Matches zu, hielt ein Gespräch nicht gezwungen am Laufen und schrieb unverkrampft auch mal tagelang nicht zurück – unabsichtlich, weil ich es schlichtweg vergaß. Es war nur eine App, noch dazu eine, in der sich ein Haufen unreifer, bindungsunwilliger Idioten herumtrieb. Ich hatte meine Lektion gelernt. Andererseits war ich vollkommen offen. Wenn sich trotz dieser inneren Einstellung von mir in dieser App etwas entwickeln und es ein Kontakt schaffen sollte, sich zu etablieren, dann bedeutete es wohl etwas und verdiente, weiter verfolgt und ernster genommen zu werden. Ich hatte keine bis wenig Erwartungen, bei Matches mit Typen, deren Fotos mir auf Anhieb gefielen, war ich mehr skeptisch als übererfreut, ich nahm mir vor, mich lieber persönlich zu treffen, als Romane zu schreiben, einfach auch, um in Dating-Übung zu bleiben, und trotzdem alles sehr langsam angehen zu lassen und auch bei Dates die gebotene Distanz zu wahren. All das fiel mir nach meinen bisherigen Erlebnissen überhaupt nicht schwer. Zumal ich mich gut genug kannte, um zu wissen, dass das dann auch meiner tatsächlichen Haltung entsprach; ich konnte mich nicht verstellen. Wenn mir jemand wirklich gefiel, dann hielt ich „Cool Play" nicht durch und dann hatte ich auch das riesengroße Bedürfnis, echt zu sein, etwas Echtes von mir zu geben und mir Sympathie nicht durch Verstellen und Spielchenspielen zu erschleichen.

So sehr ich Romantik à la Rosenblätter und in Herzform ausgelegte Teelichter hasste, so hoffnungslos romantisch war ich dann in dieser Hinsicht und wünschte mir etwas Ehrliches auf Vertrauensbasis oder gar nichts. Ich offenbarte gern mein wahres Ich, sofern mir der andere signalisierte, ich konnte es, ohne mir dabei etwas zu vergeben, zu riskieren, dass ich ihn damit von mir wegdrängte oder mich uninteressant machte.

So weitblickend glaubte ich zu sein und so überlegen fühlte ich mich. Bis Tom kam.

Eine meiner neuen Strategien war zudem, mich aus meiner Komfortzone zu bewegen, sprich: auch Männern eine Chance zu geben, die vielleicht nicht auf den ersten Blick meinen Vorstellungen entsprachen. Das Gegenteil hatte mir ja schließlich in der Vergangenheit auch kein Glück gebracht, hatte ich mir überlegt.

Toms Profil bestand sämtlich aus Bildern, die ihn auf einem Boot zeigten. Seitdem ich im Thailandurlaub bei einer Speedboat-Tour fast gestorben wäre, weil wir in ein (vorhersehbares) Unwetter gekommen waren, hasste ich alle Fortbewegungsmittel zu Wasser. Er hatte helle

Haare mit Rotstich, vor allem im Bart. Lena war bisher die einzige rothaarige Person gewesen, die sich in meinem Leben dauerhaft durchgesetzt hatte. Er war ein Jahr jünger als ich. Eigentlich hatte mir meine Erfahrung gezeigt, dass jüngere Männer fast immer an einem Punkt im Leben standen, der von meinem sehr verschieden war, noch mitten in der Austobephase steckten und keine Reifesubstanz hatten. Er studierte Elektrotechnik. Ich hatte schon sehr oft den vorurteilsschwangeren Satz „Langes Haar, die Arme schmächtig – du studierst Elektrotechnik!" in den Mund genommen, einfach weil in meiner Heimatstadt sehr viele Männer, bei denen es leider *kein* Vorurteil ist, Elektrotechnik studieren. Oder Maschinenbau. Das wiederum reimt sich laut Vorurteilsvers auf „Karohemd und Samenstau". Nur zur Information vorweg, ich habe noch nie einen Mann gedatet, der muskulösere Arme als Tom hatte. Wir hatten kaum und nur belanglos geschrieben. Dennoch befahl mir meine Intuition, mit einem „Ja" auf seine Frage nach einem Treffen zu antworten. Ich finde, hier wird sehr deutlich, wie offen, tolerant und vorurteilsfrei ich in meiner neuen Tinder-Ära zu sein versuchte. Auch unser darauffolgendes erstes Date, bei dem wir zusammen Sushi essen gingen, stand unter dem Motto meiner neu erworbenen Coolness. Wir verstanden uns unglaublich gut, quatschten während des gesamten Essens locker, bestellten eine zweite Runde Sushi, später quatschten wir bei einem Cocktail weiter. Es lag keine Spannung in der Luft, kein Knistern, ich dachte nicht einmal darüber nach, wie es wäre, mit ihm intim zu werden und er wiederum ließ sich auch nicht im Geringsten in die Karten schauen, ob ich ihm überhaupt gefiel. Wir fuhren ein Stück unseres Heimwegs zusammen mit dem Rad und trennten uns mit einer freundschaftlichen Umarmung. Der Ausblick des Ganzen war vollkommen offen. Ich bedachte mich selbst mit einer Mischung aus Verwunderung und Stolz. Konnte ich auf einmal daten wie ein Mann? Es war schön gewesen, auf jeden Fall, jedoch kein immenser Schaden, wenn er sich nicht mehr melden würde.

Er meldete sich dann auch tatsächlich nicht. Nicht mehr an diesem Abend, nicht am nächsten Morgen, nicht am nächsten Mittag. Online war er zwischendurch selbstverständlich. Aber nicht einmal das brachte mich aus meinem inneren Gleichgewicht, denn eine Stimme in meinem Kopf wisperte: „Ha, das ist doch eh nur eine Masche, als ob ich darauf hereinfalle!" Ich war der Dalai Lama, schien es, ich stand über den Dingen, ich stand über der Dating-App; ein Fakir quasi, der im wahrsten Sinne des Wortes über der Flamme stehen kann. So war ich auch überhaupt nicht überrascht, als Tom sich am Spätnachmittag doch noch meldete und gekonnt lässig an unser Date anknüpfte. Ich war lediglich widerwillig beeindruckt. Denn uninteressant hatte er sich durch diese Aktion auch nicht gerade gemacht. Schließlich konnte ich auf genügend erste Dates zurückblicken, in deren Anschluss für die Männer schon alles in Stein gemeißelt geschienen hatte und kaum auf dem Heimweg bereits ein „Darf ich dich wiedersehen?" auf meinem Handydisplay geleuchtet hatte.

Ich bin fest davon überzeugt, egal, wie sehr sich frau dagegen sträubt, egal, wie viel besser sie es eigentlich weiß, diese Eine-Weile-nicht-melden-Nummer wird immer dazu beitragen, einen Mann interessanter zu machen. Leider.

Am nächsten Tag berichtete ich Lena davon. Sie war voller Optimismus. „Siehst du, das läuft doch! Jetzt bin ich ja erst einmal übers Wochenende aus Berlin da und du hast eine Ausrede, mich zu priorisieren. Morgen fahren wir zum See, ich mache ein unabsichtlich heißes Strandfoto für Instagram von dir und nächste Woche triffst du dich nochmal mit ihm, du hast ja schließlich gerade frei!"

Gesagt – getan. Der Kontakt riss das ganze Wochenende über nicht ab und sonntagabends überraschte Tom mich tatsächlich mit dem Vorschlag, am nächsten Morgen gemeinsam frühstücken zu gehen. Mir fiel auf, wie aufmerksam er sich offensichtlich gemerkt hatte, dass ich es liebe, frühstücken zu gehen. Überhaupt bemerkte ich erst bei besagtem Frühstücks-Date so richtig, *wie* süß und aufmerksam er war. Und wie gut wir uns verstanden. Und wie reif und beruflich erfahren er trotz seines jungen Alters schon wirkte. Und wie kompatibel unsere Interessen und kulinarischen Vorlieben zu sein schienen. Was es bloß noch herauszufinden galt, war, ob er nicht *zu* lieb und vor allem zu *brav* war. Locker reden konnte ich mit ihm ohne Zweifel, aber ich hatte nicht vergessen, wie die Sushi-Karte in seiner Hand ein paar Tage zuvor aus Nervosität gezittert hatte. Für einen souveränen Liebhaber sprach das nicht unbedingt, oder? An diesem Punkt fragte ich mich, als ich ihn unauffällig beim Rühreiessen beobachtete, auch zum ersten Mal, wie es wäre, ihn zu küssen. Ganz und gar untypisch für mich, im Normalfall war das die erste Frage, die ich mir stellte, wenn ein Mann das erste Mal unter meine Augen trat. Hielt er dieser Frage an mich selbst nicht stand, war er quasi schon abgeschrieben. Ich bemerkte, dass seine Lippen ziemlich schmal waren. Kein besonders gutes Omen wahrscheinlich. Rumknutschen war so etwas Schönes... Wenn sich das nicht gut anfühlte, war das ein echtes Problem. Ich schob den Gedanken schnell wieder beiseite und konzentrierte mich lieber auf mein Müsli und den anschließenden Spaziergang durch die Stadt und den Schlosspark.

Stunden später, die sich rückblickend wie ein einziger Wimpernschlag anfühlten, verabschiedeten wir uns, damit ich einen längst überfälligen Zahnarzttermin wahrnehmen konnte (Ich gab mir Mühe, die Regel zeitlicher Begrenzung anzuwenden!), machte er noch beim Abschied den Vorschlag, den nächsten Tag gemeinsam am See zu verbringen. „Ha, da wird er mal ‚The Body' sehen", freute sich Lena, als ich ihr später davon erzählte, „du hast doch hoffentlich zugesagt?" „Natürlich. Er wird mich morgen Mittag mit dem Auto abholen, wir werden zum See fahren und dann... Mal sehen", grinste ich. Es war definitiv etwas Besonderes, in eine so leicht bekleidete Situation zu gehen, ohne sich vorher schon voreinander ausgezogen, geschweige denn berührt zu haben. „Ich bin gespannt", sagte sie mit einem Augenzwinkern. Ich war es auch. Und sehr erleichtert, dass ich mich momentan tatsächlich in einer Form befand, die mir die in einer solchen Situation wohl typisch weibliche primäre Sorge über den Zustand meines Körpers ersparte. Ich fühlte mich pudelwohl in meiner Haut, alles war lackiert und epiliert, wie es im Optimalfall sein sollte, in dieser Hinsicht sollte ich vollkommen entspannt sein können. Mein Dekolleté-schmeichelnder türkisfarbener Rüschenbikini, der die Farbe meiner Augen unterstrich, sollte das Übrige tun.

Als Tom mich am nächsten Mittag dann schließlich abholte, war ich auch wirklich mehr freudig erregt als nervös. Für mich war sonnenklar, dass wir uns an diesem Tag näherkommen würden. Es war das kritische dritte Date und wir würden nur Badesachen anhaben. Wenn das nicht verführte, was dann? Nachdem wir uns auf einen Platz im Halbschatten geeinigt und unsere Handtücher nebeneinander ausgebreitet hatten, kam der spannende Moment, den wir beide lässig zu überspielen versuchten, als wir unsere Klamotten ablegten. Ich schielte verstohlen zu ihm hinüber und konnte zu meiner Befriedigung feststellen, dass hinsichtlich meines Elektrotechnik-Vorurteils wohl tatsächlich Ausnahmen die Regel bestätigten. Wir legten uns mit geschlossenen Augen nebeneinander, genossen die Sonne, drehten uns ab und zu von der einen auf die andere Seite und warfen uns zwischendurch kurze Sätze zu. Die übrige Zeit herrschte jene Art entspannter Stille, die nicht unangenehm ist, die sich im Normalfall aber eher einstellt, wenn man sich schon jahrelang kennt und sich auch ohne Worte versteht. Ein Außenstehender hätte uns womöglich als Paar eingeschätzt, das sich so vertraut ist, dass es keiner großen Taten oder Worte mehr bedarf. Wenn das so weiterging, würden wir uns körperlich noch genauso fremd sein wie bisher, wenn wir wieder aufbrechen würden. „Wollen wir ins Wasser?", unterbrach Tom meine Gedanken, ehe ich mir weiter überlegen konnte, ob ich das gesetzten Falles als Beleidigung meiner weiblichen Reize auffassen oder seiner Selbstbeherrschung zuschreiben würde. Vielleicht würde das jetzt aber auch eine Wir-bespritzen-uns neckisch-mit-Wasser-und-kommen-uns-spielerisch-näher-Nummer werden. Nein. Wir kühlten uns ab, schwammen, plantschten und er erzählte mir von seiner großen Wassersport-Leidenschaft und dem Ferienhaus inklusive Boot, das seine Eltern am Lago Maggiore besaßen. Anschließend legten wir uns wieder auf unsere Badetücher. Ich würde nun einfach versuchen, die Sonne zu genießen und es auf mich zukommen zu lassen. Und dann spürte ich Toms Hand, die ganz zaghaft von seiner Seite herüberwanderte und sich um meine schloss. Süß irgendwie. Ich empfand diese vorsichtige Annäherung, die das vollkommene Gegenteil zu der schon viel zu oft von mir erfahrenen männlichen Plumpheit darstellte, als erfrischende Abwechslung. Ich war wieder dreizehn.

Unsere Badesachen waren noch nicht wieder vollständig getrocknet, als sich wenig später dicke Wolken über die Sonne schoben, was dazu führte, dass ich fröstelte. „Oh je, wird dir kalt? Soll ich dich mit meinem Handtuch zudecken?", fragte Tom ehrlich besorgt. Ich war sprachlos. Meine Befürchtung, er könnte möglicherweise einen Tick zu nett, unschuldig und unerfahren sein, meldete sich wieder. Ich mochte eigentlich erleben, dass ein Mann genau wusste, wann der richtige Moment war, das Gegenteil eines Gentlemans zu sein. Andererseits hätte ich wohl ähnlich pikiert reagiert, hätte er vorgeschlagen, dafür zu sorgen, dass mir sehr schnell sehr heiß werden würde. Es einer Frau recht zu machen, kann schon eine Herausforderung sein, zugegeben; leider stellen sich ihr viel zu wenige Männer ernsthaft bemüht. „Ähm. Vielleicht könntest du mich auch einfach ein bisschen wärmen?", formulierte ich meine Gegenfrage. Tom grinste, platzierte sein Handtuch ganz dicht neben meinem, legte sich seitlich hinter mich und zog mich an sich. Es fühlte sich unglaublich gut an, von seinen starken Armen gehalten zu werden und ich entspannte mich fast vollständig. Fast, weil ich genau wusste, würde ich mich zu ihm umdrehen, würde es passieren: Wir würden uns küssen und sollte meine weitere Befürchtung sich bewahrheiten, dann würde der Kuss von seinen schmalen Lippen der Haken sein, nach dem ich ja unterschwellig immer suchte, wenn ich jemanden neu kennenlernte. Nach einer Weile hielt ich es aber einfach nicht mehr aus. Ich drehte mich zu ihm, hob den Kopf, sah ihm in die Augen, ließ es geschehen. Und schmolz förmlich dahin. Nicht wegen der Sonne, die war ja hinter den Wolken verschwunden.

Stunden später machten wir uns auf den Heimweg. Wir hatten geknutscht, gekuschelt und einfach nur dagelegen. In keiner Weise hatte er etwas versucht, was darüber hinausgegangen wäre und ich fand es fabelhaft. Wo gab es das heute noch? Auf der gesamten Heimfahrt lag seine Hand auf meinem Knie. Ich legte meine darauf und zückte mein Handy, wie um nach der Uhrzeit zu sehen. Einer plötzlichen Eingebung folgend machte ich ein Foto von unseren Händen. Das konnte ich später kommentarlos Lena schicken, um sie zu schockieren und hatte – sollte sich tatsächlich noch mehr aus diesem zarten Vorgeschmack entwickeln – eine Erinnerung für uns später.

Wir küssten uns zum Abschied und als ich gerade die Autotür zum Aussteigen öffnen wollte, zog er mich noch einmal in seine Arme. Ich hätte quietschen können vor Verzückung. Bisher war alles perfekt gewesen, genau wie es sein sollte. In meiner Wunschvorstellung.

Doch noch war mein Verstand nicht vollkommen vernebelt, ich mahnte mich innerlich zur Vorsicht. Es konnte noch so viel passieren. Dass er gut küsste, schön und gut, so ein bisschen verklemmt schien er ja aber trotzdem zu sein und was war, wenn sich eine erneute Zahnstocher-Erfahrung anbahnte? Bitte nicht! Ich war froh, mir meine Skepsis noch ein wenig bewahren zu können, ich kannte mich. Ewig würde das nicht funktionieren. Ein paar schöne Dates, ein paar zärtliche Küsse, er meldete sich auch weiterhin, aber wie oft hatte mir die Vergangenheit schon gezeigt, dass das rein gar nichts zu bedeuten haben musste? So blieb ich bis zu unserem nächsten Treffen weiterhin so verhalten wie möglich.

Da Tom über das darauffolgende Wochenende in besagtes Feriendomizil nach Italien fahren würde, schafften wir vorher nur noch ein kurzes Treffen im Schlosspark. Dieses Mal schien er allerdings schon mutiger und „draufgängerischer" zu sein. Er umarmte mich zur Begrüßung zwar nur, ergriff danach jedoch sofort meine Hand und ließ sie nicht mehr los. Wir legten uns auf eine Decke, die er mitgebracht hatte, und fingen bald wieder an, uns zu küssen. Dieses Mal war unsere Knutscherei trotz dem Mehr an Bekleidung deutlich wilder, ich musste mich zwingen, ruhig zu atmen. Es war schließlich hellichter Tag und es waren, wenn auch in einiger Entfernung, nicht gerade wenige Leute um uns herum. Er fuhr mit der Hand unter mein Jeanskleid. „Ich wäre jetzt gerne woanders", murmelte er nah an meinem Ohr. Ein wohliger

Schauer lief mir den Rücken hinunter. Gott sei Dank, er taute auf! Nun wollte ich mich aber auch gerne endgültig entspannen können, gebranntes Kind, das ich leider war. Ich grinste ihn an. „Ich auch", antwortete ich, sah ihm dabei fest in die Augen und strich mit einer zielstrebigen, bestimmten Bewegung über seinen Schoß. Da war er. Warm, hart und am wichtigsten: durch den Stoff seiner Hose spürbar. Mein Pokerface kostete mich unglaubliche Beherrschung.

Wenig später musste Tom dann leider schon aufbrechen und ich empfand ehrliches Bedauern, das ich auch nur sehr schlecht verstecken konnte. Ihm ging es ähnlich. Der Abschied fiel dementsprechend lang und intensiv aus. Ganz genau wie die Kommunikation das gesamte sich anschließende Wochenende über. Fast sekündlich flogen Nachrichten hin und her, wir schickten Bilder und machten keinen Hehl daraus, dass wir jetzt sehr gerne weniger Kilometer zwischen uns gehabt hätten. „Ich wäre jetzt so gerne bei dir!" „Das geht mir nicht anders, Tom." Allen Alarmglocken zum Trotz bröckelte meine Fassade, die ich mir so mühsam aufgebaut und erhalten hatte. Innerlich tobte ein Kampf; ich zwang mich zur Zurückhaltung und wollte mir gleichzeitig den Beginn von etwas vielleicht (und hoffentlich!) Wunderbarem nicht durch möglicherweise völlig unnötige Skepsis und Zweifel verderben. Es war die Hölle. Erst montagabends würden wir uns wiedersehen. „Noch hast du nicht mit ihm geschlafen, Anna. Er kann immer noch mies im Bett sein. Das könnte der Haken sein." Ich verfluchte diese innere Stimme. Als hätte er meine Gedanken gelesen, schlug Tom just in dieser Sekunde per SMS vor, abends in ein bestimmtes Restaurant zu gehen, da er noch einen Gutschein für ein Dessert dort habe. Ich ging aufs Ganze und antwortete: „Machen wir. Wenn nicht, hätte *ich* dir ja auch einen Gutschein für ein Dessert ausstellen können ;)", schrieb ich zurück. Er stieg sofort darauf ein: „Gegen zwei Desserts spräche ja auch nichts..." „Unersättlich, hm?" „Sagen wir, ähnlich wie beim Sushi: Eine Runde reicht mir meistens nicht aus", war seine Antwort. Ich schnappte unwillkürlich nach Luft. Unmöglich, dass sich dieses Knistern bei den ersten Dates nicht im Entferntesten angedeutet hatte! Die Zeit bis zu besagtem Essen zog sich im Anschluss an diese Konversation wie Kaugummi. Ich konnte mich kaum auf meine Arbeit konzentrieren.

Jenes Treffen, das dann später am Tag endlich folgte, veränderte alles. Schon während der Mahlzeit konnten wir kaum die Finger voneinander lassen („Anna, warum küsst du nur so gut?") und als er mich danach mit zu sich nach Hause nahm, war es nicht nur ein verheißungsvolles Omen, dass seine Wohnung sich in Hausnummer 69 befand.

Es war der Beginn von Wochen voll purer Glückseligkeit. Noch nie hatte ich mit einem Mann auf allen Ebenen, allen voran der horizontalen, so perfekt harmoniert. Wir waren wie zwei Puzzleteile, die genau ineinanderpassten, in jeder Hinsicht. Niemals zuvor hatte sich meine eigene, fast schon idiotisch zu nennende Verliebtheit so gleichmäßig in der meines Gegenübers gespiegelt. Ich erinnere mich noch genau an unsere erste gemeinsame Nacht, in der er mir zum Zähneputzen ins Badezimmer folgte, mich von hinten umarmte, sich unsere Blicke im Spiegel über dem Waschbecken trafen und jeder in unseren Augen das Strahlen hätte sehen können, das gleichermaßen aus dem kürzlich gemeinsam erlebten Höhepunkt und aus der Erkenntnis, wie harmonisch unser Spiegelbild optisch wirkte, resultierte.

Wir hielten kaum eine Sekunde ohneeinander aus, wir schliefen nur getrennt, wenn es unumgänglich war. Wir schrieben uns pausenlos Nachrichten, die niemand sonst verstanden hätte, wir waren eines dieser ekelhaften Pärchen, die sich sogar mitten im Supermarkt oder auf dem Fahrrad küssten. Tom verwöhnte mich, las mir jeden Wunsch von den Augen ab und schlug immer neue gemeinsame Unternehmungen vor. Ich war einfach nur glücklich, ich gab mich vollkommen meinen Gefühlen hin. Ich fand, ich hatte es verdient, auch einmal solche zu haben. Warum hätten sie nicht die Belohnung für alle vorherigen negativen Erfahrungen sein sollen? Dann hätte für mich auch alles einen Sinn ergeben und ich wäre nur zu gerne bereit gewesen, ein für alle Mal mit ihnen abzuschließen, sie keines Gedankens mehr zu würdigen. Vergessen waren alle Vorsicht und Zweifel. Wozu auch? Es gab absolut keinen Grund, einem so aufrichtigen und aufmerksamen Mann gegenüber meine Gefühle zu verbergen, mich in Vorsicht oder Zurückhaltung zu üben oder ihm zu misstrauen. Er hatte es verdient, die wahre Anna kennenzulernen, unverfälscht und ungehemmt. Also hielt ich mich auch nicht im Geringsten zurück. Ich hatte die Spielchen der Vergangenheit so satt! Sie waren bei ihm ja auch gar nicht nötig. Ich rief ihn an, wann immer mir danach war, ich backte ihm als Überraschung Kuchen, ich stand spätabends nur mit Dessous und Mantel bekleidet vor seiner Tür. Er bekam das volle Programm.

Ich beobachtete mich wie von außen und fand, alles wirkte wie im Film. Ich sah uns von einem Löffel Eiskrem mit Smarties essen oder Hand in Hand durch die laue Sommernacht vom Kino nach Hause laufen, hörte uns kichernd noch den Titelsong des unglaublich schlechten französischen Films summen, der in der Sneak Preview gezeigt worden war: „Joli garçon: Je dis oui! Bras de béton. Je dis oui..." (Tatsächlich konnte ich zu Toms starken Armen nichts als ja sagen.) Ich sah uns eng umschlungen im Bett liegen, Tom zärtlich meinen Nacken küssen. „Tooom, was machst du nur mit mir?", hörte ich mich hauchen und ihn als Antwort „Im Moment gerade? Nachspiel..." murmeln. Ich sah ihn vollkommen verschlafen in der Küche stehen, um mir noch vor der Arbeit Frühstück zu machen und hörte „Siehst du heute wieder hübsch aus" als ersten Satz am Morgen aus seinem Mund. Ich sah ihn beim Autofahren mit der linken Hand den Schaltknüppel betätigen, damit er meine mit seiner rechten verschlungene Hand auf meinem Knie nicht loslassen musste. Auch wenn ich heute Bilder von mir aus dieser Zeit sehe, kann ich genau darauf erkennen, wie mir das Glück aus jedem Knopfloch strahlte. Tja. Ich war, bin und bleibe wohl eher der Typ für Reißverschlüsse.

Obwohl es mit uns nun schon knapp drei Monate lief, hatten wir nie einen Status für uns definiert oder über die Zukunft gesprochen. Wir lebten und genossen unsere gemeinsame Zeit schließlich im Hier und Jetzt. Zwar hatte Tom einmal im Nebensatz angedeutet, dass er nach Abschluss seiner Masterarbeit irgendwo würde anfangen müssen, zu arbeiten, aber wieso sollte das denn nicht an dem Ort sein, an dem ich auch war? Ich war mir sicher, auf dieses pure Glück, das wir gerade erlebten, würde er ebenso wenig wie ich so schnell wieder verzichten wollen oder können.

„Doch. Kann ich", sagte Tom auf meine diesbezüglich an ihn gerichtete Frage hin, stand mit verschränkten Armen an die Wand gelehnt und sah mir fast schon trotzig dabei direkt in die Augen. Ich saß auf seinem Bett, zurechtgemacht wie für ein ganz normales Treffen, abgesehen von gefühlt zehn Schichten Concealer, die kaum genügten, meine Augenschatten vollständig abzudecken, bemühte mich krampfhaft, Haltung zu bewahren und konnte gedanklich immer noch nicht mit dieser plötzlichen Kehrtwende mithalten, obwohl Toms Entscheidung nun schon seit einigen Tagen feststand. Ich war gerade nur in seiner Wohnung, um ein paar Sachen, die ich bei ihm deponiert hatte, abzuholen und noch einmal persönlich von ihm zu hören, dass er mich nicht mehr sehen und wieder aus seinem Leben werfen wollte. Einfach so. So schnell wie ich hineingekommen war. Immer wieder versuchte ich verzweifelt, zu rekonstruieren, was schief gelaufen war.

Ich hatte nach einem gemeinsamen Abendessen, bei dem wir sogar erwogen hatten, zusammen meinen Bruder in Berlin zu besuchen, bei ihm übernachtet. Wir hatten Sex gehabt, wir hatten gefrühstückt. Vor seiner Haustür hatten wir uns verabschiedet. Als ich den ganzen Vormittag nichts mehr von ihm gehört hatte, war mir das zwar komisch vorgekommen, ich hatte mir aber nichts dabei gedacht. Ich schob es auf den Stress, den Tom hatte, weil er an diesem Abend wieder einmal für ein paar Tage nach Italien fahren würde. Als auch die Nachrichten von dort ähnlich spärlich ausgefallen waren, hatte sich ein ungutes Gefühl in mir breitgemacht. Getreu meiner Art, Probleme am liebsten gleich zu lösen, hatte ich ihn darauf angesprochen. Per SMS. „Ja, du hast Recht, ich war komisch. Das muss daran liegen, dass mich das Ganze mit uns ziemlich beschäftigt. Ich hab dafür momentan einfach keine Zeit. Ich muss mich auf andere Sachen konzentrieren. Und ich fühl mich auch einfach noch nicht bereit für eine feste Beziehung. Ich glaube, bei dir hat sich da ja doch was entwickelt und ich möchte einfach niemanden in meinem Leben haben, nach dem ich mich richten muss. Ich möchte nach dem Studium reisen und mir dort, wo es mir gefällt, einen Job suchen. Ich glaube, es ist besser, wir lassen es", war prompt die Antwort gekommen. Fast schon zu prompt. Und natürlich ebenso schriftlich. Ich hatte versucht, ruhig zu bleiben. Hatte ich etwas versäumt? Hatte meine rosarote Brille mich völlig blind gemacht? Ich war gedanklich zu unseren ersten Dates zurückgegangen. Er hatte gesagt, dass er seine letzte Beziehung beendet und es O-Ton „nie bereut" habe. Ich hatte ihm erzählt, dass ich mein langjähriges Single-Dasein dahingehend als positiv empfand, mich vollkommen frei und bereit für etwas Neues zu fühlen. Meine Alarmglocken hatten geschrillt. Das konnte ihn unter Druck gesetzt haben. Was noch? Meine Waschtasche in seinem Badezimmer. Hatte er darin eine Art Reviermarkierung gesehen? Ich war es lediglich leid gewesen, immer alles hin und her zu schleppen. Was noch? Meine Frage danach, ob er seinen Freunden schon von mir erzählt habe, neulich beim Abendessen. Das konnte er als Aufforderung zu einem Bekenntnis gewertet haben. Das Foto unserer verschlungenen Hände, das ich nach unserem Date am See heimlich aufgenommen und ihm ein paar Tage zuvor schlussendlich geschickt hatte. Mein Berichten über meinen letzten Geburtstag; ich hatte davon geschwärmt, wie ich von Lena und meinem Bruder in Berlin verwöhnt und beschenkt worden war, wie viele Gedanken sie sich für mich und meinetwegen gemacht hatten. Hatte ihn das unter Druck gesetzt und vergleichbare Einsatzbereitschaft bei sich selbst vermissen lassen? Im selben Zug mein Wunsch, mit Tom gemeinsam übers Wochenende nach Berlin fahren zu wollen. Vermutlich war es ihm eine zu weite Vorausplanung gewesen. War das der Tropfen gewesen, der das Fass zum Überlaufen gebracht hatte? Schließlich hatte ich das als Zeitpunkt festgemacht, seitdem er so verändert gewesen war. Aber er hatte doch scheinbar begeistert zugestimmt? Solch kontroverses Verhalten hatte ich bei mir selbst meiner Meinung nach in der Vergangenheit nur einmal erlebt. Verdammt. War ich Toms Sommerdepression gewesen?

Das war nun wohl die Konsequenz daraus, im festen Glauben an das gute Gefühl, offen und ehrlich und total ich selbst sein zu können, alle Vorsicht über Bord zu werfen und unüberlegt zu handeln. Zu viel von mir Preis zu geben. Unbewusst zu schnell zu viel zu verlangen. Immer mehr dumme Situationen kamen mir in den Sinn, die sich in letzter Zeit gehäuft hatten, offenbar ohne, dass ich es gemerkt hatte. Das Pärchen-Selfie im Kino, das ich vorgeschlagen hatte, die Frage, ob er mich auf die Geburtstagsfeier einer Freundin begleiten wolle... Aber das waren doch alles ganz alltägliche, normale Dinge, die sollten in einer sich anbahnenden Partnerschaft doch kein Problem sein? Mir das alles zu verkneifen beziehungsweise allein darüber nachdenken und abwägen zu müssen, wären doch genau die Spielchen gewesen, die ich mit Tom nicht spielen wollte, von denen ich geglaubt hatte, dass ich sie bei ihm gar nicht spielen *musste*? Er hatte mir das doch auch in keiner Weise signalisiert. Oder war ich einfach in einem solchen Tempo vorangeprescht, beseelt von meiner Begeisterung über diesen tollen Mann, dass ich nicht einmal selbst gemerkt hatte, dass ich übertrieb? Dass *ich* diejenige war, die schon alles in Stein gemeißelt hatte? Nach reiflicher Überlegung kam ich aber zu dem Schluss, dass ich trotz aller Verliebtheit achtsam genug gewesen war. Ich hätte mich nicht so benommen, wie ich es getan hatte, hätte er mir nicht dieses wahnsinnig gute und beruhigende Gefühl gegeben. Es war ja bei weitem nicht alles von mir ausgegangen!

Ich hatte in der Folge aus meiner Enttäuschung zwar keinen Hehl gemacht, aber mich dennoch dafür entschieden, Tom nicht mit Nachrichten und Fragen nach dem Warum zu bombardieren. Stattdessen hatte ich einen Termin für eine mündliche Aussprache gefordert, bei der ich auch meine Sachen abholen konnte. Vielleicht würde ihm in der Zwischenzeit ja aufgehen, wie sehr er mich vermisste und dass er einen Riesenfehler machte, sich so von heute auf morgen völlig gegenteilig zu verhalten. Wenn er mir erst wieder gegenüberstehen würde, würde die Sache ja vielleicht schon ganz anders aussehen, hatte ich mir überlegt.

Er war wenig begeistert gewesen, aber darauf eingegangen und hatte mir den übernächsten Tag als Option genannt. Die darauffolgende Funkstille hatte ich wie betäubt wahrgenommen. Ein Gefühlscocktail aus Schmerz, Enttäuschung, Wut (auf mich selbst und ihn), aber auch einem letzten Rest Hoffnung und Sehnsucht hatte meinen Verstand gelähmt.

Nun, da die Zeit der quälenden Ungewissheit vorbei war und besagte Aussprache endlich stattfand, hätte ich sie aber doch lieber noch länger vor mir hergeschoben. Oder gar nicht erlebt. Ich wollte nicht, dass es vorbei war. Dieser Sommer, der sich angefühlt hatte wie ein Traum und den ich in vollen Zügen genossen hatte. Nur leider schien es, als sei nichts mehr übrig von dem süßen, aufmerksamen, hingebungsvollen Tom. Nichts als Distanz und eine halbherzige Umarmung zum Abschied. Nach all dem Schönen, was wir die letzten Monate geteilt und erlebt hatten. Über solches Verhalten konnte ich nur verständnislos den Kopf schütteln. Nach langjährigen Beziehungen noch weniger als nach einer wie bei uns eher kurzen Liaison.

Wie können Männer von einer auf die andere Sekunde alles abstellen und vergessen? Nur weil sie beschlossen haben, es nicht mehr zu wollen. *Uns* nicht mehr zu wollen. Weil sie frei sein und sich nicht binden wollen. Wie gut müssten wir denn sein, was müssten wir tun, damit *sie* diejenigen wären, die sich dazu zwingen müssen, ihr Handy aus der Hand zu legen, um uns nicht doch zu schreiben, dass sie uns vermissen? Dass *sie* diejenigen wären, die nachts nicht schlafen können, weil sich das Bett ohne uns auf einmal so unendlich leer anfühlt? Was wäre nötig, um sie umzustimmen? Beziehungsweise um gar nicht erst Zweifel aufkommen zu lassen?

Genau das versuchte ich auch, Tom mit Tränen in den Augen zu fragen. Ich wollte ihm erklären, dass sein plötzlicher Entschluss, diese abrupte Kehrtwende bei mir so ankam, als sei ich nicht gut genug. Als sei ich es ihm nicht wert, sich aus seiner Komfortzone herauszubewegen und uns eine Chance zu geben. Dass die kaum mehr unterdrückbaren Tränen Ausdruck meiner Wut und Enttäuschung darüber waren, dass er es einfach aus Prinzip ablehnte, einfach beschloss, nicht mehr das Besondere in mir zu sehen und keine Gefühle mehr zu haben. Und dass er mir nicht einmal eine Begründung lieferte, die ich wenigstens ansatzweise nachvollziehen konnte. „Nee nee, du weinst nicht deswegen. Sondern weil *du* Gefühle für mich hast. Und ich halt nicht. Deshalb biete ich dir jetzt auch nicht an, dass wir einfach weiterhin Sex haben. Das wäre ja unfair", war alles, was ihm dazu einfiel.

Es gibt kaum ein weniger befriedigendes Gefühl als jenes, das Männer – sowohl schriftlich als auch persönlich – bei einer Frau dadurch auslösen können, in keiner Weise auf eine aufgeworfene Problematik/ Fragestellung einzugehen. Keine zufriedenstellenden Antworten zu liefern, einen liebevoll durchdachten Text zu ignorieren, nicht zu würdigen, oder sich stattdessen einen sehr wenig bedeutsamen Teil herauszupicken und in einem Einzeiler allein darauf einzugehen. Frau fühlt sich gleichermaßen verhöhnt wie unverstanden; zudem ratlos. Sie weiß schließlich nicht, ob der Mann sie nicht verstehen kann oder einfach nur nicht verstehen *will*.

Den ganzen Heimweg über war ich in Erinnerung an Toms harte, lieblose Wortwahl damit beschäftigt, mir die Tränen abzuwischen, die nun unaufhörlich über mein Gesicht strömten. Zum Glück erwarteten mich meine Freundinnen zu Trash-TV, Maultaschensalat und (hoffentlich) viel Wein. Ich hatte dieser finalen Aussprache unmittelbar vor unserem wöchentlichen Mädelsabend bewusst zugestimmt, um im Anschluss nicht alleine sein zu müssen. Wohlweislich. Aura Dione hat für solche Situationen mit „Friends" ja eine Art Hymne geschaffen, die leider erahnen lässt, wie viele Frauen immer wieder mit vergleichbaren Schlägen fertig werden müssen. „At least I got my friends like a light bulb in the dark saving me from the sharks even though I got a broken heart..." Ich verstand es einfach nicht. Nach diesem merkwürdigen Treffen noch weniger. „Vielleicht wäre es länger interessant geblieben, wären wir alles langsamer angegangen", hatte Tom gesagt. Das war doch aber nicht allein meine Schuld gewesen? Wir hatten das Tempo der vergangenen Wochen doch gemeinsam angeschlagen, mein Verhalten lediglich die Reaktion auf sein stürmisches Werben. Hätte ich gewusst, wie schnell das ins Gegenteil umschlagen würde, wie schnell man(n) so völlig unvorhersehbar angeblich das Interesse verlieren konnte, ich hätte die Notbremse gezogen. Ich hatte mir das doch nicht alles nur eingebildet? Weder meine Schwester noch meine Freundinnen hatten mir gegenüber jemals auch nur angedeutet, ich solle mich mehr zurückhalten oder mich in Acht nehmen. Im Gegenteil. Sie wussten, wie behutsam ich vorgegangen und wie realistisch meine Betrachtungsweise mittlerweile gewesen war. Schon allein weil ich ihnen ganz zaghaft erst von Tom erzählt hatte, als ich mich sicher genug gefühlt hatte. Sie hatten mich ermahnt, es bloß zu genießen; sie hatten sich mit mir gefreut, mich so glücklich zu sehen. Warum war es trotz aller Vorsicht schon wieder der *Mann*, der mir alles vor die Füße werfen und mich mit dem Scherbenhaufen meiner Gefühle und meines Selbstbewusstseins alleinelassen durfte? Nachdem ich so mit mir gekämpft hatte, mich überhaupt wieder auf etwas Neues einzulassen? Warum konnte man so vorsichtig sein, wie man wollte, die Gefahren kennen und trotzdem wieder vollkommen von ihnen überrascht werden? War so einfach die heutige Welt? Musste man sein Leben lang auf der Hut sein? Durfte man erst damit aufhören, sich durch Spielchen interessant zu machen, wenn man den Ehering am Finger hatte? Würde man dann trotzdem prompt mit der Scheidung bestraft? Warum hatte ich mich wieder voll drauf eingelassen, obwohl ich es besser hätte wissen müssen? Warum konnte ich das überhaupt noch, jedes Mal aufs Neue? Was musste ich denn noch erleben? Auch wenn mir Außenstehende in der Vergangenheit immer versucht hatten, zu erklären, dass es eine begrüßenswerte Eigenschaft sei, trotz negativer Erfahrungen nach einer Weile wieder weitestgehend unvoreingenommen durch die Welt gehen zu können, Resultat einer unerschütterlichen positiven und optimistischen Grundeinstellung gegenüber dem Leben – ich verfluchte mich in diesem Moment dafür. Wo war das Problem? Was war der Grund? War ich, ohne es zu merken oder wahrhaben zu wollen, mittlerweile einfach doch unglaublich verkrampft? Tiefgreifend geprägt durch zahlreiche ungute Erlebnisse? Erwartete und wollte ich jedes Mal zu viel? In einer zu kurzen Zeit? Weil ich zu große Angst hatte, das Glück könnte erfahrungsgemäß sonst allzu schnell wieder vorbei sein? War ich zu ungeduldig und fordernd? War das, was ich mir wünschte, möglicherweise einfach insgesamt utopisch und zu viel vom Leben verlangt?

Als ich jünger war, hatte unsere Mutter meiner Schwester und mir immer bevorzugt die Märchen der Gebrüder Grimm vorgelesen. Mein allerliebstes war seit jeher das „Vom Fischer und seiner Frau" gewesen. Daran erinnere ich mich jedes Mal, wenn mir auffällt, dass jemand sich zu schnell zu viel wünscht und sich nie zufriedengeben kann:

Ein Fischer zieht einen Fisch aus dem Wasser, der ihn anfleht, er möge ihn wieder zurück ins Meer werfen, er werde ihm auch jeden erdenklichen Wunsch erfüllen. Gutmütig, wie der Fischer ist, lässt er ihn ganz ohne Gegenleistung weiterleben. Als er am Abend jedoch in den alten Topf, in dem er mit seiner Frau lebt, zurückkehrt und ihr davon erzählt, macht sie ihm schwere Vorwürfe und verlangt von ihm, zurück zum Strand zu gehen, nach dem Fisch zu rufen und sich von ihm eine ordentliche Behausung zu wünschen. Der Fisch erfüllt ihm den Wunsch daraufhin mit den Worten: „Geh nur hin, sie hat es schon!" Doch des Fischers Frau möchte immer noch mehr. Von einem Anwesen über eine Burg, ein Schloss, einen Palast, alles schenkt ihr der Fisch. Als ihr das nicht genug ist, macht er sie erst zum König, dann zum Kaiser, ja schließlich sogar zum Papst. Jedes Mal mit den an ihren Mann gerichteten Worten: „Geh nur hin, sie hat es schon!" beziehungsweise „Geh nur hin, sie ist es schon!" Allerdings währt ihre Zufriedenheit immer nur kurz. Als sie schließlich eines Tages von ihrem Mann fordert, er möge zum Fisch gehen und sich wünschen, dass er ihr dieselbe Macht verleihe, wie die des lieben Gott, schickt der Fisch den Fischer mit den Worten weg: „Geh nur hin, sie sitzt schon wieder in ihrem alten Topf."

Dieses Ausreizen von Grenzen mit der Folge, am Ende alles, was man sich erträumt hat, wieder zu verlieren, hatte mich als Kind nachhaltig fasziniert und ich hatte bei jedem Vorlesen besonders die detaillierte Beschreibung all der Pracht und der Besitztümer genossen, die der Fisch der Frau zuteilwerden lässt.

War ich wie die Frau des Fischers gewesen? Anna wünschte sich, sich zu verlieben – und zwar erwidert. Jemanden zu finden, der ihr gefiel, der offen für eine ernsthafte Beziehung war, ganz ohne Altlasten, und der es ehrlich mit ihr meinte. Der nicht nach ein paar Monaten offenbarte, dass er sich eigentlich doch noch nicht bereit für eine längerfristige Partnerschaft fühlte. Der Zuneigung und gemeinsame Unternehmungen nicht als Einengung empfand. Der sie als Person schätzte und ihren Wert erkannte. Der nicht nur auf sexueller Ebene mit ihr harmonierte. Der kompromissbereit war und es wagte, sie zumindest gedanklich in seine Zukunftsplanung miteinzubeziehen. Bei dem sie einfach nur sie selbst sein konnte, weil er sie so nahm und schätzte, wie sie war.

Noch als ich später mit meinen Freundinnen auf der Couch saß und an meinem Weinglas nippte, hatte ich die Antwort des Fisches im Kopf, die sich für das vorläufige Ende meines persönlichen Märchens unweigerlich aufdrängte: „Geh nur hin, sie wischt schon wieder über ihr Smartphone-Display!"

LÖSCHEN?

Hier sitze ich nun einige Monate später, in Sachen Traummann und Beziehungsstatus keinen Schritt weiter und dennoch mit dem für mich zutiefst befriedigenden Gefühl, dass ich, wenn ich nach den folgenden Zeilen das Notebook zuklappe, alles erzählt und gesagt haben werde, was es meiner Meinung nach zu diesem Thema zu sagen und zu erzählen gibt.

Genau dieses Gefühl brauche ich immer, um endgültig abschließen zu können und habe es so auch nach jeder einzelnen Episode, bei jedem einzelnen Mann gebraucht. Dieses Gefühl, mir alles von der Seele geschrieben zu haben, was mir allzu oft in Form von SMS, E-Mails oder WhatsApp-Nachrichten zum Verhängnis wurde und wodurch ich mich bestimmt in den Augen des einen oder anderen lächerlich gemacht, mir etwas vergeben habe. Eine Schwäche, Dinge nicht einfach auch einmal so stehen lassen zu können, wie sie sind, immer das letzte Wort haben zu müssen, den anderen zwingend von der eigenen (einzig wahren) Ansicht überzeugen zu müssen, sagen meine Eltern. Juristin durch und durch messe ich Worten generell sehr viel Bedeutung bei, oftmals zu viel, das weiß ich. Das ist auch der Grund, warum ich mich so oft von Worten habe blenden lassen und „Schwätzer" ein leichtes Spiel mit mir hatten. Immer wieder habe ich vergessen oder nicht begreifen wollen, dass eben nicht jeder so viel Wert auf Worte legt, wie ich das tue. Schon so oft habe ich mir vorgenommen, den Fokus auf Taten zu setzen; auf Taten in der Realität, nicht auf Worte, schon gar nicht auf geschriebene, schon gar nicht auf beim Chatten geschriebene.

Meinem Ex-Freund habe ich unterstellt, er habe mich nicht geliebt, ganz einfach aus dem Grund, weil er es mir zu selten gesagt hat. Dass er seine ganz eigene Art und Weise hatte, mir seine Zuneigung zu zeigen, eine wortlose, habe ich leider erst im Nachhinein richtig erkannt und verstanden. Auch bei meinen zahlreichen Online-Dating-Episoden habe ich zu oft den alten Fehler gemacht, es nicht gut sein lassen zu können, zu diskutieren und habe krampfhaft versucht, mit Worten zu überzeugen, Dinge abzuklären, die im Endeffekt keine Rolle gespielt haben.

Ich bin felsenfest davon überzeugt, dass alles im Leben so kommt, wie es soll und muss, dass alles seinen guten, berechtigten Grund und einen bestimmten Sinn hat. Einen Sinn, den wir oft nicht sofort erkennen, manchmal womöglich auch gar nie werden erkennen können. Den Sinn in allem, was ich erlebt habe, was ich daraus für und über mich lernen konnte, sehe ich in diesem Buch. Alle Männer, denen ich im Laufe dieser Erzählung begegnet bin, alle mit ihnen verbundenen Erfahrungen und auch Enttäuschungen haben mir meinen Wunsch, ein Buch zu schreiben, ermöglicht, indem sie mir den Stoff dafür geliefert haben.

Deshalb ist auch die Frage hinfällig, ob ich in der Zeit, die ich durch Wischen im Virtuellen „verschwendet" habe, in der Realität meinen Mister Right hätte finden können. Man darf sich nicht in falschen Illusionen davon verlieren, wie es hätte sein *können* – das Leben ist kein Konjunktiv – sondern muss es akzeptieren, wie es ist. Egal, wo wir stehen, das Gras ist auf der anderen Seite nicht grüner.

Und so hat mir das Schreiben auch in diesem Fall geholfen, abzuschließen. Indem ich währenddessen Stück für Stück die Vergangenheit noch einmal durchleben, sie reflektieren konnte und sie schlussendlich (hoffentlich) ruhen lassen kann. Es wurde wohl beim Lesen deutlich, welche Gefühlsachterbahn ich durchlebt habe und nur mit der durch sie gestörten Wahrnehmung, diesem bunten Strudel aus Erfahrungen, Erlebnissen und Möglichkeiten, dem zeitweisen Kopfstehen, kann ich mir im Nachhinein viele meiner Verhaltensweisen und Entscheidungen erklären. Jetzt, nachdem ich mich gedanklich so intensiv mit ihnen auseinandergesetzt habe, fühle ich mich frei, habe die Möglichkeit, ganz neu anzufangen und vor allem, zu versuchen, vieles zukünftig anders, besser zu machen.

Denn, wie ich ganz zu Beginn schon angedeutet habe, heute weiß ich selbst, dass ich mich zeitweise verloren hatte. In der tief zu missbilligenden Oberflächlichkeit, Gedanken- und Kopflastigkeit unserer Zeit, wahrscheinlich charakteristisch für meine Generation.

Wenn ich im Alltag, beruflich oder privat, auf einen Mann treffe, der mir mitsamt seiner Art sofort sympathisch ist und mit dem ich mich blendend verstehe – wobei mir ein rundes Stück Edelmetall beim Blick auf seine rechte Hand dann in den meisten Fällen bestätigt, dass ich zu spät dran bin – dann merke ich, dass es sich dabei ausnahmslos um Männer handelt, die ich in meiner App ohne zu überlegen wegwischen würde, weggewischt hätte. Und ärgere mich. Ich habe Ansprüche gestellt, die ich im wahren Leben nie stellen würde. Einfach weil ich mir eingebildet habe, es zu können. Ich habe zu wenig Respekt für die Entscheidungen, Prioritäten und Lebensweisen anderer gezeigt, das oftmals auch noch allzu deutlich.

So bedacht und vernünftig ich in Wirklichkeit bin, wie es mich vor allem auch meine berufliche Erfahrung gelehrt hat, so unvorsichtig und naiv habe ich mich teilweise bei Dates verhalten und kann dankbar sein, dass es glücklicherweise jedes Mal gutgegangen ist. Zumindest hinsichtlich potenziell Krimineller, die diese Naivität hätten ausnutzen können.

Beim Chatten war ich so arrogant, wie ich es im wahren Leben niemals sein könnte. Weil ich glaubte, mir alles herausnehmen zu dürfen; wenn so eine tolle Wahnsinnsfrau wie ich sich schon zu einer Dating-App herablässt, dann darf sie ja wohl auch anspruchsvoll sein, oder? Erst recht, wenn man es dann auch noch wagt, ihr nicht ihren Willen zu geben, in welcher Form auch immer!

Resultat der Wut auf die Arschlöcher, denen ich begegnete, auf die Männer im Generellen und insbesondere dann, wenn man mich fragte, warum ich mich auf dieser Plattform herumtreibe, warum „jemand wie ich" das überhaupt nötig habe. Einfach weil ich mir selbst diese

Frage immer wieder stellte, sie aber niemals beantworten konnte. Immer habe ich mich in der Opferrolle gesehen. Ohne Zweifel war ich das manchmal tatsächlich, jedoch war ich eben oft genug auch in der Täterrolle, indem ich mich den Männern gegenüber virtuell richtiggehend beleidigend und übertrieben anspruchsvoll verhielt. Tut man das als Nutzer/-in, weil man denkt, dort zähle es nicht, darin sei sowieso nichts echt? Zählt es denn wirklich nicht, wenn man sich doch aber gleichzeitig wünscht, dass das Verhalten des jeweiligen Matches darin sehr wohl echt sein und zählen soll?

Wenn ich all das Revue passieren lasse, verstehe ich mich selbst nicht mehr. Ich habe Oberflächlich- und Kleinigkeiten zu viel Gewicht gegeben und darüber die Bedeutung der wirklich wichtigen Dinge, nämlich die von Gefühlen, vollkommen vergessen. Ich habe mich zeitweise erniedrigt, meinen Wert missachtet, mich teilweise ausnutzen und herunterziehen lassen. Warum? Warum macht man die Suche nach einem fantastischen anderen Menschen zu seinem Lebensinhalt und vergisst dabei den wichtigsten: sich selbst?

Ich war frustriert und besessen. Frustriert, so viel zu geben zu haben und es niemandem geben zu dürfen. Besessen von utopischen Wünschen, Vorstellungen und Fantasien, die ich in eine *App* hineinprojiziert habe. Die – wenn wir ehrlich sind – nicht mehr ist als ein Feld auf einem Handydisplay, ein Computerprogramm. Und in die Personen, die sich in ihr verbargen. Besessen davon, dass es klappen, dass ich *ihn* finden musste. Getrieben von der schier unerschütterlichen Hoffnung, es könnte doch noch alles gut werden?

Die Hoffnung darauf und der Glaube daran werden jedoch mit der Zeit immer geringer; woran soll man auch nach dem x-ten enttäuschenden Date noch glauben? Woran soll man noch glauben, wenn sogar „BrAngelina" sich trennt oder eine sehr gute Freundin nach acht Jahren gefühlter Bilderbuchbeziehung, auf die man insgeheim immer so ein bisschen neidisch war? Es fällt mit jeder Zurückweisung und jeder Enttäuschung schwerer, unvoreingenommen durch die Welt zu gehen, in einer neuen Bekanntschaft das Besondere zu sehen, sich wieder auf

Gefühle einzulassen. Läge es da nicht näher, aufzugeben?

Am Ende des Tages sind wir alle doch nur Menschen, die geliebt werden wollen; bin ich nur ein Mädchen, das geliebt werden will. Das sich nach Sicherheit und Beständigkeit sehnt, nach Bedeutung. „Gib mir ein kleines bisschen Sicherheit, in dieser Welt, in der nichts sicher scheint. Gib mir in dieser schweren Zeit irgendwas, das bleibt", heißt es in einem Songtext der Band Silbermond. Sicherheit und Beständigkeit sind nämlich, was wir uns in der Schnelllebigkeit dieser Zeit am meisten wünschen, wonach wir letzten Endes suchen und uns sehnen, was wir so dringend brauchen. Bedeutung in einer Welt, in der nichts mehr bedeutsam (genug) scheint. Und hätte es nicht genau die ersehnte Bedeutung, etwas Bedeutsames wie die Liebe doch wider Erwarten in einer als bedeutungslos verschrienen Dating-App zu finden? Läge die Bedeutung darin, dass sich ein Mann in ihr trotz der scheinbar unendlich großen Auswahl am Ende für mich entscheidet? Lohnt es sich, dafür die App zu behalten, statt sie zu löschen?

Bei diesen Fragen muss jeder für sich selbst seine eigene Wahrheit finden. Meiner bin ich auf meiner Reise ein gutes Stück nähergekommen und trotzdem lange nicht am Ziel, auch wenn ich noch nicht genau weiß, wie dieses Ziel im Detail aussehen wird. Tausend weiße Tauben und rote Rosen bei einer Traumhochzeit, wie sie sich die meisten Frauen wünschen? Nein, für mich persönlich ist es wohl eher ein Leben in Selbstzufriedenheit, das ich im besten und wünschenswerten Fall mit einer Person teilen darf, die mich gefunden hat, die sich für mich entschieden hat, ganz ohne die Unterstützung von Symbolen, am allerwenigsten der von Flammen oder Herzen.

Wir müssen uns zwar ernsthaft fragen, ob es diese Sicherheit, nach der wir suchen, ob es etwas Ewiges überhaupt gibt. Nicht fragen sollten wir uns dagegen, ob wir die Suche aufgeben sollten. Vielmehr, mit welcher Einstellung wir auf die Suche gehen, auf welche Art wir suchen sollten und ob es nicht manchmal schöner wäre, sich finden zu lassen; es dem Schicksal zu überlassen. Aber gibt es den Menschen, der mich finden wird überhaupt? Was, wenn es ihn gibt, aber *ich* ihn niemals finden werde? Was, wenn ich diejenige bin, die übrigbleibt? Die den Rest ihres Lebens alleine, ohne Partner, verbringen muss und die somit das schon ihr Leben lang für sie Wichtigste – eine eigene Familie – nicht für sich verwirklichen kann? Die Furcht vor genau diesem Szenario war es, die mich neben der Sehnsucht nach Sicherheit, Beständigkeit, erwiderter Liebe und Bedeutung am meisten getrieben und mein Verhalten beeinflusst hat. Dabei, diese Angst für mich anzunehmen, mich mit dieser durchaus im Rahmen des Möglichen liegenden Aussicht (machen wir uns nichts vor) nicht gerade anzufreunden, aber sie immerhin als Möglichkeit zu akzeptieren, hat mir ein Satz geholfen, der mir ausgerechnet aus einem der Groschenromane in Erinnerung geblieben ist, die ich früher mit Vorliebe gelesen habe: „Was wir zitternd befürchten, tritt ebenso selten ein, wie das, was wir uns sehnlichst erhoffen; und wenn es dann doch eintritt, ist es selten so schön oder so furchtbar, wie wir gedacht haben." Ungeachtet ihrer zweifelhaften Herkunft, es steckt viel Wahres in diesen Zeilen.

Wir sollten weder sehnsüchtig eine „perfekten Beziehung" anstreben und dabei einer Illusion hinterherrennen, noch befürchten, alleine übrigzubleiben und durch diese Furcht unsere Prinzipien und Werte vergessen. Am Ende werden wir mit Sicherheit alleine glücklicher als mit dem falschen Partner an unserer Seite.

Wenn ich doch eigentlich davon überzeugt bin, dass alles vorbestimmt ist und kommt, wie es kommen muss, warum ist es mir in der Vergangenheit so schwergefallen, genau darauf zu vertrauen und die Dinge locker anzugehen? Weil ich meinen Anteil dazu beitragen wollte, dass alles gut wird? Um welchen Preis? Wenn wir ganz einfach nur auf unser Gefühl vertrauen, was ich hoffentlich gelernt habe, darauf, was das Schicksal für uns bereithält, kann uns gar nichts passieren, weder online noch offline. Wir sollten nicht ständig daran zweifeln, ob wir „gut genug" sind, uns nicht mit anderen Frauen vergleichen, die in unseren Augen das große Los gezogen, einen Partner fürs Leben gefunden haben, sie beneiden. Einen Partner verdient man sich nicht dadurch, gut oder die Beste zu sein, es handelt sich um keinen Wettbewerb. Wie bei den allermeisten Dingen im Leben geht es hier um Glück und Schicksal, ebenso wenig gerecht wie nachvollziehbar. Es geht allein darum, zur richtigen Zeit am richtigen Ort, zur selben Zeit am selben Ort zu sein wie unser individuell perfektes Gegenstück. Und auch virtuelle Orte sind Orte.

Für mich steht deshalb noch nicht endgültig fest, ob ich Dating-Apps und somit auch das mit ihnen meiner Meinung nach untrennbar verbundene Leid, die Enttäuschung und die Frustration in der Zukunft für mich gänzlich ausschließen werde. Den Dingen ihren Lauf lassen werde. Mir dann jedoch den Vorwurf machen kann, nicht alles versucht und einen Weg ausgeschlossen zu haben. Wo ich mich doch immer über Menschen aufrege, die kategorisch und im Vorhinein Dinge ausschließen, die sich nicht davon überzeugen lassen, dass es auch gut enden könnte.

Momentan befindet sich die App mit der Flamme noch auf meinem Handy, ich wische sporadisch. Es fällt mir dabei nach wie vor schwer, in ihr ein weniger oberflächliches Verhalten an den Tag zu legen und dafür ein Weniger an Auswahl zu akzeptieren. Daran, dass virtuelle Ansprüche automatisch um vielfaches höher sind als reale, wird sich wohl leider nichts ändern. Das muss ich für mich annehmen.

Mir ist bewusst, dass ich im Laufe meiner Erzählung unzählige Fragen aufgeworfen und stereotype Verhaltensmuster beschrieben habe, oftmals ohne Antworten oder Ratschläge, ihnen bestmöglich zu begegnen, geliefert zu haben. Weil ich es schlichtweg nicht kann, so sehr ich es mir auch wünschen würde. Das mag für den einen oder anderen sehr unbefriedigend anmuten – das tut es für mich selbst nicht weniger – aber hier ist mein Anspruch ganz klar, anderen Single-Ladys und Nutzerinnen von Dating-Apps zumindest das Gefühl vermitteln zu können, nicht alleine zu sein, sich nicht alleine fühlen, nicht verzweifeln zu müssen. Ich persönlich empfinde es beim Gespräch mit anderen Frauen schon als beruhigend und aufmunternd, zu merken, dass ich mir die allermeisten Fragen nicht als einzige stelle.

Wichtiger als die Überlegung, die App endgültig zu löschen, ist eine allerletzte Frage. Zumindest die konnte ich im Laufe der Zeit für mich selbst beantworten. Mit welcher Grundeinstellung sollte ich an Dating-Apps herangehen und sie benutzen?

Mit einer gesunden Mischung aus Humor und Optimismus wahrscheinlich, denn beides konnte ich mir glücklicherweise über meine gesamte Reise hinweg bewahren, habe ich nie dauerhaft oder gänzlich verloren. Humor, der in viele Zeilen dieses Buches geflossen ist und Optimismus, der sich sehr gut umsetzen lässt, wenn man niemals, auch in den schwärzesten Stunden nicht, den Leitsatz meiner langjährigen Freundin Sophia, der für alle Lebenslagen anwendbar ist, vergisst: „Auch das geht vorbei."